高等级公路路面使用性能和全寿命周期费用预测

赵之仲 王日升 黎 奎 李居铜 著

中国水利水电出版社

www.waterpub.com.cn

·北京·

内 容 提 要

公路路面性能包括决定使用寿命的结构性能和决定行车舒适安全的使用性能两个部分。路面性能的精确预测是道路学科未来发展的重要研究方向，也是道路学科的基础。

本书以高等级路面使用性能预测和全寿命周期费用预测为主，对预测模型发展趋势和现有的研究成果进行了研究并汇总。本书共分为 5 章，包括：绪论、路面结构温度的预测、永久变形量的变化规律及预测、路面平整度的变化规律及预测、全寿命周期费用分析。

本书可作为土木工程道路方向的高年级本科生和研究生的学习教材，也可供相关领域的技术人员和科研工作者阅读参考。

图书在版编目（CIP）数据

高等级公路路面使用性能和全寿命周期费用预测 /
赵之仲等著. -- 北京：中国水利水电出版社，2019.6（2025.6重印）
ISBN 978-7-5170-7769-5

Ⅰ. ①高… Ⅱ. ①赵… Ⅲ. ①等级公路—路面性状—研究②等级公路—路面—养路费—研究 Ⅳ. ①U416.01②F540.4

中国版本图书馆 CIP 数据核字（2019）第 127162 号

策划编辑：杜 威 责任编辑：张玉玲 加工编辑：高双春 封面设计：李 佳

书 名	高等级公路路面使用性能和全寿命周期费用预测 GAO DENGJI GONGLU LUMIAN SHIYONG XINGNENG HE QUAN SHOUMING ZHOUQI FEIYONG YUCE
作 者	赵之仲 王日升 黎 奎 李居铜 著
出版发行	中国水利水电出版社 （北京市海淀区玉渊潭南路 1 号 D 座 100038） 网址：www.waterpub.com.cn E-mail：mchannel@263.net（万水） 　　　　sales@waterpub.com.cn 电话：（010）68367658（营销中心）、82562819（万水）
经 售	全国各地新华书店和相关出版物销售网点
排 版	北京万水电子信息有限公司
印 刷	三河市元兴印务有限公司
规 格	170mm×240mm　16 开本　14.25 印张　235 千字
版 次	2019 年 7 月第 1 版　2025 年 6 月第 3 次印刷
印 数	0001—3000 册
定 价	54.00 元

前　　言

　　保证公路路面的使用性能在设计寿命周期内能够满足要求，是设计、建造和维护工作的核心问题，设计规范、施工技术规范和养护技术规范的制定也是以此为目的。路面性能的精准预测可以使设计工作、施工控制和养护方式及时机的把握更加科学合理，但是通过对国内外的研究现状进行分析，发现目前并未建立一个系统的精准预测模型体系供参考。

　　本书内容以赵之仲的博士论文《高等级公路典型路面结构的性能预测和寿命周期费用的研究》为主要框架，参考了交通运输部行业联合攻关项目和山东省交通运输厅科技计划项目《典型路面结构路用性能和寿命周期费用》（2009-353-337-490）、山东省交通运输厅科技计划项目《钛石膏阻抗半刚性基层开裂机理和应用技术研究》（项目编号：2013A16-05）、山东省教育厅高校科技计划项目《沥青面层与半刚性基层层间抗剪强度特征及衰变规律研究》（项目编号：J13LG12）和山东省交通运输厅科技计划项目《水泥稳定碎石基层材料差异化设计及路用性能研究》（项目编号：2016B07）的部分科研成果，并结合了许多科研工作者的研究结论。书中所建立的预测模型在国家高速公路网长春至深圳线青州至临沭（鲁苏界）公路和济南绕城高速公路二环线东环段建设项目中也进行了应用。

　　本书共分为5章。第1章从公路路面性能预测的研究现状入手，梳理和分析了国内外的研究成果；第2章对温度场变化规律的研究现状进行了总结分析，建立了包括各层位在不同时间节点的温度预测模型；第3章对永久变形预测的研究现状进行了总结分析，以有限元模拟和室内外试验为手段，分析了面层剪切流变、二次压密带来的永久变形规律，级配碎石基层永久变形规律，路基永久变形规律，形成了总体预测模型，并对依托工程进行了预测和验证；第4章以二次压密为基础，对平整度的变化规律进行了分析，并建立了平整度的预测模型；第5章对全寿命周期费用的预测模型进行了修正，确定了费用评价指标体系，并对依托工程进行了费用的预测和经济性比较。在以上规律的研究和模型的建立过程中，本书也提出了一些值得继续探讨的问题。

　　本书由山东交通学院赵之仲策划和定稿。第1章内容由山东交通学院王日升负责编写；第2、3章由赵之仲负责编写；第4章由赵之仲和山东交通学院李居铜负责编写；第5章由赵之仲和山东交通学院黎奎负责编写。

　　本书的完成得到了同济大学郭忠印教授、山东省交通运输厅公路局杨永顺先生、山东省交通科学研究院王林先生、齐鲁交通发展集团薛志超先生的指导和真诚帮助，研究生柳泓哲、杨振宇、申靖琳、陈飞鹏、李梦晨和何益龙在资料搜集、章节安排、版式调整和文字校核等方面也付出了辛勤的劳动，在此一并致谢。

公路路面性能预测是道路工程学科中的核心问题，需要深厚的理论研究和大量的现场验证才能保证其准确性。本书对国内外研究现状进行了梳理和分析，并增加了作者多年来的科研项目成果与最新的研究思想的总结，但预测模型的成熟度还有待提升，作者也会继续在此领域内进行深耕，以期使预测模型更加完善和实用。本书本着抛砖引玉的目的，内容和方法可供各位道路工作者参考。

由于作者水平所限，书中难免会出现不足之处，恳请使用本书的广大师生和同行专家批评指正。

作者

2019 年 3 月

于济南市长清大学科技园山东交通学院

目　　录

第1章 绪论

1.1 研究背景和目的

1.1.1 研究背景

高速公路是经济发展重要的基础设施，不仅是交通运输现代化的重要标志，也是一个国家现代化的重要标志。中国高速公路起步晚，进步快，期间积累了大量的建设经验和成功的做法。随着国内经济发展需求的变化，"十三五"期间，我国构建横贯东西、纵贯南北、内畅外通的"十纵十横"综合运输大通道；完善高速公路网络，加快推进由7条首都放射线、11条南北纵线、18条东西横线，以及地区环线、并行线、联络线等组成的国家高速建设。

随着经济的发展，在未来一段时间内，国家还会投入大量的资金进行高速公路的建设和养护。合理和有效地使用这些资金是路面结构和材料设计的最终目的。评价一条公路结构和材料设计的好坏，关键取决于道路使用性能和投入资金的性价比指标。在我国现有的高速公路中，半刚性基层沥青路面结构占到90%以上。该结构具有承载能力强、车辙深度小、水泥稳定性好等特点，大面积采用此种结构的最关键因素还是初期建设投资较少。但是遵循"强基薄面"理念的半刚性基层路面结构只注重前期初建费用的节省，没有在全寿命周期内综合考虑性价比。交通量的增加，轴重比例、行驶车速的提高，胎压的增强，加之设计深度不足、参数取值不合理、施工管理不规范、局部质量不高、运营管理粗放、养护资金不到位等导致高速公路运营期间的维护和管理任务日益严峻。近年来，我国很多按照现行设计体系和设计标准修建的路面尚未达到预期的养护期限便出现了早期损坏，从而不得不进行"开膛破肚"式的重建。这种运营模式，直接造成道路通行能力不足、服务水平下降；同时，道路的频繁改建、扩容造成交通的拥挤或堵塞，不但提高了管理部门的费用，而且延长了用户的驾车时间，增加了燃油消耗并提高了交通事故率。从寿命周期费用分析的角度来看，此种路面结构形式性价比较低，是非常不经济的。

目前国际上对于路面结构和材料设计方案的比对主要基于全寿命周期内性价比的高低[1]，即：建设期投资和全寿命周期内养护费用的总和与道路使用性能进行比较，选取性价比高的设计方案。这也就决定了目前我国典型的半刚性基层路面结构在未来将不是唯一的选择。在设计寿命一定的情况下，科学的选择路面结构和材料的方案需要解决一个重要的问题：对全寿命周期费用准确的预测。而费用的预测离不开道路使用性能的准确预测。我国目前的路面设计规范中并没有明确的性能预测要求和科学的预测模型。

根据养护方式、路面结构和材料的作用，路面性能可分为三类：结构性能、舒适性能和安全性能，其中后两者可以合并为使用性能。各个性能的定义、标准指标、影响因素以及养护方式见表 1.1。

表 1.1　路面性能分类及区别

性能分类	定义	指标	影响因素	养护方式
结构性能	指路面结构抵抗交通荷载、环境因素作用而保持整体性和容许的力学响应状态的性能，以疲劳寿命长短作为结构性能好坏的指标	弯沉值、纵向开裂率和龟裂率	材料力学性质、结构组合特点	局部铣刨，重铺结构层；整条路铣刨，重铺结构层
舒适性能	指车辆行驶时保证平稳、连续、不发生颠簸，保证驾乘人员舒适度的指标，表征路面在交通荷载、环境因素作用下保持平整、连续的性能	平整度指数 IRI	沥青面层初始压实度、初始平整度指数、施工质量，上面层的抗水损能力和抗低温收缩能力，沥青表面层的水平抗剪切力	灌缝、坑洞挖补、罩面
安全性能	指车辆行驶时路面能提供足够的摩擦力以防止车辆发生安全事故的性能	车辙深度、抗滑能力	表面层集料抗磨性能、沥青含量、初始构造深度、温度和表面湿度	中修罩面

三种性能互相影响，舒适性能和安全性能是路面设计的最终目的，结构性能是保证其他两种性能的基础。

对于舒适性能和安全性能只是通过个别的材料指标进行保证，根据现有高速公路使用性能观测，这种设计体系存在如下问题，并不能达到理想的效果。

- 结构设计实际上受弯沉指标控制，路面为多层复合结构，路表弯沉是总体性、综合性、表观性指标，具有非唯一性，无法包容各种损坏，难以协调各单项损坏指标，难以准确地描述结构层破坏过程。
- 不具有通用性，只适用于半刚性基层路面，不适合新的材料和结构层设计。
- 材料性质指标和测试方法未反映其实际的力学状态（弯拉应力和应变）和特性（应力依赖性、温度依赖性和湿度依赖性）[2]。

在我国规范中，对于使用性能的预测还是空白。为了能够准确地描述路面使用性能的变化规律，以及准确地预测全寿命周期费用，有必要对路面使用性能建立科学的预测模型，并加入到路面结构和材料的设计规范中，为建设方案的对比和正确的决策提供客观的依据。

半刚性基层沥青路面一直以来都是我国高等级公路的首选结构形式，以其承载能力强和初期造价低为优势，但是近年来不同形式的路面结构也开始被广泛关注，是为了能够消除半刚性基层沥青路面早期损坏严重、养护费用高的缺点。新的结构组合能否推广取决于三个方面：第一，能否消除目前路面结构的缺陷；第二，能否满足我国特定环境下道路的使用要求；第三，经济上是否有优势。通常第一个要求都能满足，因为这些结构形式的出现初衷就是为了解决半刚性基层沥青路面早期损坏严重的问题。第二个要求需要知道每种结构组合在交通、环境影响下性能的衰变规律，但是目前我国的设计规范中并没有性能预测模块，国内的研究也并不是很系统。第三个要求需要在已知性能衰变规律的基础上，根据不同的养护方式和频率，再考虑初建费用和道路使用者费用，进行经济比较。

基于现状，本书对目前存在的各种路面结构组合进行归类，形成典型的代表性结构，并依托青州—临沭高速公路项目和济南绕城高速公路二环线东环段高速公路项目，构建了八种不同的结构形式，对每种路面结构的路用性能衰变规律进行研究，得出主要的性能预测模型和方法，并在此基础上分析费用预测模型，对八种结构组合进行经济性能的评价。

1.1.2 研究目的、意义

大量研究认为[3,4]：进行路面的设计、施工、养护、维修等工作，充分考虑路面的长期性能才是有效而经济的。路用性能的研究成果是公路部门能否科学决策的依据。现行道路设计和评价主要建立在力学分析基础之上，通过建立道路结构的力学响应与道路性能的关系来合理设计道路结构组合和预测道路结构的服务寿命，其主要的设计参数为气候、交通条件和材料的物理力学特性。由于缺乏必要的道路自然环境、交通以及荷载响应行为的检测设备、检测技术和检测方法，因此无法较客观、全面地掌握道路自然环境、交通荷载以及诸多因素共同作用下道路结构力学响应行为的复杂变化规律。在此条件下，气候、交通参数和荷载响应模型往往被人为简化。这种简化的结果会导致道路设计预期与实际性能产生较大偏差，造成巨大的损失和浪费。因此，如能通过对道路交通条件与道路结构荷载响应行为检测技术的研究和应用，准确掌握道路交通、道路结构温度、湿度场分布和实际结构响应分布，可以为道路设计人员提供最有利的和更加全面的交通、环境参数、准确的结构响应模型，更重要的是，可以为路面使用性能的预测和评价提供实际依据，为道路养护的科学决策提供数据支持。

在工程寿命周期成本的组成中，建设阶段工程造价只占寿命周期成本的近三分之一，而运营和维护费用却占寿命周期成本的三分之二左右。要降低寿命周期成本，不能单纯着眼于建设期工程造价，更重要的是减少后期养护费用。此外，在我国并没有公认的路面破损状态大修时机标准，因此按照总造价和总费用最低的原则进行道路的全寿命设计，无疑可以优化设计，为养护决策提供参考，这也是本项目之所以进行使用性能预测模型建立的立论所在。

1.2　国内外研究背景

1.2.1　路面使用性能检测与评价技术研究

公路管理部门为了将有限的养护资金尽可能合理地分配以维持尽可能高的路网使用水平，必须关注路面在使用过程中损坏程度随着使用年限或轴载作用次数的增加而逐渐加剧即路用性能的变化。当损坏到一定程度时，路面就需要采取养护或改建措施以恢复和提高其使用性能。目前对路用性能的研究主要包括路用性能预估、路用性能评价和养护决策三部分，路用性能预估是决定后两者是否准确的关键因素，路面使用性能预测需要典型路面结构运营过程中的长期监测与综合检测技术来实现，路面使用性能的观测指标主要为影响路面性能的荷载、环境、材料等因素以及在它们的共同作用下路面的响应。最常见的观测指标为应力、应变、弯沉、温湿度、交通荷载等。随着对基于力学方法的道路设计研究的深入，道路检测仪器已经成为观测路面材料性能衰变和荷载作用下路面结构响应的重要工具。道路检测仪器和检测技术可以用在室内加速加载试验设备中，也可用在现场足尺试验路和实际路面的长期使用性能观测中。国外比较著名的研究有 Mnroad 试验路、The Virginia Smart Road、NCAT 试验路、CPATT 试验路、HVS、SISSI 等。20 世纪对基于柔性路面设计方法的研究，我国也对道路交通条件与道路结构荷载响应行为检测技术进行了初步探索。早在 20 世纪 60 年代初原交通科学研究院与同济大学合办的上海公路工程研究所在进行柔性路面理论研究时，就展开过路面结构应力、应变的测量工作，但当时的主要内容是土基内的竖向应力；1972 年至 1973 年湖南省交通科学研究所用沥青块传感器做过模拟路面和足尺路面沥青混凝土层底拉应变的测定；1975 年至 1976 年交通部公路科学研究所与甘肃省交通厅合作进行了弯沉指标实测验证研究；内蒙古综合交通科学研究院、湖南大学等研究机构也进行了类似的试验研究。但受当时的检测设备和检测技术所限制，所做的试验工作和检测的指标比较单一；所得到的结论也大都是定性的；所做的研究也仅仅是为验证试验路的设计指标，没有条件对实际道路的交通、环境条件与结构荷载响应进行长期观测。2004 年交通部西部交通科技项目"沥青路面设计指标和参数"研究课题中，修建了加速加载试验路，研究半刚性基层和沥青混合料在加速加载荷载作用下的疲劳衰变规律，为道路传感器的检测技术提供了初步经验。

1.2.2 路面结构组合的研究

路面结构的组合是解决道路使用性能的最主要的方式之一。各国的路面结构组合形式也多种多样，都是根据自己国家的实际情况确定的。

为了提高路面使用寿命，减少路面早期损坏，节约道路建设和养护成本，综合国内外对于路面结构组合的研究，依托青临高速公路和济南绕城高速公路二环线东环段项目建设，拟定了八种不同的路面结构形式[5]，结构代号分别为 S1～S8，具体组合形式见表 1.2 至表 1.9 并与主线结构进行对比。每种结构力学响应和性能衰变规律、过程都不相同，为了能够预测各种结构性能的衰变程度和疲劳寿命，对每种结构及每一层次的力学特点和性能衰变特点进行逐一分析。

S1：主线结构层对比段。

表 1.2　S1 材料和结构组合

结构层	厚度/cm
SMA-13	4
AC-20	6
AC-25	8
LSPM30	13
水泥稳定碎石基层	18
水泥稳定碎石底基层	16
水泥稳定砂加碎石	16
土基	

　　主线结构是山东省内目前常用的一种组合方式，在传统的半刚性基层沥青路面结构中加了一层 LSPM30 柔性基层，起到排水和抗反射裂缝作用，实践证明，反射裂缝的出现确实推迟了，疲劳寿命提高。

　　这种结构因为多加了 13cm 的沥青碎石层，结构整体厚度增加，半刚性基层层底拉应力减小了，相应的疲劳寿命就会提高。面层的厚度没有减少，其抗弯拉能力没有减弱。整个结构的疲劳破坏历程应该有两种情况。第一，水泥稳定碎石层首先因干缩温缩开裂，柔性基层承受集中的剪应力和弯拉应力，LSPM 空隙率大、级配粗，在集中剪应力作用下碎石发生移位，但是并不会产生裂缝，另外由于其弹性模量与沥青面层相比较小，承受的弯拉应力也不大，所以短期内半刚性基层裂缝不会往上蔓延，但是随着荷载作用次数的增加和水损的作用，LSPM 层沥青逐渐剥落，退化成级配碎石，抗弯拉能力减为 0，竖向变形也增大，相应的沥青面层底部弯拉应力逐渐变大。沥青面层由于柔性基层的存在，底部承受弯拉应力，但是半刚性基层裂缝上端的集中剪应力不会传递上来，不会产生 I 型的开裂，随着荷载次数的增加和柔性基层性能的衰变，沥青面层底部弯拉应力越来越大，就产生了疲劳开裂，继而贯通到表面。第二，水泥稳定碎石层未开裂，其底部承受较大的弯拉应力，随着 LSPM 层性能衰变和荷载的反复作用，水泥稳定碎石基层逐渐达到疲劳开裂，继而裂缝贯通，其后的过程与第一种情况相似，只是 LSPM 层性能衰变到了一定程度，面层弯拉应力或者应变更大，疲劳开裂发展更快一些。

　　通过有限元计算不同开裂状态下各层的控制指标数值，并利用疲劳方程进行寿命的计算，进一步明确疲劳控制区转移的规律和疲劳发生的先后顺序。

S2：粒料基层+半刚性基层结构。

表 1.3　S2 材料和结构组合

结构层	厚度/cm
SMA-13	4
AC-20	6
ATB	10
ATB	10
级配碎石基层	15
水泥稳定碎石	18
水泥稳定碎石	18
土基	

注：两个相同结构层为不同层位，下同。

此种结构在上一种结构的基础上，将 AC-25 用一层 ATB 来代替，LSPM 层由一层 ATB 代替，增加了级配碎石层，减掉了水泥稳定砂加碎石层，形成了倒装结构，面层总厚度减少了 2cm。级配碎石的抗反射裂缝能力要强于沥青稳定碎石，但是回弹模量降低，分散竖向应力的能力减弱，并且永久性变形增大。由于级配碎石层的存在，沥青面层结构在相同轴载作用下，变形增大，分散的竖向应力增大，相应的底部弯拉应力或者应变会增大。水泥稳定碎石层承担的竖向应力相应减少，层底弯拉应力也随之减小。

这一形式的路面结构疲劳破坏的规律应该有三种情况。第一，水泥稳定碎石层首先干缩温缩开裂，级配碎石层承受集中剪应力，在剪应力下碎石移位产生变形，不产生裂缝，其弯拉应力为 0，相应的沥青面层底部弯拉应力逐渐变大。沥青面层由于级配碎石层的存在，底部承受弯拉应力，但是半刚性基层裂缝上端的集中剪应力不会传递上来，产生不了Ⅰ型的开裂，随着荷载次数增加和级配碎石层永久变形增大，沥青面层底部弯拉应力越来越大，就产生了疲劳开裂，继而贯通到表面。第二，水泥稳定碎石层未干缩温缩开裂，如果沥青层厚度相对较小，则基层底部承受较大的弯拉应力，随荷载反复作用，先达到疲劳开裂，继而裂缝贯通，其后的过程与第一种情况相似。这种情况下，面层和级配碎石基层承受的剪应力很大，易产生过大的永久性变形。第三，水泥稳定碎石层未干缩温缩开裂，但其厚度较小，则沥青面层底部承受较大的弯拉应变，先达到疲劳开裂，开裂贯通后分散竖向应力的能力减弱，水泥稳定碎石层层底弯拉应力增大，达到疲劳开裂，结构整体达到疲劳寿命。

通过有限元计算不同开裂状态下各层的控制指标数值，并利用疲劳方程进行寿命的计算，进一步明确疲劳控制区转移的规律和疲劳发生的先后顺序。

S3：主线段变厚度结构 I。

表 1.4　S3 材料和结构组合

结构层	厚度/cm
SMA-13	4
AC-20	6
AC-25	8
LSPM-25	9
水泥稳定碎石	18
水泥稳定碎石	18
水泥稳定碎石	18
土基	

这种结构在主线结构的基础上增加了 18cm 的水泥稳定碎石层，相对于主线结构其力学响应发生了变化：面层层底拉应变减小，水泥稳定碎石基层的层底拉应力也减小，水泥稳定碎石和面层的疲劳寿命都有所增加，但是避免不了水泥稳定碎石的干缩温缩导致的裂缝，裂缝先出现的层位对结构内应力应变的分布有何影响需通过计算获得。此种结构破坏的最可能方式就是面层层底拉裂，然后贯穿，或者面层温度收缩，产生 TDC 裂缝。

S4：高模量沥青混合料结构。

表 1.5　S4 材料和结构组合

结构层	厚度/cm
SMA-13	4
EME（0/10）	6

结构层	厚度/cm
EME（0/14）	9
EME（0/14）	10
水泥稳定碎石底基层	18
水泥稳定砂加碎石	18
土基	

高模量沥青层的存在，是减小车辙量的有效措施，所以车辙不是此种结构的主要病害，破坏方式主要考虑水泥稳定碎石基层开裂后，导致沥青层底拉应变变大，如果不超过永久性路面要求的应变，则此种结构寿命就可达到 40 至 50 年；如果厚度不足的话，也有可能导致路基变形过大产生破坏。

S5：连续配筋结构 1。

表 1.6　S5 材料和结构组合

结构层	厚度/cm
连续配筋混凝土	35
AC-13	4
水泥稳定碎石	30
土基	

这种结构易发生冲断开裂以及平整度的变化，表面的舒适性能相对比较差，其他病害在早期很少，微裂缝的存在并不影响路面的使用性能，并且不存在车辙、波浪、壅包和坑槽等病害。

S6：连续配筋结构 2（S7）。

表 1.7　S6 材料和结构组合

结构层	厚度/cm
SMA-13	4
AC-5	2
连续配筋混凝土	33

续表

结构层	厚度/cm
AC-13F	4
水泥稳定碎石	30
土基	

相对 S5，此种结构增加了沥青混凝土表面层，提高了行车的舒适性，但是也会存在沥青面层易发的病害：车辙、横裂等。由于刚性基层的存在和较薄的沥青面层，车辙量比较小，横向开裂也只是在降温幅度比较大的冬季才有可能出现。

S7：主线变厚度结构Ⅱ。

表 1.8　S7 材料和结构组合

结构层	厚度/cm
SMA-13	4
AC-20	6
AC-25	8
LSPM-25	9
水泥稳定碎石	18
水泥稳定碎石	16
水泥稳定碎石	16
水泥稳定风化砂	40
级配碎石垫层	10
土基	

此种结构为上坡路段应对慢车速情况下的病害，基层结构比较厚。

S8：粒料基层结构。

表 1.9　S8 材料和结构组合

结构层	厚度/cm
SMA-13	4
AC-20	6

续表

结构层	厚度/cm
ATB	10
ATB	10
级配碎石	20
未筛分碎石	36
土基	

这种结构跟美国 AASHTO 推荐的其中一种结构形式相同，面层厚度 30cm，下面为未处治粒料层，这种结构沥青层底拉应变比较大，易拉裂，另外基层底基层刚度偏小，扩散能力不足，路基顶部已发生竖向塑性变形；如果地下水或者面层水渗入级配碎石层，模量大大降低，更易产生拉裂或者路基失稳。

结合这八种典型路面结构材料、环境和交通特征，本书对长期路用性能的预测方法进行了深入研究，该研究具有重要的现实意义，对今后沥青路面结构形式的选择有重要的指导意义。使用路面寿命周期费用分析方法指导我国的路面设计，其研究思路、设计观念及研究规模在国际上均属超前及领先水平，该方法不但可以实现路面结构方案的经济最大化，而且还为公路建设部门的科学决策、策略选择提供了更实际、更可靠的依据。

1.2.3　使用性能预测模型的研究

路面性能的预测模型方法主要有：确定型、概率型、神经网络型、灰色理论、专家系统、遗传算法。每种方法都有各自的适用范围。

1.2.3.1　确定型预测模型

这类模型就是利用已有的路面性能检测数进行公式回归，或者根据力学原理进行路面结构受力计算，用应力应变数值来推算路面的使用性能；又或者将两者结合起来，利用实际的检测数据对力学计算结果进行修正。这三种模式就是经验回归法、力学法和力学—经验法。

1.　经验回归法

此种方法需要收集大量的路用性能指标检测数据，然后分析其演变趋势，确定合适的方程形式，代入实测数据进行方程参数标定，然后用此方程对未来的路用性能变化进行预测。一般来说，这类的方法建立在客观事实基础上，只要方程的形式选择正确，则预测的可靠度就比较高。其他国家，尤其美国在数据收集方面做得就很好，我国也在开展数据收集方面的工作。在此基础上，建立了很多的经验回归公式：

（1）AASHO 模型[6]。20 世纪 50 年代末 60 年代初，根据美国 AASHO 试验路的经验数据，以服务能力指数（PSI）为衡量指标，得到路面服务能力的基本方程，见式（1.1）：

$$PSI=PSI_0-(PSI_0-PSI_t)\,(ESAL/ESAL_t)^\beta \tag{1.1}$$

（2）亚伯达省模型。基于 20 多年历史数据的回归分析，加拿大的亚伯达省提出了一种修正的确定型模型。模型以 RCI 为预测指标，路面类型不同，模型的形式也存在差异，见式（1.2）和式（1.3）：

碎砾石柔性基层：

$$RCI=-6.36915+6.87009\ln(RCI_p)-0.16242\ln(y^2+1)+0.18498y-0.08427y^n(RCI_p) \tag{1.2}$$

半刚性基层：

$$RCI=4.9856+5.802\ln(RCI_p)-0.1846FDN \tag{1.3}$$

（3）萨斯喀彻温省模型。以世界银行的公路设计养护标准模型为基础[7]，萨斯喀彻温省公路交通部门采用一个经过修正的确定型模型。模型采用国际平整度指数 IRI 作为预测指标，认为 IRI 是时间、交通荷载和损坏状况的函数，见式（1.4）和式（1.5）：

$$d_{IRI}=134\times d_{NE4}\times emt\times(1+MSN)-5+m\times RI\times dt+0.057\times d_{RDM} \tag{1.4}$$

$$d_{IRI}=134\times d_{NE4}\times emt\times(1+MSN)-5+m\times RI+0.057\times d_{RDM} \tag{1.5}$$

（4）爱达荷州模型。美国爱达荷州交通局以 PSI 为预测指标，采用式（1.6）的形式

$$PSI=PSI_0B-ESAL_cD \tag{1.6}$$

式中：$B=PSI_0/PSI_t$

$D=\ln(\ln(PSI_0)-\ln(PSI_t))/\ln(ESAL_c/C)$

$C=ESAL \qquad (PSI_i>PSI_t)$

$C=ESAL_c\times\ln(B)/\ln(PSI_0)-\ln(PSI_i) \qquad (PSI_i<PSI_t)$

（5）华盛顿州模型。美国华盛顿州的路面管理系统将平整度和路面损坏状况

综合成一个评价指标 R，以 R 作为使用性能变量，综合 3 年的观测数据，对柔性路面的养护和改建对策提出了综合使用性能指标 R 的预估模型，见式（1.7）：

$$R=99.85-0.21112y^{2.25} \qquad （日常养护）$$
$$R=100-1.41088y^{2.00} \qquad （2.5cm 厚加铺层）$$
$$R=100-0.13637y^{2.50} \qquad （4.5cm 厚加铺层） \qquad (1.7)$$
$$R=100-0.01615y^{3.00} \qquad （7.5cm 厚加铺层）$$

（6）亚利桑那州模型。美国亚利桑那州通过对三个地区不同路龄的路面的使用性能变量以及其影响变量进行分析后，得到了典型的概率型回归模型，见式（1.8）和式（1.9）：

$$\Delta Rn=0.138R+2.65R_g^2-0.125 \qquad (1.8)$$

罩面后的平整度：

$$\Delta Rn=65.29-0.78R_b-0.3055TH \qquad (1.9)$$

（7）安大略省模型。加拿大安大略省的 PARS 管理系统在研究路面使用性能时，考虑交通量和环境两个影响因素，通过两个因素造成的路面使用性能的衰变来判断使用性能的变化，见式（1.10）：

$$P=P_0-P_T-P_E$$
$$P_T=2.44554+8.805\psi^3$$
$$P_E=[P0-5.15/(1+\beta Ws)](1-e^{-ay}) \qquad (1.10)$$
$$\psi=100Ws^6N$$

（8）芬兰模型。芬兰 Vesa Mannisto 等根据多年的观察研究，得到如下模型，见式（1.11）和式（1.12）：

沥青混凝土路面：

$$L_{IRI}=2.3\times(1.3CLASS-0.24LTMITK+0.08LAGE-0.1LAMITK) \qquad (1.11)$$

沥青砾石路面：

$$L_{TRAN}=-0.11-(0.319LAGE+0.316BCI)$$
$$L_{TRI}=2.4\times(0.17LAGE-0.346LTMITK) \qquad (1.12)$$

（9）明尼苏达州模型。明尼苏达州运输部用 PSR 预测模型。该模型是简单递归模型模式，见式（1.13）和式（1.14）：

$$现有路面：PSR=PSR_p-J \qquad (1.13)$$
$$新建路面：PSR=PSR_0-J_y \qquad (1.14)$$

（10）S 形模型。南卡罗来纳州公路和公共运输部用 S 形模型预测 PSI，见式（1.15）：

$$PSI=PSI-e^{(a-bct)} \tag{1.15}$$

（11）北京模型。北京地区选用路况指数 PCI、行使质量指数 RQI 和结构性能作为路面使用性能变量，使用性能影响变量选用路面使用年数，建立的预测模型，见式（1.16）：

$$PCI=100e^{-ayb}$$

$$RQI=ce^{-dy}$$

$$L=e_1/m/PCI \tag{1.16}$$

（12）天津模型。　　　原模型：$Y=a\times e^{-b0n}$

标准型：$Y=100e^{-bn}$ $\tag{1.17}$

（13）广东模型。

$$RQI=5.0e^{-dy} \tag{1.18}$$

上述的几个模型均能比较好地拟合路面的衰变情况，客观地反映出路面使用随着使用年数的增加而衰减的规律。但是这些模型的建立是在一定的环境、交通荷载和特定的道路结构形式下，有一定的地域限制，移植性不好，通用性差，不便于以后的研究和发展。而且我国的高速公路发展历程短，前期又没有注意检测数据的积累，想要获得足够的检测数据比较困难。利用此种方法进行路面性能方程的建立目前来说比较困难。

同济大学孙立军教授在此基础上提出了适用于我国公路的路用性能预测方程，见式（1.19）：

$$PPI = PPI_0\left\{1-\exp\left[-\left(\frac{\alpha}{y}\right)^{\beta}\right]\right\} \tag{1.19}$$

式中：　PPI —— 使用性能指数（PCI、RQI或其综合）；

PPI_0 —— 初始使用性能指数；

y —— 路龄；

α、β —— 模型参数。

该方程的参数具有明确的物理意义，能够涵盖所有的路用性能衰变形式，可以根据部分实测数据进行公式参数的标定，从而建立具体的某条路的性能衰变方程，是经验法中比较客观准确的一种预测方程。但需要大量的现场数据提供支撑，才能得到准确的参数。

2. 力学法

力学法是在室内进行结构材料的力学性能试验，基于弹性层状体系理论，对结构的受力进行计算，用应力、应变和位移来表征路面的结构性能的发展变化规律。

力学法的优点在于不需要收集大量的实测路用性能数据，从理论的角度就能提前分析路用性能的变化规律，节省大量的人力物力，更重要的是不需要很长的时间。

力学法的缺点在于室内结构材料试验与现场的路用性能关系的相关性差，不是直接的对应关系；进行力学分析需要进行很多的假设条件，力学计算还模拟不了现场的实际环境，并且在很多情况下，假设条件是不准确的，这就导致力学的计算结果过于理想化，与实际出入太大；力学计算的精确度还有待于理论的进一步完善和假设的进一步合理化。

现有的力学法理论有弹性层状体系理论、粘弹塑性理论、断裂力学理论，比较适合路面结构分析的有限元分析软件有 ANSYS、ADINA、ABAQUS 等，具体内容不再赘述。

3. 力学－经验法

此方法就是利用力学理论和有限元软件，在结构材料室内试验的基础上对路面结构进行应力、应变和变形的计算和分析，再根据现场试验路段的实际应力、应变和变形的数据进行修正。利用修正后的公式来预测整个寿命周期内路面结构性能的变化趋势。

力学－经验法集合了力学和经验法的优点：投入的人力、物力和时间少，成本低，速度快；经过修正后的力学指标能够很好地反映路面结构性能的实际情况。所以，力学－经验法也是目前最科学、最合理和应用最广泛的一种方法。不但能够对路用性能进行预测，更主要的是为路面结构和材料的设计提供了依据[8]。

大部分国外的设计方法都是力学－经验法，我国也采用这一设计体系。但是我国的设计体系使用近二十年来，路面性能的变化并没有按照预期的进行，出现了很多的早期危害并浪费了大量的资金。说明我国的力学－经验设计法存在很多缺陷，在材料试验、结构组合设计和设计控制指标上都存在很大的问题，导致设计出的路面结构与期望值相差甚远，虽然 JTG5421－2018《公路沥青养护设计规范》中的沥青路面从单一的疲劳设计指标演变为永久变形、疲劳、抗滑性能等多指标体系，但性能预测模型依然没有成为主要内容。本书内容之一就是分析这些缺陷，通过提高力学计算精度，明确检测、试验方法，通过试验路调整修正参数，建立更科学、合理的力学—经验法路面设计体系，并作为路面性能的预测和经济分析的依据。

1.2.3.2　概率型预测模型

概率型的模型主要是根据现有的路用性能状态[9]，利用一定的理论去推断下一阶段处于某种状态的概率，这就是状态转移的概率，对于下一阶段的预测主要是基于前期数据的发展趋势。在路用性能实测数据不足的情况下，可以采用这一模型，目前很多科研人员也在用这种模型进行路面性能衰变趋势的预测。这种预测不注重路面性能与路面结构和材料的关系分析，而只是从客观数据上去预测下一步可能发展的趋势，是一种纯数学理论的模式。预测的准确程度需要下一阶段的实测数据进行修正，并调整策略继续再下一阶段的预测，是一个不断调整的过程，对远期的预测准确度比较差。

常用的概率型模型主要有：残存曲线模型、贝叶斯概率模型、马尔可夫模型和半马尔可夫模型[10]。马尔可夫模型是应用最广泛的、模型最完善的一种概率型预测方法，主要步骤有选择模型，定义路况状态，为不同的路面结构和养护措施计算状态转移概率矩阵，这一矩阵一经确立就不会变化，所需的实测数据较少。马尔可夫预测方法可以对路面力学状态转移以概率预测，也可以对路面性能状态转移进行概率预测；既可以利用充足的数据进行转移概率矩阵进行计算，也可以在检测数据不足情况下，利用回归方法来计算状态转移概率矩阵。这需要后期数据对于预测结果进行修订。

1.2.3.3　神经网络模型[11]

神经网络模型能够提供一个高度复杂的非线性系统[12]，具有根据数据动态更新的功能[13]。相对于概率型的静态模型，它是一种动态的模型[14]。美国的堪萨斯公路局提取公路破损、纵向裂缝、块裂、等效轴裂和疲劳的 5 年历史资料，采用自组织和有监督的混合神经网络进行了 *IRI* 的预测。J.D.Lea 对南非 10 年的低等级公路数据利用 BP 网络分析、预测，效果很好。我国的胡霞光[15]提出用小波神经网络来预测路面性能。

除了以上的模型，还有其他一些模型也应用于路面使用性能的预测分析[16]，包括专家系统、遗传算法和灰色理论等。

根据对国内外性能预测模型的研究现状分析，结合青临高速不同结构组合的试验路段具体情况，拟采用力学—经验法建立模型对各种路用性能进行预测。

1.2.4 道路寿命周期费用分析研究

寿命周期费用分析（LCCA）是指从项目的长期经济效益出发，考虑项目设计、运行、维修、改造、更新直至报废的全过程，使寿命周期内费用最小的一种管理理念和方法。核心内容是对项目进行寿命周期费用分析，然后进行项目决策[17,18]。

20 世纪 60 年代，国外将寿命周期费用分析用于交通工程，经过几十年的广泛应用，目前已经有比较成熟的成果。根据美国几个州的经验，寿命周期费用分析是一个有用的工具，美国联邦公路局和其他的一些州的高速公路管理部门都提倡在一个给定的情况下[19]，通过寿命周期费用分析（LCCA）来帮助确定最合适的养护和重建策略，并且开发了一系列的 CCA 软件来帮助道路决策部门评价费用和效益。1986 年、1993 年和 2002 年版的 AASHTO 路面设计指南都积极倡导寿命周期费用分析，并就寿命周期费用分析应当包含哪些费用进行了详细的讨论[20]。其他国家[21]如加拿大、澳大利亚、日本、南非和埃及等也发展了寿命周期费用分析的分析方法[22]。

我国的路面设计规范里，并没有将寿命周期费用分析作为路面结构方案比选方法，也没有规定其他的方法用于方案比选。而项目设计阶段恰恰是控制全寿命周期费用的最佳时机。另一方面，在现行工程造价管理体制下，管理部门选择路面设计方案的决策依据是设计单位编制的估算、概算，这就导致决策方往往只考虑初期修建费用低的方案，并期待它能经久耐用，完全不考虑由此导致的养护和改建费用以及对道路使用者的影响。鉴于上述情况，国内近年来也开始了寿命周期费用分析（LCCA）相关的研究工作：

（1）2000 年，由交通部公路科学研究所联合山东、吉林、安徽三省公路管理局和同济大学、吉林工业大学承担完成了"九五"国家重点科技攻关项目专题，系统地研究开发了适合国情、使用方便又与国际接轨的，具有交通流车速分析、道路用户费用分析、道路养护费用分析和经济效益分析等多项功能的"公路投资综合效益分析系统"，该项研究在国内尚属首次，其中速度油耗模拟系统达到国际领先水平。

（2）同济大学基于我国公路设施运营养护工作的现状和问题及需求，初步建立了养护政策制定的经济学基础，提出了基于全寿命周期的公路养护管理政策建议。

（3）哈尔滨工业大学通过研究建立了寿命周期费用分析的流程框架，并结合案例详细介绍了寿命周期费用分析的过程，对其中的部分费用进行了重新界定；分析了影响分析结果的因素，指出了在分析中应注意的问题；进一步完善了寿命周期费用分析方法在路面设计中的应用。

（4）合肥工业大学探求了如何进行寿命周期成本的分析与计算，包括寿命周期成本评价法的一般步骤及寿命周期成本分析的计算方法。同时，结合实例分析了如何应用神经网络对寿命周期成本进行快速、准确的估算，以及如何运用价值工程对寿命周期成本进行有效的控制。

（5）长沙理工大学将能够影响高速公路全寿命周期成本的相关机构都当作主体，形成多位主体，并用头脑风暴法由各个主体提出各自的成本指标，再综合形成高速公路建设全寿命周期成本体系并进行量化，建立全寿命周期成本计算模型。

由以上研究可以看出，由于对部分成本因素的精算以及不确定因素的难以量化，且在计算寿命周期总成本时采用机械的单期维护成本累加的方法，常常计算出的总成本与实际成本存在较大偏差。究其原因在于使用性能预测是建立在路面状况数据之上的软课题，路面状况数据的采集是一项长期而又细微的任务。因此，路面使用性能预测必然有一个不断完善的发展过程。当路面状况数据的采集已经有一定的初步成果时，如果能够对其进行合理的处理和总结，筛选出同类路面结构具有统计意义且较为详实可信的调查数据，在此基础上建立预测模型，以预测使用性能变量随相关影响参数的变化，建立起来的路面使用性能模型才更具有可靠性[23]。由此可见，路面使用性能的长期监测及系统检测、路面使用性能评价及养护决策将是决定和指导路面结构设计及全寿命周期成本比较的关键因素和亟待解决的重点问题。

第 2 章　路面结构温度场的预测

路面温度场的分析研究开始于 19 世纪 20 年代。早在 1926 年，美国就在阿灵顿地区对自然条件下沥青路面中的温度状态进行了现场检测。随后，美国、苏联、德国、日本等国家均对沥青路面或水泥路面的温度状况进行了大量的试验研究。特别是半刚性基层沥青路面结构的广泛使用，使得沥青路面温度状态的分析研究越来越为国内外的道路工程界所关注。温度场的分布与道路的使用性能关系密切，在对路用性能预测时，必须首先确定其温度分布和特征指标。

2.1　概述

2.1.1　研究背景和目的

温度对沥青材料的影响主要体现在沥青混合料的力学性能变化上，其劲度模量具有强烈的温度依赖性。沥青是一种感温性特别强的高分子材料，高温时呈现流体性能，低温时呈现固体的弹脆性，处于中间温度时既有弹性特征也有塑性特征。研究表明，在道路使用的温度环境中，沥青材料通常表现为非线性的粘弹塑性，既有弹性，又有塑性，还表现为时间上的延迟，在使用过程中具有非常复杂的力学特征。温度场的变化会影响材料的力学性能参数和力学响应，进而会影响路面结构应力场的分布。极端温度的存在会加剧沥青路面的破坏，在极端高温情况下，道路可能会在短短的几天之内车辙量猛增，而在极端低温情况下，尤其是降温幅度比较大的时候，沥青材料应力释放不及时，而且变脆，导致路表迅速产生低温缩裂。温度的场分布特点以及月平均值则对沥青路面的疲劳寿命起决定性作用。所以，为了准确地预测沥青面层的疲劳寿命、车辙量和低温开裂量，需要对于结构层内温度场的分布规律、月平均温度、极端高温和极端低温值及出现的概率、年温差、日温差等特征指标进行确定。

目前我国半刚性基层路面结构中，基层和面层之间的连接是通过封层实现的，由于沥青的存在，层间抗剪强度的极限值和变化规律也跟温度密不可分，所以温度场的研究也为层间连接强度的变化规律确定提供了基础。

温度对于半刚性和刚性材料的影响相对比较小，主要体现在温差所产生的材料的热胀冷缩上，容易产生温度裂缝，对于水泥稳定碎石基层来说，温度变化是产生温缩裂缝的前提，对于水泥混凝土路面来说，温度变化是产生翘曲应力的前提，本项目中采用连续配筋的水泥混凝土路面结构，温度影响比较小。半刚性基层和刚性路面应力松弛能力比较弱，积累的温度应力不容易消散，所以需要确定施工时的温度和极端低温值及出现的概率。

2.1.2　国内外研究现状

为了获得准确的温度场分布情况，早期手段比较简单直接，就是在现场埋设测试设备，进行实际观测，观测的结果包含了各种影响因素，是检验统计法和解析法准确性的辅助手段，但是这种方法耗费大量的人力物力，且观测周期比较长，适用范围比较小，后来在积累了大量实测数据的基础上，研究人员利用统计学原理对这些数据进行回归，得出回归公式，用于温度场的计算和预测；在与热传导学和气象学等基础学科相结合后，理论分析就出现了，可以利用气候观测数据和材料参数对路面结构层的温度进行计算；有限元的出现，为理论分析法的推广提供了更便捷的工具，利用有限元软件可以按照热传导理论进行各层结构温度的计算，但是由于所作的假设和材料参数的取值问题，计算结果需要利用实测数据进行验证。

从已有的研究成果来看，应用最多的为统计分析法和理论分析法两类，实测法作为两类分析方法的辅助，对其预测的准确性进行校验。在国内外关于沥青路面温度场的预估方法的研究中，统计分析方法和理论分析方法都得到了一定发展和应用。相对而言，理论分析法由于其适应性强、预估方便等特点，在总体规律性研究中应用更为广泛。

2.1.2.1　实测法

对于已建道路，如果需要测试各层温度，需要在设定的试验位置取芯，在钻出的芯样上设置温度传感器，完成后再将芯样埋入路面，并回填沥青材料，使芯样与原路面结构充分接触[24]，如图 2.1 所示。对于新建道路，可以在施工过程中埋设温度计。本项目温度传感器如图 2.2 所示。

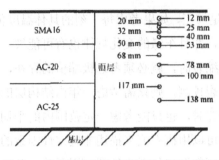

图 2.1　已建道路埋设的温度传感器位置图　　　　图 2.2　温度传感器

本项目中每个试验段需要安装至少由五个温度计组成的传感器，其中一个用于测量临近路段的大气温度，其余四个用于测量路面结构内部的温度变化规律。温度计可实现长时间连续自动采集。其中结构 S1 的埋设方案如图 2.3 所示。

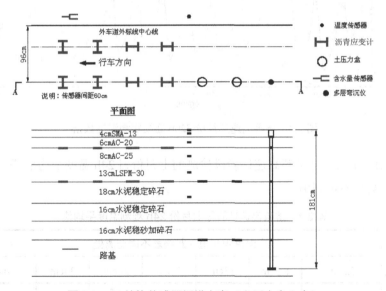

图 2.3　S1 结构传感器埋设方案（土压力盒 2 个）

山东省济南－莱芜高速公路在修建过程中就埋设了温度传感器，按照半小时采集一次的频率成功地检测了至少一年的路面结构内部不同深度处的温度值，这些数据为本项目利用有限元计算温度场的精确性提供了对比基础。图 2.4 为济莱高速试验段三月份连续 720h 观测的数据图。由图 2.4 可以看出，不同深度处的温度值变化具有一定的规律，但是受降雨、云层、大风等影响，其幅值和均值又不断地变化。根据分析的目的不同，需要忽略部分不确定性因素。例如：车辙量的预测中，高温月份的日24h温度平均值就足够了，如果考虑每一刻的具体温度值，则预测模型就相当复杂，目前还无法实现，并且车辙的变化规律也有可能被一些非确定性因素掩盖。但是在考虑路表低温缩裂时，就必须考虑极端值的存在，不能单纯地使用平均值。对于基层的温缩开裂预测，则只需考虑一年内结构层的温度变化规律即可。利用解析法进行理论计算时，也只能考虑一定范围内的平均值和特定的极值，为了使结果具备客观性，可以用概率值来描述非确定性因素的影响程度。所以，该项目研究中，需要对实测数据进行平均处理，用于验证理论计算模型的准确性。

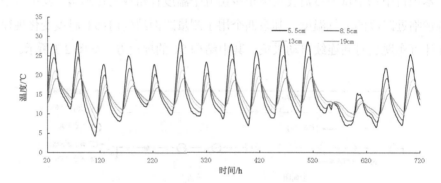

图2.4　济莱高速三月份720h连续实测温度数据

表2.1和图2.5是济莱高速试验段检测的七月份日24h温度平均值，限于篇幅，其他月份数据不再列出。

表2.1　济莱高速试验段七月份24h观测温度平均值

时间/h	温度观测值（距路表不同距离处）						
	5.5cm	8.5cm	13cm	19cm	26cm	34cm	44cm
0	28.6	29.9	30.9	31.3	31.3	31.2	30.7
0.5	28.4	29.7	30.7	31.1	31.2	31.1	30.7
1	28.1	29.4	30.4	30.9	31.1	31.0	30.7
1.5	27.9	29.2	30.2	30.7	31.0	30.9	30.6
2	27.6	28.9	30.0	30.5	30.8	30.8	30.6
2.5	27.4	28.7	29.8	30.4	30.7	30.7	30.5
3	27.2	28.5	29.6	30.2	30.6	30.6	30.5

时间/h	温度观测值（距路表不同距离处）						
	5.5cm	8.5cm	13cm	19cm	26cm	34cm	44cm
3.5	27.0	28.3	29.4	30.0	30.4	30.5	30.4
4	26.8	28.1	29.2	29.9	30.3	30.4	30.4
4.5	26.6	27.9	29.0	29.7	30.2	30.3	30.3
5	26.5	27.7	28.8	29.5	30.1	30.2	30.3
5.5	26.4	27.5	28.7	29.4	30.0	30.0	30.2
6	26.4	27.4	28.5	29.2	29.8	29.9	30.1
6.5	26.7	27.4	28.4	29.1	29.7	29.8	30.1
7	27.1	27.6	28.3	29.0	29.6	29.7	30.0
7.5	27.8	27.8	28.3	28.9	29.5	29.6	29.9
8	28.7	28.2	28.4	28.9	29.4	29.5	29.9
8.5	29.7	28.8	28.6	28.9	29.3	29.5	29.8
9	30.7	29.4	28.8	28.9	29.3	29.4	29.7
9.5	31.8	30.0	29.1	29.0	29.2	29.4	29.7
10	33.1	30.8	29.5	29.2	29.3	29.3	29.6
10.5	34.6	31.7	30.0	29.4	29.3	29.3	29.6
11	35.9	32.7	30.5	29.6	29.4	29.3	29.6
11.5	37.2	33.7	31.1	30.0	29.5	29.4	29.5
12	38.2	34.6	31.7	30.3	29.6	29.5	29.5
12.5	39.0	35.4	32.3	30.7	29.8	29.6	29.5
13	39.7	36.1	32.8	31.1	30.0	29.7	29.5
13.5	40.2	36.8	33.4	31.5	30.2	29.8	29.6
14	40.3	37.1	33.9	31.9	30.5	30.0	29.6
14.5	40.3	37.5	34.3	32.2	30.7	30.2	29.7
15	40.1	37.6	34.6	32.6	30.9	30.3	29.7
15.5	39.6	37.6	34.9	32.8	31.2	30.5	29.8

时间/h	温度观测值（距路表不同距离处）						
	5.5cm	8.5cm	13cm	19cm	26cm	34cm	44cm
16	39.0	37.4	35.0	33.1	31.4	30.7	29.9
16.5	38.3	37.2	35.0	33.2	31.6	30.9	30.0
17	37.4	36.8	35.0	33.4	31.7	31.0	30.1
17.5	36.5	36.3	34.9	33.5	31.9	31.2	30.2
18	35.5	35.7	34.7	33.5	32.0	31.3	30.3
18.5	34.6	35.1	34.5	33.4	32.1	31.4	30.4
19	33.6	34.5	34.2	33.3	32.1	31.5	30.5
19.5	32.8	33.8	33.8	33.2	32.1	31.6	30.5
20	32.0	33.2	33.5	33.0	32.1	31.6	30.6
20.5	31.4	32.6	33.1	32.8	32.1	31.6	30.7
21	30.8	32.1	32.8	32.6	32.0	31.6	30.7
21.5	30.4	31.7	32.4	32.4	31.9	31.5	30.7
22	30.0	31.3	32.1	32.2	31.8	31.5	30.8
22.5	29.6	30.9	31.8	32.0	31.7	31.5	30.8
23	29.2	30.6	31.5	31.7	31.6	31.4	30.8
23.5	28.9	30.2	31.2	31.5	31.5	31.3	30.7

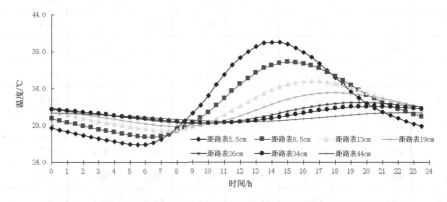

图 2.5　济莱高速试验段七月份日 24h 不同深度观测温度平均值

由表 2.1 和图 2.5 可以看出，在距路表 26cm 以下的位置，温度的日变化幅度不超过 2℃，距路表 19cm 处的变化幅度也只是在 4℃左右，进一步说明基层部位以下在预测其温缩开裂时不需考虑短期内的温度变化。在预测车辙量时，每天各个时段的数据也不一样。

本项目在试验段施工时也埋设大量的温度传感器，其观测结果可以用于后期温度预测模型的验证和修正。鉴于时间太短，目前还未收集到足够的数据。

2.1.2.2 统计法

实际观测的温度数据包含了很多非确定性因素的影响，因为路面结构和材料在建成时已经确定，所以对于本试验路段性能的保障起不到作用。观测的数据主要用于温度变化规律的研究，为统计分析法和解析法提供基础、验证，指导类似结构的高速公路的建设。

统计分析法是需要大量路面温度的实测数据和气象资料作为基础，采用数理统计分析方法建立路面温度场和各环境因素之间的定量关系，提出经验公式，用于路面温度场预测的方法。在统计法中也有很多种类，根据研究目标参数不同，需要确定的因变量也不同，如果只是为了选定沥青材料，那就需要对路面结构年最高和年最低温度进行预测；有的公式是根据大气参数对路面结构各层最高最低温度进行预测。

Mohseni 等以气温和纬度作为影响因素，回归出了路面结构内的年最高和最低气温经验公式[25]，见式（2.1）和式（2.2）：

$$T_{pd,\max} = 54.32 + 0.78T_{a,\max} - 0.0025\phi^2 - 15.14\lg(d+25) \qquad （2.1）$$

$$T_{pd,\min} = -1.56 + 0.72T_{a,\min} - 0.004\phi^2 + 6.26\lg(d+25) \qquad （2.2）$$

式中：$T_{pd,\max}$——距路表 d 深度处的路面最高温度，℃；

$T_{pd,\min}$——距路表 d 深度处的路面最低温度，℃；

$T_{a,\max}$——最高气温，℃；

$T_{a,\min}$——最低气温，℃；

ϕ——纬度，°；

d——距路表的深度，mm。

Bosscher 等以气温和热量历史作为影响因素，建立了路表面年最低温度的回归公式（2.3）[26]，该公式适用于最低温度低于-5℃时的情况：

$$T_{ps,\min} = -1.102 + 0.425T_{a,\min} + 0.362T_{a-1} \qquad (2.3)$$

式中：$T_{ps,\min}$——路表面最低温度，℃；

T_{a-1}——路面出现最低温度前 24h 内的平均气温，℃。

以太阳辐射强度和热量历史作为影响因素，建立了路面下 20mm 处年最高温度的经验公式，见式（2.4）：

$$T_{p20,\max} = -0.8042 + 0.690\sqrt[4]{Q_0 T_{a,\max}^2} + 0.471T_{a-1} + 0.254\sqrt[4]{Q_0 Q_{\max}} \qquad (2.4)$$

式中：$T_{p20,\max}$——路表下 20mm 处的路面最高温度，℃；

Q_0——太阳日总辐射量，$W \cdot h/m^2$；

$Q_{\max}$——太阳日辐射强度峰值，kW/m^2；

$T_{a,\max}$——最高气温，℃；

T_{a-1}——路面出现最高气温前 24h 内的平均气温，℃。

根据从山东省气象局获得的气象资料，最高气温和最低气温取历年平均值，利用 Bosscher 建立的式（2.3）和式（2.4）对济南、德州、滨州和临沂地区路表下 2cm 处年最高温度和路表年最低温度进行计算，得到表 2.2 的结果。式（2.4）中的太阳辐射量为一常量，根据位置确定，所以预测结果受 $T_{ps,\min}$、$T_{a,\max}$ 和 T_{a-1} 影响大。

表 2.2　Bosscher 公式预测的山东省部分地区年温度极值

位置	太阳总辐射量/（W·h/m²）	太阳日辐射强度峰值/（kW/m²）	最高气温/℃	最低气温/℃	路面出现最高气温前24h内的平均气温/℃	路面出现最低温度前24h内的平均气温/℃	路表下20mm处的路面最高温度/℃	路表面最低温度/℃
	Q_0	$Q_{\max}$	$T_{a,\max}$	$T_{a,\min}$	T_{a-1}	T_{a-1}	$T_{p20,\max}$	$T_{ps,\min}$
济南	2406.8	1	41	-13	37	-10	49.37	-10.2
德州	2102.6	1	40	-14	37	-10	47.91	-10.7
滨州	2020.1	1	39	-15	36	-12	46.76	-11.8
临沂	2185.1	1	35	-12	27.3	-7.5	41.72	-8.9

为了更精确地预测路面结构不同深度处的日温度极值，Diefenderfer 对以上公

式进行了改进，以路面结构不同深度处的日最高和最低气温为预测指标，以日最高和最低气温以及年内日序数、纬度作为主要影响因素，建立了经验回归公式[27]（2.5）和式（2.6），年内日序数代表预估的时间，纬度表征太阳辐射量：

$$T_{pd,\max} = 6.0775 + 1.1265T_{a,\max} + 0.00182d_n + 0.0839\phi - 53.5247d \quad (2.5)$$

$$T_{pd,\min} = 27.5986 + 0.9608T_{a,\min} + 0.0641d_n - 0.5616\phi + 9.4893d \quad (2.6)$$

式中：d_n——年内日序数（1～365），表征预测时间；

$T_{a,\max}$——最高气温，℃；

$T_{a,\min}$——最低气温，℃；

ϕ——纬度，°，表征太阳辐射量；

d——距路表的深度，mm。

对上述位置重新进行预估，以八月份为例，路表以下 2cm 处的预测结果见表 2.3。与 Bosscher 公式相比，预测结果偏高。但是其将路面深度因素考虑进来，为预测路面结构不同位置的温度提供了条件。

表 2.3 Diefenderfer 公式预测的山东省部分地区年温度极值

位置	最高气温/℃	最低气温/℃	纬度 ϕ	d_n	d	路面日最高温/℃	路面日最低温/℃
济南	41	−13	38	185	0.02	54.7	6.1
德州	40	−14	37	185	0.02	53.5	5.5
滨州	39	−15	37	185	0.02	52.2	4.7
临沂	35	−12	35	185	0.02	47.7	8.5

在此基础上，Stubstad 舍弃了太阳辐射量和纬度参数，统一用路表温度来代替，并考虑前一天最高和最低气温的平均值、沥青层厚度和完成测定时刻等因素，对各沥青层中间点的有效温度进行预测，回归公式（2.7）为[28]

$$T_{pm} = 0.95 + 0.892T_s + (\lg d - 1.25)[1.83\sin(2\pi\frac{A}{18}) - 0.448T_s + 0.621T_{aa}]$$
$$+ 0.042T_s\sin(2\pi\frac{B}{18}) \quad (2.7)$$

式中：T_{pm}——沥青层中间深度处温度，℃；

T_s——路表面温度，℃；

T_{aa}——测试前一天的最高和最低气温的平均温度，℃；

d——沥青层中点的深度，mm；

B——与测定时刻有关的系数。

Park 等利用 6 个试验路段温度的观察数据，以路表温度、温度测定时刻和深度作为影响因素，对沥青各层的实时温度建立回归公式（2.8）进行预测[29]：

$$T_{pd} = T_s + (-0.3451d - 0.0432d^2 + 0.00196d^3)$$
$$\sin(-6.3252t + 5.0967)$$
（2.8）

式中：T_{pd}——沥青层深度 d（cm）处的温度，℃；

T_s——路表温度，℃；

t——测量路面温度的时刻，以一天的小数计。

经过 Park 的验证，此公式预测值与实测温度吻合度很好，且该公式参数较少，具有广泛的适用性。

J.T.Christison 还对四种不同结构的沥青混凝土路面的表面最低温度与最低气温以及表面温度振幅与气温振幅分别作了回归分析，得到了一些线性关系式[30]。此外，还有一些研究人员采用统计方法，通过回归分析认为路表温度和前五天的平均气温以及不同深度的温度呈确定关系，或通过月平均气温确定路面体内的温度等。

白琦峰等[31]在大量实测路面温度场数据和气象数据的基础上，综合考虑不同深度处路面温度受环境因素影响的滞后性，引入深度衰减因子，采用分段函数表达式建立新的路面温度场预测模型。

张锐等[32]在以往研究的基础上提出了路表温度和沿深度变化的路面温度预测模型，并且在获取路面温度场数据和气象资料的条件下，对季节性冰冻地区路面温度场进行了深入分析。

谈至明基于我国多地区实测的水泥和沥青路面结构内部的温度数据，根据路面温度变化具有周期性的特点，建立了用于预测水泥和沥青路面结构温度场的预估模型，并且在预估模型中引入了热量沿深度传导的时间 i_2，解决了由于路面材料热力学特性不同造成的影响。[33]

宋小金根据实际运营的沥青路面结构内部不同深度温度数据的采集与数理统计分析，对大气温度与沥青路面结构温度的相关性进行了研究，并在晴朗天气和非晴朗天气两种不同天气条件下，以大气温度、路面结构深度及时间为模型参数，建立了对应天气条件下的沥青路面温度场的预估模型，该模型经与实际数据对比，表现出了较高的精度。[34]

统计分析法不考虑各因素与温度之间的本质关系，只是从数理统计学的角度，选择相关性高的因素作为决定性的指标，有时候因为统计区域的特点，会掩盖掉一些本质因素的影响，所以其通用性相对比较差，可移植性不好，只对于统计区的路面结构温度预测比较准确。而且所选的影响指标不足，没有考虑到路面结构和材料的特性，对于太阳辐射量、风速的影响描述也不精确。这一点在滨大段高速试验段中体现尤为明显，此项目中设置各种气候采集设备，对于太阳日辐射量、气温、湿度、路表温度、各结构层温度都进行了观测。

根据滨大段实测结果，全年沥青层不同深度处各温度值的累计时间分布见图 2.6，这项统计结果可以用于车辙的精确预测。不同结构组合各深度处日温度变化对比见图 2.7，可以看出不同的结构组合和材料对于温度值是有一定影响的，尤其是沥青表面层。所以在温度预测时，忽略掉结构和材料的影响会导致结果有一定的偏差。但是该项目没有继续深入地对影响程度进行研究，而是利用观测数据对路表温度和环境温度进行了回归，修正了 SHRP 项目中对高低温预测的公式参数。

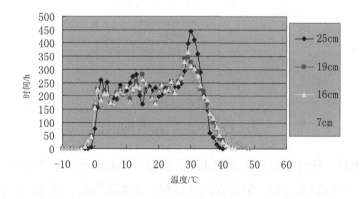

图 2.6　滨大段高速路试验段不同深度处各温度值的分布时间

由于未考虑低温缩裂问题，该项目经统计回归，只得到全年沥青层不同深度处最高温度与该点距离路表深度的回归公式（2.9），具体形式如图 2.8 所示。

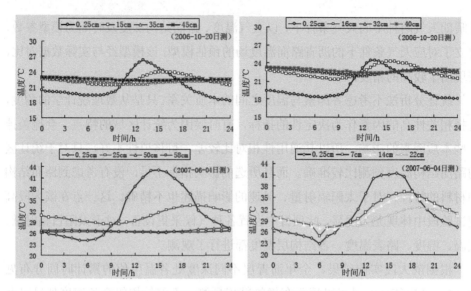

图 2.7　不同结构组合各深度处日温度变化

$$T = -0.453H + 50.29 \quad (R^2=0.979) \tag{2.9}$$

式中：T 为路面不同深度处温度，℃；

　　　H 为沥青层距离路表深度，cm。

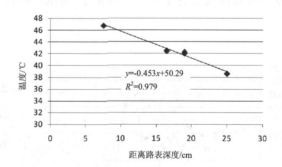

图 2.8　最高温度与深度的回归

　　综上所述，统计法根据大量的实测温度数据，对部分因素进行回归，形成简单的公式，应用较为方便，但是在统计过程中将太阳辐射、风速、云层的影响归结到一个或者两个参数中，只考虑综合影响；对于路面结构的不同和材料的不同重视程度不足，没有指标进行表征；不能细致地预测各深度每小时的温度，对于路面结构的疲劳寿命和车辙的预测起不到作用，只能用于材料的选择和 FWD 模量反算。

2.1.2.3　理论分析法

与统计法不同，理论分析法是建立在热传导方程的基础之上的，对于太阳辐射、风速、大气温度、材料属性等影响因素都考虑在内，明确了各个部分之间的数学关系，并且通过解析可以详细地计算每 0.1h 内各个深度点的温度变化值，为疲劳、车辙、低温开裂等损伤的预测提供了强有力的支持。

1985 年，Dempsey 的 CMS 模型就是在这个理论基础上[35]，应用有限差分法建立起来的，并且在 SHRP 项目中和 MEPDG 设计方法中被改进为 ICM 模型，用于计算沥青层内温度场的分布。

我国对路面结构温度场的研究主要开始于 20 世纪 80 年代初期前后。同济大学严作人、朱照宏[36]等人在层状体系假设的基础上，从传热学和气候学的基本理论着手，用解析法对水泥混凝土路面一维温度场作了较深入的分析，并从理论上分析了不同基层对路面温度场的影响，其结果可用于计算路面结构层内的最高和最低温度、水泥混凝土路面的最大温度梯度等。

佛山大学吴赣昌[37]对半刚性基层沥青路面温度场进行了较为深入的研究，建立了非线性二维层状体系沥青路面不稳定温度场的计算理论和二维粘弹性层状体系沥青路面温度松弛应力的计算理论。分析边界气候条件和路面材料特性参数与沥青路面温度场和温度应力之间的内在联系。

2014 年，秦勃针对大气环境和太阳辐射作用下的路面结构温度场建立路面结构单层和多层一维热传导模型，并用积分变换的方法求解热传导微分方程，得到路面结构时变温度场的解析解。基于该模型，针对不同的边界条件分别进行了解析解的求解，通过和实测结果的对比分析，验证该模型的有效性。进一步通过路面材料参数影响分析以及与实测结果的对比验证，从理论上证明单层一维热传导模型可有效预测在大气温度和太阳辐射条件下多层路面结构的内部温度场，从而大大简化了路面温度的预估模型。最后，通过物理量的无量纲处理，对单层模型解析解进行进一步简化，得到一个只依赖于材料几何组合参数的任意时刻、路面深度任意位置的温度水平预估模型[38]。

2016 年，覃英宏提出了一个预测路面表面温度最大值、最小值和振幅的理论模型，该模型包含路面热物理特性、地表反射率和太阳辐射强度峰值，对于预测路表处年最高温和反射式冷却路面的发展具有重要意义。

2017 年，陈嘉棋利用格林函数法，以太阳辐射、风速和空气温度等气象因子为输入参数，推导了多层路面结构温度场的解析解，利用所提出的解析解，对不同路面反照率、导热系数和多层组合的路面温度场进行了分析，对于研究城市热岛效应具有重要意义[39]。

2018 年，郝培文等为了合理评价温度对沥青路面结构应力影响，选取冬季 3 种典型连续变化日低温工况，考虑弹性模量及温缩系数随温度变化的特性，在此基础上建立低温下沥青路面三维有限元模型，分析降温、弹性模量及温缩系数参数对沥青路面温度应力的影响规律。研究结果表明：在保持沥青面层弹性模量和温缩系数不变时，温度降低过程中，沥青面层各层位温度应力都有显著增加，说明温度降低对沥青路面层的温度应力增加有重要作用。在相同温度场作用下，沥青面层模量及面层温缩系数与沥青面层各层温度应力呈线性关系，当这两个参数增加时，温度应力随着线性增大。所以道路结构设计过程中应充分考虑面层模量及面层温缩系数变化对温度应力的影响[40]。

理论分析法是基于热传导学和气象学的基本理论，采用数值或解析方法建立路面结构温度场预估模型，用于路面温度场预测的方法目前较多采用理论分析法进行路面温度场的计算分析。路面温度场理论分析法的基本理论如下：

1. 热传导方程

考虑到路面的平面尺寸较大，在远离路面边界的广大区域内，路面在任意水平方向的温度梯度很小，可以忽略不计，即可假设路面温度在水平方向上为均匀分布，则其温度场可用一维热传导方程（2.10）来表示：

$$\frac{\partial^2 T_i}{\partial z^2} = \frac{\rho_i C_i}{k_i} \frac{\partial T_i}{\partial t} \tag{2.10}$$

式中：T_i——第 i 层结构材料的温度，℃；

　　　z——距离路表面的深度，m；

　　　t——时间，h；

　　　ρ_i——第 i 层结构材料的密度，kg/m³；

　　　C_i——第 i 层结构材料的热容量，J/(kg·℃)；

　　　k_i——第 i 层结构材料的热传导率，W/(m·℃)。

2. 边界条件

对于路面结构，由于假设水平方向的温度梯度为零，侧面的边界条件不必考虑，因此，路面的上表面为主要边界，底部无限深处为次要边界。按照热传导过程的特征不同，可将路面边界条件分为三种类型：已知路表温度变化函数时称为第一类边界条件；已知路表热流变化函数时称为第二类边界条件；已知与路表相接触的介质的温度变化函数时称为第三类边界条件。三类边界条件的数学表达式如下：

第一类边界条件：$T_1\big|_{z=0} = \varphi(t)$

第二类边界条件：$-k_1 \dfrac{\partial T_1}{\partial z}\big|_{z=0} = q(t)$

第三类边界条件：$-k_1 \dfrac{\partial T_1}{\partial z}\big|_{z=0} = h_c\left[f_1(t) - T_1\big|_{z=0}\right]$

式中：T_1——路面表面的温度函数，℃；

$\varphi(t)$——路表温度，℃；

$q(t)$——路表热流函数，W/m^2；

$f_1(t)$——与路表相接触的介质的温度函数，℃；

h_c——介质与路面之间的热交换系数，W/（m^2·℃）。

路面结构处于自然环境的影响中，持续经受着周期性变化的各种环境因素的综合作用。各种环境因素对路面温度场影响过程[41]如图 2.9 所示。

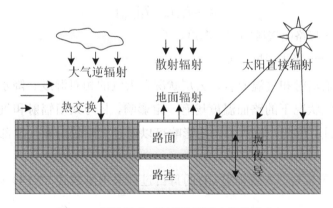

图 2.9　环境因素对沥青路面温度场的影响

3. 层间界面连续条件及底部边界

设路面各结构层之间的接触良好，在界面上既无热源，也无热量损失。在层间界面，上下两层的温度 T 及热流 q 是完全连续的。此外，对于半无限空间，在足够深处，由于表面热传导影响较小，其温度场随时间以及深度的变化均不明显，可以忽略不计，此类边界条件可以表示为式（2.11）：

$$T_n(\infty,t) = Const \qquad (2.11)$$

4. 周期性变温条件下的路面温度场边界形式确定

太阳辐射的作用使得大气温度在昼夜之间产生明显的差异，并呈现出日周期性的变化特征。太阳辐射的这种周期性变化规律对路面结构温度场的影响可以近似地用周期性变化的边界条件描述。

太阳直接辐射和散射辐射的总和称为太阳总辐射，这是一种短波辐射。辐射热 R 可以分为两部分，一部分是短波辐射，另一部分为长波辐射。短波辐射包括太阳直接辐射和散射辐射，以及路表对太阳直接辐射和散射辐射的反射辐射。这两种短波辐射的总和可表示为（$\alpha_s \times q$），其中 q 为辐射热，α_s 为路表对总辐射的吸收率。长波辐射包括路面表面向空中发出的长波辐射及大气、云层等对路表的逆辐射，两种辐射之差称为地面有效辐射 q_F。因此，通过辐射传递给路面表面的热流量可表示为式（2.12）：

$$q_R = \alpha_s \times q - q_F \qquad (2.12)$$

除了辐射热以外，在风力的作用下，路面表面还将与大气不断产生热交换，这种对流交换的热流量 q_c 表示为式（2.13）：

$$q_c = h_c[T_a - T_1\big|_{z=0}] \qquad (2.13)$$

式中：T_a——与路面接触的大气温度，℃。

$T_1\big|_{z=0}$——路表温度，℃。

相对太阳辐射和气温而言，云层状况、大气的相对湿度、降水等环境因素仅对特定天气状况下的路面温度场有一定影响，且与太阳辐射和气温之间具有一定的相关性。因此，这些因素的影响可以通过太阳辐射和气温部分间接体现出来。

（1）太阳辐射。太阳辐射 $q(t)$ 的每日过程采用函数式（2.14）近似表示[42]：

$$q(t) = \begin{cases} 0 & 0 \leqslant t \leqslant 12 - \dfrac{c}{2} \\ q_0 \cos m\omega(t-12) & 12 - \dfrac{c}{2} \leqslant t \leqslant 12 + \dfrac{c}{2} \\ 0 & 12 + \dfrac{c}{2} \leqslant t \leqslant 24 \end{cases} \qquad (2.14)$$

式中：q_0——中午最大辐射，$q_0 = 0.131mQ$，$m = \dfrac{12}{c}$；

Q——日太阳辐射总量；

c——实际有效日照时数，h；

ω——角频率。$\omega = \dfrac{2\pi}{24}$，rad。

（2）气温及对流热交换。由于太阳辐射的影响，大气温度亦呈现出周期性的变化特征。Barber 曾采用单一的正弦函数对气温的日周期性加以描述[43]。然而，由于最低气温通常出现在黎明前后，大约在上午 4～6 时，而最高气温大多出现在最大太阳辐射出现后约 2h（下午 14h 左右），这样，从最低气温上升到最高气温不足 10h，而从最高气温降至最低气温则需要 14h 以上，单一的正弦函数无法模拟这种实际的变温过程。日本的近腾佳宏等人对两种不同厚度的沥青混凝土路面的温度状况曾作过一年的实测工作，并采用统计方法进行了分析研究。通过回归分析，认为路面结构内不同深度的最高和最低温度与路表温度及气温呈线性关系，并采用 5%显著性水平的 F 检验对路面各深度温度随时间变化的规律作了周期分析，得到温度变化的周期函数（2.15）[44]：

$$T(t) = A + B_1 \sin(\frac{\pi}{12}t + \theta_1) + B_2 \sin(\frac{\pi}{6}t + \theta_2) \tag{2.15}$$

式中，t——时间变量。

同济大学严作人也利用两个正弦函数的线性组合对气温的日变化过程进行模拟，见公式（2.16），方程形式与公式（2.15）相似，其参数有了明确的意义，结果与实际情况符合较好。

$$T_a = \overline{T_a} + T_m[0.96\sin\omega(t - t_0) + 0.14\sin 2\omega(t - t_0)] \tag{2.16}$$

式中：$\overline{T_a}$——日平均气温，℃，$\overline{T_a} = \dfrac{1}{2}(T_a^{\max} + T_a^{\min})$；

T_m——日气温变化幅度，℃，$T_m = \dfrac{1}{2}(T_a^{\max} - T_a^{\min})$，$T_a^{\max}$、$T_a^{\min}$ 分别为日最高与最低气温，℃；

t_0——初相位，最大太阳辐射与最高气温的出现时间差加 7，一般情况下，设时间差为 2h，为此，可以取 $t_0 = 9$；计算时，t 以小时计。

　　路面表面与大气产生热交换的热交换系数 k 主要受风速 v_0 的影响，根据国内外研究结果[45,46]，两者之间呈现线性关系，见公式（2.17）：

$$h_c = 3.7v_w + 9.4 \qquad (2.17)$$

式中：h_c ——热交换系数，$W/(m^2 \cdot ℃)$；

　　　　v_w ——日平均风速，m/s。

　　（3）路面有效辐射。路面有效辐射的大小主要同地面温度、气温、云量、空气的湿度及透明度等诸多因素相关。以往的研究对此问题的计算通常是通过适当地改变表面放热系数修正气温，或者对太阳辐射的幅值进行折减等方法来近似计算表面有效辐射的释热效果。此种处理方法，在简化计算方便的同时，也由于模型与实际情况有出入而存在误差，在 ABAQUS 中可以采用公式（2.18）计算，直接实现地面有效辐射的边界条件[47,48]：

$$q_F = \varepsilon\sigma[(T_1|_{z=0} - T^z)^4 - (T_a - T^z)^4] \qquad (2.18)$$

式中：q_F ——地面有效辐射，$W/(m^2 \cdot ℃)$；

　　　　ε ——路面发射率（黑度），沥青路面取 0.81；

　　　　σ ——Stefan—Boltzmann 常数（黑体辐射系数），$5.67 \times 10^{-8} W/(m^2 \cdot K^4)$；

　　　　$T_1|_{z=0}$ ——路表温度，℃；

　　　　T_a ——大气温度，℃；

　　　　T^Z ——绝对零度值，℃，−273℃。

　　通过以上分析，在路面结构（厚度、热学特性等）确定的情况下，影响其温度场的主要环境因素有日最高气温 T_a^{max}、日最低气温 T_a^{min}、日太阳辐射总量 Q、有效日照时间 c 以及日平均风速 v_w。

　　确定了以上几个参数就可以通过方程计算出不同时刻不同深度处的温度值。方程比较复杂，手动计算很繁琐，需要借助于计算机。有限元软件的存在为这一计算提供了便利。

2.1.2.4　有限元计算法

　　贾璐等[49]依据传热学基本原理，得到了沥青混凝土路面温度场数值模型，并利用有限差分法对其求解，预测路面温度场分布。付凯敏等[50]通过有限元软件 ABAQUS 对浙江省杭千高速公路试验段的沥青路面温度场进行预测，并与温度场实测值进行比较。宋福春[51]在空间域采用有限单元法，在时间域采用差分法，将两者结合在一起预测二维沥青路面非线性瞬态温度场变化规律。宋存牛[52]主要预测沙漠地区路面温度场分布，得到了多层路面体系的二维非线性温度场的数值模型。罗桑[53]等依据热传导学理论，模拟了沥青路面温度场瞬态非线性 3D 模型，通过考虑路面所处地域的气象数据，得到温度场的外界环境条件和初始条件，并利用有限元软件 AD INA 进行求解。

谈至明等[54]主要采用了有限差分法，分析了各种外界条件下路面温度场有限差分解的收敛性及如何合理地划分网格。骆亚军[55]通过 ANSYS 有限元软件开展了"白加黑"路面温度场和应力场的研究，较好地模拟了路面温度场和应力场分布规律，并且进一步研究了路面反射裂缝的破坏机理[56]。

严格来说，有限元计算法并不算作单独的一种方法，它是利用有限元软件对温度场的传导和分布进行计算，基础是热物理传导方程，是理论分析法的一个有效工具而已。理论分析法计算过程复杂繁琐，并且很难得出解析解，有限元软件的使用，大大减少了计算工作量，并且结果更精确。

计算模型及各类边界条件。在利用有限元软件 ABAQUS 进行路面温度场理论计算分析时，为了便于后面变温条件下车辙模拟分析时温度场量的导入，温度场分析的模型尺寸及网格划分与后面车辙分析时的模型应完全相同，其单元类型采用二次热传导单元 DC2D8，如图 2.10 所示。

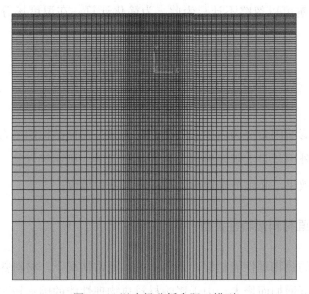

图 2.10　温度场分析有限元模型

（1）太阳辐射及地面有效辐射（第二类边界条件）。在 ABAQUS 中，通过施加热流荷载来实现辐射热量边界条件。太阳辐射量随时间变化，且不光滑连续，也无法直接在 INP 模型文件中用*Dsflux 实现，需要通过用户子程序 FLUX 来定义该边界条件。由于其不光滑连续，在计算温度场时会出现跳跃间断点，为此，将其展开为余弦三角函数形式的 Fourier 级数表示。经 MATLAB 编程计算检验后知，其计算时级数所取的计算阶数 n 取 30 即可满足工程计算精度要求。

（2）对流热交换（第三类边界条件）。对流边界条件通过定义对流热交换系数 h_c 和接触介质的温度 $f_1(t)$ 来实现。由于路表接触的空气温度 T_a 随时间周期变化，且对流热交换系数与风速有关，变化条件无法直接在 ABAQUS 的 INP 模型文件中用基于面的热流*Sfilm 实现，为此，利用 ABAQUS 的高级扩展应用功能，编写用户子程序 FILM 来定义该边界条件。

（3）底部边界（第一类边界条件）。对于底部次要边界条件，在一定深度处其温度随时间及深度的变化均不明显，可以忽略不计，将其设定为定值。但由于缺乏相关数据，无法确定一定深度处的温度值，因此采用不同的底部边界温度进行初步验算。结果发现，底部设定不同的边界温度与不设边界温度，其计算结果对沥青路面面层的温度影响很小，因此，其对后面要进行的面层车辙蠕变分析的影响可以忽略不计。为此，为简化计算，在温度场分析时，忽略底部次要边界。

2.2 温度场计算参数的确定

温度场的影响因素分为内因和外因，内因就是路面结构的组合形式和材料的热力学参数，外因就是太阳辐射量、日高温和低温、风速等气象参数，要得到理想的温度预测效果，必须准确地确定材料和气象参数值。

2.2.1 路面材料热特性参数

道路材料的热物理性能相似，差别不大。通常情况下，材料热特性系数随密度、湿度、温度增加而增大。由于影响材料热物理性能的因素较多，如要准确地分析路面温度场，应该在特定条件下系统测定所需的热特性参数。当实验条件受限制时，可采用表 2.4 中的建议值[57]。

表 2.4　温度场计算时用到的材料参数取值

材料类型	热传导率λ[kJ/(m·h·℃)]		
	范围下限	范围上限	建议取值
水泥	5	8.2	5.2
沥青	3.8	5	4.2
砂、碎石	3.4	6.7	5
水泥稳定碎石	4.6	5	5
二灰碎石	3.8	5	4.4
石灰土	4.2	5.8	4.6
二灰土	3.8	5	4.6
各类土	4.2	6.7	5

研究人员对参数的取值持有不同的观点。严作人[58]认为光滑的沥青路面 α_s 可取 0.80，一般状况取 0.855；苏联学者[59]建议光滑沥青路面 α_s 取 0.82，一般状况取 0.89；而巴尔博例取值较高，为 0.95[60]。上述取值的不同原因是各人处理有效辐射的方法不同。对水泥路面的太阳辐射吸收率的取值差别较大，F.凯尔别克认为取值范围应该在 0.5～0.65 之间；东南大学俞建荣、陈荣生取值 0.88[61]；根据相关文献[62]，太阳辐射吸收率取值范围见表 2.5。

表 2.5　太阳辐射吸收率取值范围

路面类型	α_s	
	一般状态	光滑表面
沥青混凝土路面	0.86～0.90	0.82～0.83
水泥混凝土路面	0.72～0.77	0.65～0.66

根据热传导率单位换算公式：1K/(m·h·℃)=1.16W/(m·℃)=3600×1.16J/(m·h·℃)，确定热传导率系数λ。根据相关的文献，路面材料热特性参数取值[63]

见表 2.6。

表 2.6 路面材料热力学参数取值

参数	密级配HMA	LSPM	二灰碎石基层	水泥稳定碎石基层	二灰土底基层	土基	水泥混凝土	级配碎石
热传导率 λ/[J/(m·h·℃)]	4500	4200	4400	5000	4600	5200	5200	5616
密度/[kg/m³]	2300	2000	2100	2200	2100	1800	2500	180
热容量 C/[J/(kg·℃)]	924.9	820	910.0	911.7	942.9	1040	900	830
太阳辐射吸收率 α_s	沥青为 0.87，水泥为 0.761							
热交换系数，/[W/(m²·℃)]	$h_c=3.7V_w+9.4$，其中 V_w 为日风速，m/s							
路面发射率	0.81							
绝对零度值 T_Z/℃	−273.15							
Stefan-Boltzmann 常数 σ /[J/(h·m²·K⁴)]	2.041092×10^{-4}							

2.2.2 太阳辐射量参数取值

在路面材料热特性确定的情况下，路面结构的温度场由气象条件所决定。为进行温度场分析，需调查搜集道路所处地区的日最高气温、日最低气温、日太阳辐射总量、日有效日照时数和日平均风速等气象资料。本项目位于临沂地区沂水县，利用该地区气象站多年观测的统计月平均气象资料，进行全年平均气象条件下的路面温度场分析。

太阳辐射总量一般不随天气的变化而变化，与道路所处的纬度密切相关，沂水地区大约在 5300MJ/m² 左右。太阳辐射总量随着年份的不同随机变化，相对比较稳定，如图 2.11 所示。

温度场计算时需要的是日太阳辐射总量，所以首先统计每个月的太阳辐射总量，再除以每月实际天数。沂水地区月太阳辐射总量分布如图 2.12 所示，日太阳辐射总量计算结果见表 2.7。

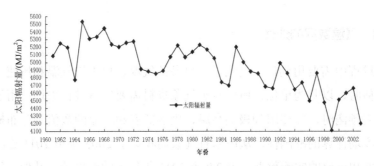

图 2.11　沂水 1961—2003 年年太阳辐射总量变化趋势图

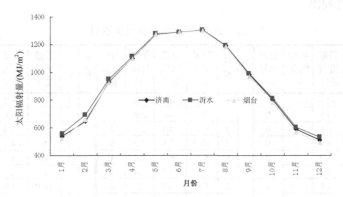

图 2.12　一年内的月太阳辐射量分布

表 2.7　日太阳辐射量计算结果

月份	太阳辐射量/（MJ/m²）	日太阳辐射量/（MJ/m²）
1	558.49	18.02
2	691.05	23.04
3	951.48	30.69
4	1111.97	37.07
5	1278.3	41.24
6	1288.21	42.94
7	1300.94	41.97
8	1193.7	38.51
9	989.58	32.99
10	811.45	26.18
11	603.25	20.11
12	530.39	17.11

注：原数据来源于山东省气象局。

2.2.3 气温数据的处理

计算过程中需要用到日最高气温、日最低气温、日平均气温和风速。用于疲劳寿命预估时，以月为单位，所以对于气象资料需要按月进行平均。用于车辙量和温缩开裂预测时，需要用到极端高温、极端低温和温差的数值及分布概率。为了保证温度场计算的准确性，从山东省气象局收集了2005年至2011连续七年的温度、湿度和风速的实测数据，表2.8为2011年每天的温度值，其他六年的数据限于篇幅不再列出。

表2.8 2011年沂水地区气象资料

月份	日期	日最高气温/℃	日最低气温/℃	平均气温/℃	日降水量/mm	月份	日期	日最高气温/℃	日最低气温/℃	平均气温/℃	日降水量/mm	月份	日期	日最高气温/℃	日最低气温/℃	平均气温/℃	日降水量/mm
	1	−0.2	−10	−5.2	0		1	7.4	−4.9	0.3	0		1	4.4	−8.2	−2	4.5
	2	0	−10	−5	0		2	9.8	−6	0.8	0		2	6	−4.6	0.5	0
	3	0	−6.6	−3.9	0		3	9.9	−4.1	2.8	0		3	5.9	−3.4	0.4	0
	4	2.2	−9.8	−3.8	0		4	10.2	−3.6	2.2	0		4	8	−4.2	1.8	0
	5	0.3	−6.9	−3.2	0		5	8.7	−6.3	1.3	0		5	9.1	0	3.7	0
	6	0.9	−8.5	−5	0		6	9.7	−1.3	3.4	0		6	11.5	1.3	4.4	0
	7	1.8	−11	−5.1	0		7	5.8	−2.7	2	0		7	10.9	−1.8	4.5	0
	8	2.6	−8.7	−3.5	0		8	10.7	2.6	4.9	0		8	12.9	−1.5	5.3	0
	9	−1.1	−7.6	−4.8	0		9	3.5	−5	−0.9	0		9	9.2	−0.4	3.6	0
	10	0	−12	−6.5	0		10	2.7	−3.9	−1.4	*		10	14.8	−0.9	6.5	0
	11	2.1	−7.7	−4.3	0		11	3.3	−4.1	−1.4	0		11	16.2	0.6	8.7	0
	12	1.4	−11	−5	0		12	0.4	−9.4	−4.6	0		12	19.9	4.2	11.2	0
	13	4.6	−7	−1.9	0		13	−2.1	−6.1	−4.4	1.1		13	20.8	7.3	13.8	0
	14	3.9	−6.7	−2.6	0		14	−0.4	−8.9	−5.1	*		14	16	3.2	5.2	0
	15	−3.9	−9.2	−7.5	0		15	2.5	−10	−4.1	0		15	9.1	1.4	4.9	0
1	16	−1.4	−15	−8.5	0	2	16	3.6	−3.8	−0.5	0	3	16	12.5	0	5.6	0
	17	−1.3	−13	−7.2	0		17	6.2	−3	0.5	0		17	17	−0.3	7.9	0
	18	−0.3	−8.9	−5.8	0		18	7.2	−5.9	0.8	0		18	18.5	3.9	11	0
	19	1.3	−11	−5.6	0		19	9.3	−3.6	2.5	0		19	14.5	4.4	9.8	0
	20	2.1	−6.4	−3	0		20	11.5	−2.9	3.3	0		20	13.4	5.3	8.7	0.7
	21	2.3	−8.4	−3.1	0		21	12.8	−2.4	4.3	0		21	13.5	4.9	7.8	0
	22	4.3	−8.2	−2.2	0		22	8.6	−0.9	3.6	0		22	10.3	0.9	4.9	0
	23	0.2	−5.4	−2.6	0		23	13.7	0.1	6.1	0		23	13.7	−0.6	6.5	0
	24	2	−11	−5.5	0		24	17.5	1.6	7.2	0		24	10.7	3.3	7	0
	25	4	−8.1	−3.1	0		25	9.3	0.6	3.3	0		25	13.8	−0.5	7.3	0
	26	0.9	−10	−4.5	0		26	1.8	−1.4	0.4	2.5		26	15.7	0.7	7.7	0
	27	1.9	−6.1	−2.5	0		27	1.7	−2	0.1	18.7		27	16.3	1.6	9.1	0
	28	0.5	−6.2	−3.2	0		28	2.4	−4.5	−2.2	5.4		28	16.7	1.8	8.1	0
	29	−1.3	−8.6	−5.9	0		29						29	16.6	0.1	8.7	0
	30	2.3	−11	−5.1	0								30	19.5	3.8	11.5	0
	31	7	−7.8	−1.2	0								31	20	6.4	12.3	0

月份	日期	日最高气温/℃	日最低气温/℃	平均气温/℃	日降水量/mm	月份	日期	日最高气温/℃	日最低气温/℃	平均气温/℃	日降水量/mm	月份	日期	日最高气温/℃	日最低气温/℃	平均气温/℃	日降水量/mm
	1	14.6	6	9.6	0		1	24.4	13.5	19.6	0		1	29.4	15.1	22.7	0.4
	2	7.1	1.5	5.4	0.4		2	23.3	13.3	19.2	0		2	30.6	17.3	24	0
	3	14.4	-0.5	6.7	0		3	26.4	13.6	18.9	0		3	34.3	17.9	25.7	0
	4	17.1	1.8	8.9	0		4	25.1	12.6	18.5	0		4	34.2	20.8	26.6	0
	5	17.9	2.6	9.6	0		5	24.6	13.1	18.7	0		5	31	19.7	25.1	0
	6	11.6	6	8.2	0		6	27.3	15.8	20.8	*		6	27.6	19.1	22.7	0
	7	18.5	3.9	10.8	0		7	29.2	17.8	22.1	0.2		7	32.7	20.1	25.7	0
	8	21	6	14.7	*		8	20.8	13.9	16.2	2.8		8	35.9	22	27.4	*
	9	24.6	10.1	16.8	0		9	23.8	14.7	18.4	*		9	32.7	19.2	24.9	*
	10	19	6.9	12.7	0.9		10	18.5	11.3	13.9	83.3		10	27.9	18.8	22	1.1
	11	19.4	1.1	10.8	0		11	24	11.2	16.5	3.8		11	30.2	16.3	23.3	0
	12	22	4.9	13.8	0		12	23.6	15.8	19.2	0		12	32.1	19.7	25.2	*
	13	25.5	8.1	16.6	0		13	26	11.9	19.6	0		13	32.8	17.9	25.3	0
	14	26.8	12.1	19.1	0		14	28.5	14.6	22	0		14	31.6	18.7	24.3	0
	15	27.8	14.5	17	0		15	30.2	15	22.2	0		15	29	15.9	21.7	0
4	16	21	7.2	13.9	0	5	16	27	17	20.8	0.2	6	16	29.5	17.1	22.6	0
	17	22.2	5.9	13	*		17	30.1	13.5	21.9	0		17	28.1	19.6	22.8	0
	18	17.3	7.9	12.4	0		18	28.7	16.4	22.3	10.8		18	26.8	19.2	22	0
	19	21.5	4.9	13.4	0		19	26.2	19.7	21.3	*		19	28.7	18.6	22.6	0
	20	24.3	9.3	16.8	0		20	20	16.5	17.8	*		20	31.2	19	24.7	0
	21	18.9	12.6	14.1	5.1		21	16.7	11.7	13.9	2		21	33.1	20	25.7	0
	22	18.5	7.9	12.2	0.1		22	20.7	12	16.2	0		22	29.9	20.2	25.3	*
	23	17.6	7.3	11	5.8		23	23.4	10.6	16.8	0		23	28.3	22.5	24.7	44.5
	24	20	4.4	12.7	*		24	24.8	12.4	18.9	0		24	26.7	20.9	22.9	*
	25	25.2	8	17.2	0		25	24.8	15.4	19.7	0		25	25	18.7	21.5	0
	26	26.4	15.1	20	0.2		26	23.6	14.5	18.9	0		26	22.2	18.9	20.2	*
	27	21.1	10.8	15.1	*		27	26.5	12.8	19.8	0		27	31.3	18.9	25.4	0
	28	23.4	6.9	15.1	0		28	28.5	13.8	21.2	0		28	27.8	23.5	25.5	*
	29	30.6	12.8	21.6	0		29	28.1	14.8	21.6	0		29	31.3	20.6	25.8	0
	30	26.6	14.9	19.7	2.6		30	28	20.1	23.5	0		30	32.5	22.9	27.3	0
							31	30.9	18.2	22.5	1.4						
	1	34.7	25.7	29.5	0		1	30.4	24.1	26.8	0		1	29.1	22.3	24.4	0
	2	34.2	26.2	28.9	*		2	27.2	21.2	23.6	5.2		2	27.1	18.5	22.2	0
	3	26.4	22.7	23.6	130		3	24.6	20	22	7		3	28.8	17.6	22.9	0
	4	30.1	19.5	25.5	0		4	29.5	20.6	24.7	0		4	27.7	21.2	23.1	0
	5	27.1	21.1	23.5	0.1		5	27	22.1	23.9	6		5	27.8	18.2	22	0
	6	26.3	20.5	22.9	0.1		6	29.1	23.5	26	0.1		6	28.3	15.4	22.1	0
	7	27.6	19.9	23.4	7		7	30	24	25.1	3.4		7	23.2	17.6	20.1	4.7
7	8	33	20.1	26.4	0	8	8	31.9	23.7	27.4	*	9	8	22.3	17.1	19.3	0.4
	9	34.3	21.5	28.1	0		9	31.8	23.7	27.4	1		9	25	18.3	21.1	0.4
	10	32.1	24.1	27.1	0		10	32.2	24.9	27.3	1		10	25.5	17	20.7	0
	11	28.9	22.1	24.8	0		11	29.9	24.4	25.7	4		11	25.3	17.3	21.2	0
	12	27.1	21.3	23.2	0.1		12	29.6	23.7	25.8	13.7		12	21.8	17.9	19.6	9.5
	13	27.4	21.8	24.3	*		13	30.1	23.5	25.7	1.6		13	23	19.7	21.5	2
	14	29	21.1	24.8	0		14	31.9	23.9	27.5	0		14	22.7	19.2	21.1	35
	15	29.9	21.5	25.3	0		15	32.5	26.4	28.2	6.3		15	22.6	21.5	22	23.9

续表

月份	日期	日最高气温/℃	日最低气温/℃	平均气温/℃	日降水量/mm	月份	日期	日最高气温/℃	日最低气温/℃	平均气温/℃	日降水量/mm	月份	日期	日最高气温/℃	日最低气温/℃	平均气温/℃	日降水量/mm
7	16	30.2	20.7	24.6	*	8	16	32.6	25	27.8	2.6	9	16	25.5	19.6	21.7	*
	17	30.7	19.9	24.6	0		17	28.1	22.4	25	0.2		17	19.6	14.6	15.9	2.1
	18	26.5	21.9	24.2	*		18	25.3	20	22.6	1.5		18	17.6	11.8	14.2	1
	19	24.5	20.6	22.5	16.8		19	20.6	17.6	18.5	69.4		19	20	11.4	14.2	2.4
	20	28.8	22.3	24.6	0.6		20	23.6	17.9	19.9	42.8		20	21.6	11.2	15.7	0
	21	31.6	23	26.4	0.1		21	27.6	18.4	21.9	0		21	24.2	10.2	16.3	0
	22	31.9	23.9	27.4	0		22	27.5	19.5	23.4	*		22	26.6	11.1	18.6	0
	23	32.9	24	27.9	0		23	29	19.9	24	0		23	26.5	12.2	18.7	0
	24	33.4	25.7	29	*		24	28.9	17.9	23.4	0		24	26.9	12.8	19.4	0
	25	30.3	23.7	26.7	32.3		25	28.8	18.8	23.3	0		25	25.8	13.4	18.9	0
	26	32	23.4	27.1	*		26	24.8	19.2	21.5	6.6		26	24.6	12.5	18.3	0
	27	28.9	22.6	24.6	43.1		27	25.3	21	22.7	46.5		27	25.3	15.4	19.5	0
	28	31.4	22.3	26.4	*		28	29.1	22.3	24.4	7.2		28	18.4	15.6	16.3	19.5
	29	32	24	27.1	0		29	27.6	21.5	23.6	13.6		29	21.6	15.4	18	8.5
	30	30.5	23.6	25.8	0.7		30	29.5	22.3	24.7	0		30	21.7	13.1	16.8	0
	31	30.6	20.7	25.8	*		31	30.3	22.4	25.3	0						

月份	日期	日最高气温/℃	日最低气温/℃	平均气温/℃	日降水量/mm	月份	日期	日最高气温/℃	日最低气温/℃	平均气温/℃	日降水量/mm	月份	日期	日最高气温/℃	日最低气温/℃	平均气温/℃	日降水量/mm
10	1	20.2	12.4	15.2	0	11	1	18.6	8	12.7	0	12	1	3	−1.8	0.3	0
	2	19.1	11.4	14.5	2.5		2	18.6	10.3	14.3	0		2	4	−2.4	0.3	0
	3	19.2	8	13.1	0		3	18	11.3	14.3	0.2		3	7	−2.7	1.1	0
	4	18.3	8.2	13	0		4	17.7	14.7	15.6	1.3		4	7.3	−0.3	2.7	0
	5	22.3	9.9	14.9	0		5	15.3	11.9	13.9	2.1		5	7.2	2.5	4.8	3.2
	6	26.1	11	17.5	0		6	14.5	9.7	11.4	0.9		6	6	4.9	5.6	14.6
	7	23.8	12.7	17.5	0		7	13.3	8.7	10.7	0		7	6.5	4.2	5.3	15.1
	8	23.9	11.2	17	0		8	13	9.3	10.9	*		8	4.2	−2.8	0.4	0
	9	23	14	17.7	0		9	14.8	5.7	9.6	0		9	1.2	−5.3	−2.9	0
	10	21.4	14.8	17.3	1.3		10	14.6	2.9	8.7	0		10	2.9	−6.2	−2.2	0
	11	21.8	12.5	16.5	*		11	15.8	3.8	9.3	0		11	7.1	−4.7	0.8	0
	12	20.1	13.5	15.8	1		12	18	7.5	12.1	0		12	9.2	−1.1	3.4	0
	13	19.6	10.3	14.9	*		13	15.7	6.8	10.5	0		13	8.3	−1.5	2.4	0
	14	22	10.5	15.6	*		14	15.9	2	9	0		14	4.8	−0.9	1.1	0
	15	19	11.3	14.2	0.1		15	15.8	7.4	10.7	0		15	1.9	−3.8	−1.8	0
	16	23.5	8.5	15.8	0		16	12.9	9.3	11.3	6.7		16	−0.6	−6.6	−4.3	0
	17	22.3	9.3	15.2	0		17	17.6	12	15.2	0.2		17	2.5	−9.7	−4.1	0
	18	20.8	8.7	14.3	0		18	15.7	9.9	13.7	4.3		18	5	−4.4	−0.9	0
	19	20.8	10.1	14.3	0		19	9.9	4	6.7	*		19	5.4	−5.4	−0.7	0
	20	20.4	10.8	14.9	0		20	9.4	−0.6	3.9	0		20	4.7	−3.6	0.2	0
	21	21.7	11.9	15.9	0		21	8.9	0.4	5.1	0		21	7.3	−2.9	0.7	0
	22	22.6	11	16.3	0		22	8.5	4.2	6.8	1.5		22	2.9	−4.8	−1.9	0
	23	17.1	12	13.9	14.5		23	7.3	0.1	2.7	0		23	3.6	−7.1	−1.9	0
	24	13.5	7.7	10.7	0.2		24	6.3	−4.1	1.7	0		24	5	−5.4	−1	0
	25	15.2	3.4	8.9	0		25	10.2	4.7	7.4	0		25	6.9	−5.9	−0.4	0
	26	15.3	3.4	9.2	0		26	12.1	6	8.6	0		26	4.5	−4.8	−0.7	0
	27	15.9	9.2	11.7	0		27	13.6	6.9	9.8	0		27	5.9	−2.2	1.1	0
	28	17.3	7.5	11.5	0		28	10.7	6.7	8.3	4.5		28	8.1	−0.9	2.5	0
	29	18.5	7.4	12	0		29	6.9	3.2	4.8	15.6		29	3.3	−2.4	−0.5	0
	30	18.9	7.7	13.1	0		30	3.2	0	1.1	16.1		30	0.8	−5.5	−2.4	0
	31	19	7	12.5	0								31	3.8	−2.9	0.6	0

每月平均日高温值、日低温值、日平均温值和日温差

先求出每年各月份各项指标平均值，再将 7 年数据进行平均，得到每月平均日指标值。统计结果见表 2.9 至表 2.12 和图 2.13 至图 2.16。

表 2.9　沂水每月平均日高温值

月份指标	高温平均值/℃	标准差/℃	下限/℃	上限/℃
1	3.3	1.9	−0.6	7.2
2	6.4	1.9	2.5	10.3
3	12.8	3.0	6.9	18.8
4	20.3	2.5	15.3	25.4
5	26.0	2.1	21.9	30.1
6	29.5	1.1	27.2	31.8
7	29.6	1.0	27.6	31.6
8	29.0	1.5	26.0	32.0
9	25.6	1.8	21.9	29.3
10	21.4	2.0	17.3	25.5
11	13.3	3.1	7.1	19.5
12	5.6	1.8	1.9	9.2

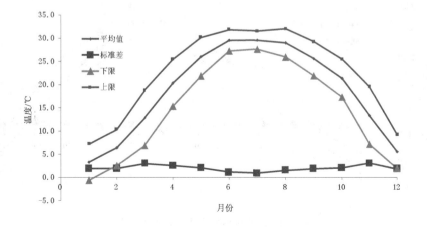

图 2.13　沂水地区每月平均日高温分布

表 2.10　沂水每月平均低温

月份指标	低温平均值/℃	标准差/℃	下限/℃	上限/℃
1	−6.1	1.1	−8.3	−3.9
2	−3.0	1.5	−5.9	0.0
3	1.4	2.0	−2.7	5.5
4	8.1	2.1	3.8	12.3
5	14.5	1.7	11.1	18.0
6	19.0	1.9	15.2	22.8
7	22.2	0.7	20.8	23.6
8	21.6	1.6	18.4	24.8
9	16.7	1.5	13.7	19.8
10	10.9	2.3	6.4	15.5
11	3.6	2.6	−1.6	8.8
12	−3.6	1.6	−6.8	−0.3

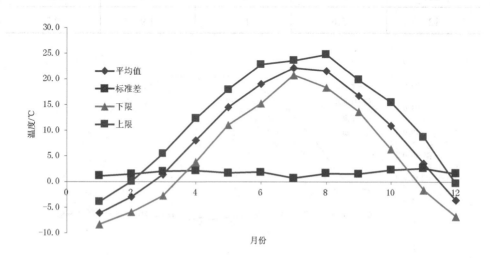

图 2.14　沂水地区每月平均日低温分布

表 2.11　沂水每月日平均温度

月份指标	温度平均值/℃	标准差/℃	下限/℃	上限/℃
1	−2.0	1.1	−4.2	0.1
2	1.0	1.5	−2.1	4.1
3	6.5	2.5	1.6	11.4
4	13.7	2.2	9.2	18.2
5	19.8	1.7	16.4	23.3
6	23.7	1.4	21.0	26.5
7	25.3	0.7	23.9	26.8
8	24.7	1.5	21.7	27.7
9	20.6	1.5	17.6	23.5
10	15.5	2.1	11.4	19.6
11	7.9	2.8	2.4	13.4
12	1.0	1.6	−2.1	4.2

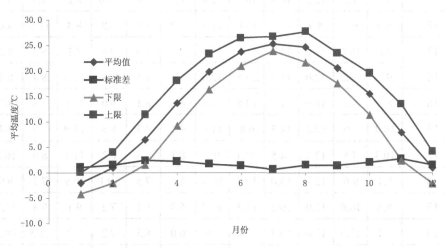

图 2.15　沂水地区每月平均日温度值分布

　　温差的存在，是沥青路面缩裂和水泥稳定基层温缩开裂的依据，根据 7 年的日平均温差数据分析，确定导致路表疲劳开裂和极端温差缩裂的时间段和概率，进一步确定路表温缩和水泥稳定温缩开裂产生的时间和数量。

表 2.12　沂水每月日温差、日最高温差和平均温差

日期	月份											
	1	2	3	4	5	6	7	8	9	10	11	12
	温差/℃											
1	8.4	10.1	9.8	10.1	11.6	11.7	8.4	7.5	8.6	9.7	10.1	10.6
2	9.4	10.6	8.4	11.3	13.6	12.6	6.9	6.2	8.4	8.9	9.8	8.1
3	8.8	10.4	9.1	12.9	13.9	12.2	7.3	7.1	7.9	10.5	12.3	9.8
4	9.0	10.6	10.0	14.0	12.9	11.9	9.0	8.4	9.3	10.0	11.6	9.0
5	9.7	8.7	10.6	13.1	11.1	12.0	7.9	6.7	9.6	11.4	9.7	9.1
6	9.4	8.2	10.2	11.6	11.3	10.1	8.7	6.1	10.6	10.2	10.6	8.2
7	10.6	6.6	13.1	13.4	15.0	12.1	8.0	5.8	8.5	9.9	10.7	9.0
8	10.1	6.6	10.8	12.0	12.2	11.5	6.9	7.2	7.1	10.0	10.6	8.7
9	8.1	8.4	10.8	11.7	9.4	9.2	8.4	7.8	10.3	10.6	10.1	9.2
10	10.4	9.3	12.0	11.8	11.1	8.2	6.3	7.0	10.4	10.0	10.1	7.5
11	7.7	9.6	12.2	10.9	10.1	12.6	7.5	7.6	10.6	8.8	9.3	8.0
12	9.0	9.7	8.9	11.7	10.0	11.6	7.9	8.0	9.8	8.4	11.1	9.0
13	9.6	10.1	11.6	14.0	11.8	11.8	6.9	8.4	9.6	9.1	8.3	8.2
14	9.7	10.2	12.0	11.5	13.5	12.0	7.6	7.5	6.9	12.4	8.4	8.5
15	8.2	8.2	10.9	11.8	12.5	13.2	6.4	6.1	9.0	11.8	8.8	8.7
16	10.4	7.9	12.2	14.5	6.8	11.6	9.1	7.3	8.8	13.9	7.7	8.4
17	10.3	7.5	12.4	14.5	10.4	9.7	8.1	6.8	8.2	11.1	8.9	10.2
18	9.1	9.6	12.1	13.0	10.5	10.8	6.7	7.5	10.1	10.9	7.7	9.9
19	8.3	10.6	13.0	10.3	13.3	10.0	5.9	8.1	7.2	9.1	9.4	11.7
20	8.1	12.0	13.6	10.3	13.2	8.9	6.0	8.3	7.2	9.3	11.5	10.2
21	9.0	13.0	9.6	9.5	9.6	9.6	8.4	7.7	11.5	9.7	10.8	10.5
22	8.9	9.9	9.5	10.4	9.8	8.2	6.4	7.8	10.2	11.0	9.1	12.8
23	7.9	10.4	10.1	10.5	12.6	7.7	6.5	8.2	11.6	10.1	10.1	11.2
24	10.5	8.8	10.1	13.0	11.4	9.1	6.3	8.0	10.5	11.3	9.8	9.4

续表

日期	月份											
	1	2	3	4	5	6	7	8	9	10	11	12
	温差/℃											
25	9.8	8.5	14.6	13.2	11.0	9.9	7.2	7.7	6.9	9.8	8.4	10.2
26	11.1	8.4	13.8	13.7	10.3	9.1	8.3	7.9	7.9	11.0	8.9	9.7
27	10.6	9.4	12.7	12.1	10.3	9.4	6.6	7.0	8.0	10.0	8.8	8.8
28	9.4	9.2	11.2	13.7	10.9	8.8	7.5	7.4	5.8	9.5	9.6	7.4
29	10.0	0.0	13.9	15.8	11.7	10.7	8.4	7.9	7.0	11.4	9.6	8.2
30	9.7		10.9	12.5	11.5	8.0	7.1	8.4	8.5	12.8	10.5	6.2
31	10.7		14.3		12.9		7.0	6.9		11.5		6.4
最大值	11.1	13.0	14.6	15.8	15.0	13.2	9.1	8.4	11.6	13.9	12.3	11.7
平均值	9.4	9.1	11.4	12.3	11.5	10.5	7.4	7.4	8.9	10.5	9.7	8.8

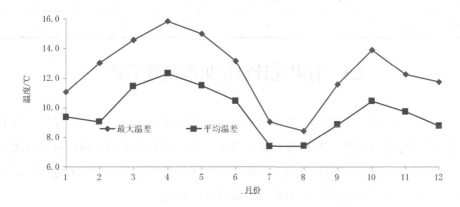

图 2.16　沂水地区每月平均日温差值和最大日温差分布

2.2.4　最终计算模型气象参数取值

对太阳辐射量、日均高低温、有效日照时数和平均风速各参数进行汇总，确定最终用于计算模型的参数取值，见表 2.13。结合具体结构形式的有限元模型，对八种试验结构进行温度场的计算，按 0.5h 的频率进行数据输出。

表 2.13　气象参数取值

月份	日平均气温/℃	日最高气温/℃	日最低气温/℃	日太阳辐射总量/(MJ/m²)	日有效日照时数/h	日平均风速/(m/s)
1	−2.0	3.3	−6.1	18.02	5.0	2.0
2	1.0	6.4	−3.0	23.04	6.4	2.0
3	6.5	12.8	1.4	30.69	8.5	2.8
4	13.7	20.3	8.1	37.07	10.3	3.0
5	19.8	26.0	14.5	41.24	11.4	2.7
6	23.7	29.5	19.0	42.94	11.9	2.5
7	25.3	29.6	22.2	41.97	11.6	2.3
8	24.7	29.0	21.6	38.51	10.7	2.3
9	20.6	25.6	16.7	32.99	9.2	2.2
10	15.5	21.4	10.9	26.18	7.3	2.2
11	7.9	13.3	3.6	20.11	5.6	2.0
12	1.0	5.6	−3.6	17.11	4.7	2.0

2.3　有限元计算结果准确性验证

为了证明有限元计算结果的准确性，首先对济莱高速试验段进行建模，气象参数参考沂水地区数值，材料参数按表 2.6 取值，计算温度场分布，再利用现有的济莱高速试验段实测的温度场和多年的气候观测资料，对计算结果进行验证和对比，调整计算模型使结算结果和实测数值高度接近。

济莱高速试验段路面结构如图 2.17 所示，传感器编号和埋设位置见表 2.14。

在计算过程中发现，第一个 24h 循环的计算结果跟实际值差别太大，随着循环次数的增加，计算值缓慢增长，如图 2.18 所示，到第七个 24h 循环中趋于稳定，这是因为计算初始，各个结构层温度都从 0 开始，随着吸收辐射热并且各层之间稳定对流，慢慢地温度值趋于恒值。理论上讲，循环次数越多，计算结果越稳定，但是考虑到计算的代价，所以温度场采用循环七次后的 24h 温度值来描述。

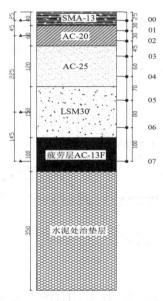

图 2.17　济莱高速试验路段结构组合

表 2.14　传感器设置位置和层位

传感器编号	T1	T2	T3	T4	T5	T6	T7
所属结构层	AC20	AC20	AC25	AC25	水泥稳定碎石基层	水泥稳定碎石基层	AC13 疲劳层
距路表距离/cm	5.5	8.5	13	19	26	34	44

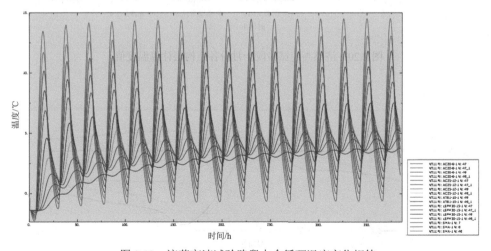

图 2.18　济莱高速试验路段七个循环温度变化规律

济莱高速试验段采集了一年多的完整温度数据，将计算结果与实测值进行对比，分析温度场计算的精度。本章以一月份低温期和七月份高温期为例，如图2.19～图2.21和图2.22～图2.24所示。

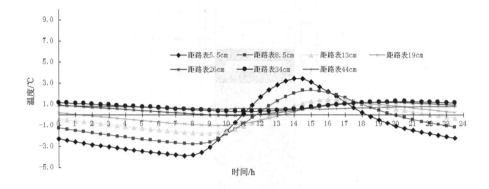

图 2.19　济莱高速试验段一月份各结构层实测温度值

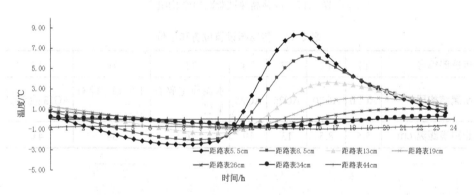

图 2.20　济莱高速试验段一月份各结构层计算温度值

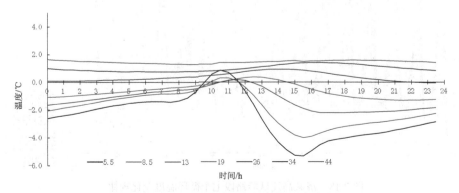

图 2.21　一月份实测与计算的温度差值

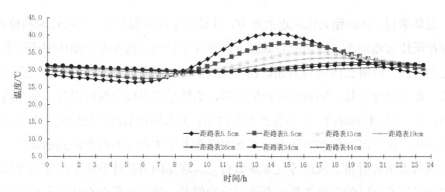

图 2.22　济莱高速试验段七月份各结构层实测温度值

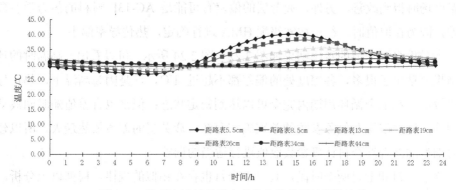

图 2.23　济莱高速试验段七月份各结构层计算温度值

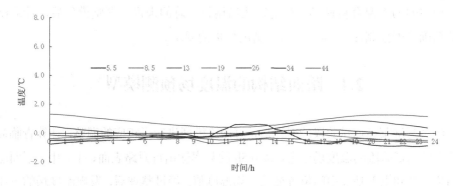

图 2.24　七月份实测与计算的温度差值

一月份的对比结果显示，中下面层的差值比较大，计算值偏高，最大值出现在下午 3 点左右，约为 6℃，但在无太阳辐射时段内，差值比较稳定；柔性基层内的温度场分布中，实测值与计算值差别不大，在 1℃ 范围以内，基本一致；疲劳层的差值也比较稳定，实测值要比计算值高出 1～2℃ 左右，基本满足精度要求。

总体来说，在距路表比较近的地方，计算结果比实测值大；在比较深的位置，计算结果比实测值小。这是因为低温下热传导比较慢，而在七个循环中还达不到稳定的状态。由图 2.18 可以看出，较深位置的温度随着循环次数的增加还在不断增长。如果继续计算，随着辐射热的积累，柔性基层温度会慢慢提升，减小两者差距；在一天 24 小时内，差值也在不断波动，无太阳辐射时比较稳定，出太阳后开始变化，由于温度传递的延迟，中下面层在下午 3 点左右时差值到达最大，可以看出与太阳辐射量、风速等气象参数有关。这是因为在计算济莱高速温度场时采用的是沂水地区的气象参数，存在一定的偏差。这一现象会在计算本项目试验段温度场时得到改善。另外，疲劳层的偏差有可能是 AC-13F 材料的热力学参数偏差，因为在取值时，统一按密级配 HMA 进行确定，热传导率偏小。

七月份高温季节的对比结果如图 2.22～图 2.24 所示。可以看出，高温时的计算结果要精确了很多，各深度处的偏差都不超过 1℃，这是因为高温下，热传导也比较快，在七个循环周期内完全可以达到稳定状态；但是也有差值随时间波动的规律，进一步说明气象参数的差别确实存在；疲劳层的差值依然最大，所以建议对细型的沥青混合料计算参数取值进行适当的调整。

除了一月和七月两个时段，其他十个月也存在相似的规律，根据以上分析，需要在本项目八种试验路段结构计算中，选取十个循环以上的温度场计算值，并且对细型的沥青混合料材料参数进行适当调整。总的来说，调整模型后，计算结果的精确度能控制在 2～4℃之内，满足分析的要求。

2.4 路面结构的温度场预测模型

经过与济莱高速试验段的对比后，对计算模型进行了相应的调整，计算青临高速八个结构试验段的温度场分布，按 0.5h 的频率输出每月路表面、上、中、下面层中间位置处和上下基层中间位置处的平均温度值。经过整理后，发现温度场的分布与时间和结构深度之间具备一定的规律性，可以通过统计回归出形式相似的公式。以结构 S1 为例，现选取几个代表性的规律加以分析，如图 2.25～图 2.27 所示。

温度值随时间和深度的变化规律与其他人员的研究成果一致，但是具体数值有所不同。结构 S1 在 30cm 深度以下的温度基本在一天内不发生变化，所以在研究温度骤降导致的收缩开裂时，只考虑面层即可，基层不会发生很大的变化，开裂概率非常小。基层的收缩开裂可以参考一年内温度的差值变化规律。

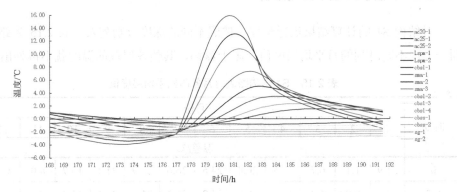

图 2.25　S1 中各结构层代表性温度随时间的变化规律

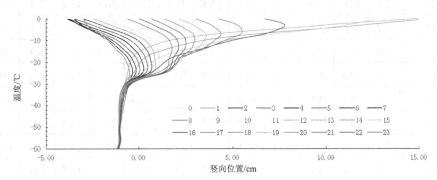

图 2.26　S1 中各结构层不同时刻代表性温度随深度的变化规律

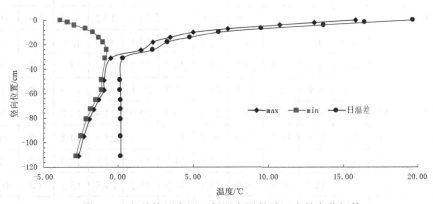

图 2.27　各结构层高温、低温和温差随深度的变化规律

　　为了更精确地描述这些规律，准确地确定温度指标的具体数值，下面对每一种结构的温度场值进行细致分析。

2.4.1 结构 S1 的温度场分析

对结构 S1 的计算结果进行整理，按照不同的深度分别列表。表 2.15 为路表面一天内不同时刻的月平均温度值。限于篇幅，其他各层位的温度就不再列出。

表 2.15 S1 结构路表每月各时刻平均温度值

时期	月份											
	1	2	3	4	5	6	7	8	9	10	11	12
	温差/℃											
0	−1.9	1.1	6.7	13.8	20.4	24.6	26.6	25.9	21.4	15.7	8.0	0.6
0.5	−2.2	0.8	6.3	13.4	19.9	24.2	26.3	25.6	21.1	15.4	7.7	0.3
1	−2.4	0.5	5.9	13.0	19.5	23.8	26.0	25.4	20.8	15.1	7.4	0.0
1.5	−2.7	0.2	5.5	12.6	19.2	23.5	25.8	25.1	20.5	14.8	7.1	−0.3
2	−3.0	0.0	5.2	12.2	18.8	23.2	25.5	24.9	20.2	14.5	6.9	−0.5
2.5	−3.2	−0.3	4.9	11.9	18.5	22.9	25.3	24.6	19.9	14.2	6.6	−0.8
3	−3.4	−0.5	4.6	11.6	18.2	22.6	25.1	24.4	19.7	14.0	6.4	−1.0
3.5	−3.6	−0.7	4.4	11.3	17.9	22.4	24.9	24.3	19.5	13.8	6.2	−1.1
4	−3.8	−0.8	4.2	11.1	17.8	22.2	24.8	24.1	19.4	13.6	6.1	−1.3
4.5	−3.8	−0.9	4.1	11.0	17.6	22.1	24.7	24.0	19.3	13.5	6.0	−1.4
5	−3.9	−1.0	4.0	11.0	17.6	22.0	24.6	24.0	19.2	13.5	5.9	−1.4
5.5	−3.9	−1.0	4.1	11.0	17.6	22.0	24.6	24.0	19.2	13.5	5.9	−1.4
6	−3.8	−0.9	4.3	11.2	17.8	22.2	24.8	24.1	19.4	13.6	6.0	−1.3
6.5	−3.7	0.0	5.4	12.5	19.3	23.7	26.1	25.4	20.5	13.7	6.1	−1.2
7	−3.5	1.1	6.9	14.3	21.3	25.7	27.9	27.1	22.1	13.9	6.3	−1.0
7.5	−3.2	2.4	8.6	16.3	23.6	28.0	29.9	29.0	23.9	14.2	6.6	−0.7
8	−3.0	3.8	10.5	18.5	26.0	30.5	32.0	31.1	25.7	14.5	6.8	−0.5
8.5	−2.6	5.2	12.4	20.7	28.5	32.9	34.2	33.2	27.7	14.9	7.2	−0.2
9	−2.1	6.6	14.2	22.8	30.9	35.3	36.3	35.2	29.5	15.5	7.8	0.4
9.5	0.5	8.0	16.0	24.9	33.2	37.6	38.3	37.1	31.4	19.2	10.7	2.8
10	3.9	9.3	17.7	26.8	35.3	39.8	40.1	38.9	33.0	23.8	14.4	5.9
10.5	7.3	10.5	19.3	28.6	37.3	41.7	41.8	40.5	34.6	28.6	18.2	9.1

续表

时期	月份											
	1	2	3	4	5	6	7	8	9	10	11	12
	温差/℃											
11	10.5	11.6	20.6	30.1	38.9	43.4	43.2	41.9	35.9	33.0	21.7	12.0
11.5	13.1	12.5	21.7	31.4	40.3	44.7	44.4	43.1	37.0	36.5	24.6	14.4
12	14.9	13.2	22.6	32.4	41.4	45.8	45.3	43.9	37.8	39.0	26.6	16.1
12.5	15.8	13.7	23.3	33.1	42.1	46.5	45.9	44.5	38.4	40.0	27.5	16.9
13	15.7	14.1	23.6	33.4	42.5	46.8	46.1	44.7	38.7	39.8	27.4	16.8
13.5	14.7	14.1	23.7	33.5	42.4	46.8	46.1	44.7	38.7	38.2	26.2	15.9
14	12.6	14.0	23.5	33.2	42.1	46.4	45.7	44.3	38.4	35.2	23.9	14.0
14.5	9.9	13.7	23.0	32.6	41.3	45.6	45.0	43.6	37.9	31.2	20.8	11.5
15	6.7	13.1	22.2	31.6	40.2	44.5	43.9	42.7	37.0	26.6	17.2	8.6
15.5	5.2	12.4	21.2	30.4	38.8	43.0	42.6	41.4	35.9	24.5	15.5	7.2
16	4.2	11.4	19.9	28.9	37.1	41.3	41.1	39.9	34.6	23.2	14.5	6.3
16.5	3.6	10.3	18.5	27.2	35.1	39.3	39.3	38.2	33.0	22.3	13.7	5.7
17	3.0	9.1	16.8	25.3	32.9	37.0	37.2	36.2	31.3	21.6	13.1	5.2
17.5	2.5	7.8	15.0	23.2	30.5	34.6	35.0	34.1	29.4	21.0	12.6	4.8
18	2.1	6.4	13.2	21.1	28.0	32.1	32.8	32.0	27.4	20.5	12.2	4.4
18.5	1.7	5.5	12.2	19.9	26.7	30.7	31.6	30.8	26.4	20.0	11.7	4.0
19	1.4	4.9	11.4	19.0	25.7	29.7	30.8	30.0	25.6	19.5	11.3	3.6
19.5	1.0	4.4	10.8	18.3	24.9	29.0	30.1	29.4	25.0	19.1	11.0	3.3
20	0.7	4.0	10.2	17.7	24.3	28.3	29.6	28.8	24.5	18.7	10.6	3.0
20.5	0.3	3.6	9.7	17.1	23.7	27.8	29.1	28.4	24.0	18.3	10.3	2.7
21	0.0	3.2	9.2	16.6	23.1	27.2	28.7	28.0	23.6	17.9	9.9	2.4
21.5	−0.3	2.8	8.8	16.1	22.6	26.8	28.3	27.6	23.2	17.5	9.6	2.1
22	−0.6	2.5	8.3	15.6	22.2	26.3	27.9	27.2	22.8	17.2	9.3	1.8
22.5	−0.9	2.1	7.9	15.2	21.7	25.9	27.6	26.9	22.4	16.8	9.0	1.5
23	−1.2	1.8	7.5	14.7	21.2	25.4	27.3	26.6	22.1	16.5	8.7	1.2
23.5	−1.5	1.5	7.1	14.3	20.8	25.0	26.9	26.3	21.7	16.1	8.3	0.9

将 14 时的各月温度值绘图，如图 2.28 所示，可以看出，路表面每个月的平均温度值随一天内的时间推进而变化，具有一定的规律，可以用式（2.19）的五次多项式形式进行回归：

$$Tem = A \cdot M^5 + B \cdot M^4 + C \cdot M^3 + D \cdot M^2 + E \cdot M + F \qquad (2.19)$$

式中：Tem——温度值，℃；

M——月份；

A,B,C,D,E,F——回归系数，随着一天内的不同时刻而变化。

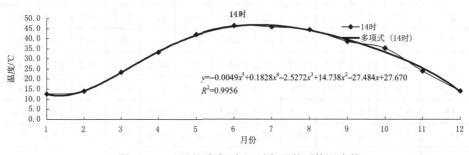

图 2.28　S1 结构路表面 14 时各月的平均温度值

14 时的回归公式，其中 R^2 达到了 0.9956，相关程度极高；由图 2.29 可以看出，一天内不同时刻在每个月的温度值分布曲线形式基本相似，都可以用公式（2.19）的形式进行回归，只是系数不同而已。进行温度场分析的主要目的就是为了确定每一时刻结构层不同位置的温度值，为了能得到结果而又不需花费很大的代价，将计算结果应用多项式形式进行回归，用简单的公式计算一年内每一时刻路表温度值，回归系数见表 2.16，相关程度都极高，说明回归公式能够精确地进行预测。

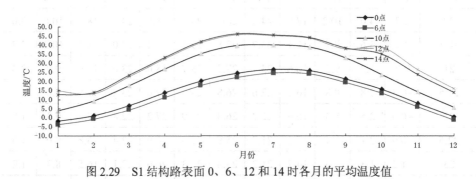

图 2.29　S1 结构路表面 0、6、12 和 14 时各月的平均温度值

将各时刻的回归系数列表，见表 2.16。

表 2.16 五次多项式回归公式中各系数值

回归系数	时间点						
	A	B	C	D	E	F	R^2
	系数						
0	4.00E−05	0.0017	−0.5175	4.2374	−6.5672	1.0181	0.9997
0.5	0.0001	0.0144	−0.4897	4.1196	−6.4149	0.6701	0.9997
1	0.0002	0.0117	−0.4603	3.9924	−6.2353	0.3053	0.9996
1.5	0.0003	0.009	0.4309	3.864	−6.0463	−0.58	0.9996
2	0.0004	0.0067	−0.4064	3.7606	−5.9119	−0.3651	0.9996
2.5	0.0005	0.0043	−0.3807	3.6479	−5.7418	−0.6865	0.9995
3	0.0005	0.0024	−0.3598	3.5571	−5.61	−0.955	0.9995
3.5	0.0006	0.001	−0.3449	3.4943	−5.5312	−1.1576	0.9995
4	0.0006	−0.0003	−0.3306	3.4288	−5.4212	−1.3566	0.994
4.5	0.0006	−0.0008	−0.3257	3.4083	−5.3976	−1.4498	0.994
5	0.0006	−0.0006	−0.3272	3.4149	−5.4178	−1.4766	0.9994
5.5	0.0006	−0.0003	−0.3302	3.4221	−5.4035	−1.487	0.9995
6	0.0006	0.0002	−0.3351	3.4327	−5.3522	−1.467	0.9995
6.5	0.001	−0.0117	−0.2003	2.6897	−3.1886	−2.8953	0.9996
7	0.0015	−0.0278	−0.0192	1.6944	−0.3025	−4.7709	0.9993
7.5	0.0021	−0.0457	0.1835	0.5778	2.9414	−6.8397	0.9987
8	0.0027	−0.0653	0.4065	−0.652	6.4882	−9.1109	0.9976
8.5	0.0033	−0.0831	0.6081	−1.7717	9.7741	−11.12	0.9964
9	0.0037	−0.0955	0.7471	−2.5581	12.243	−12.397	0.9955
9.5	0.0022	−0.0459	0.1602	0.552	5.1703	−5.2807	0.9976
10	−2.40E−05	0.0248	−0.6735	4.989	−5.1851	4.6951	0.9992
10.5	−0.0024	0.1021	−1.5837	9.8402	−16.604	15.556	0.9986
11	−0.0064	0.1724	−2.4155	14.253	−27.014	25.45	0.9954
11.5	−0.0064	0.2291	−3.0788	17.807	−35.395	33.458	0.9908
12	−0.0076	0.2676	−3.5311	20.21	−41.033	38.939	0.9867

回归系数	时间点						
	A	B	C	D	E	F	R^2
	系数						
12.5	−0.008	0.2821	−3.7014	21.101	−43.053	41	0.9852
13	−0.0078	0.2728	−3.591	20.487	−41.47	39.948	0.9868
13.5	−0.0067	0.2397	−3.1987	18.362	−36.269	35.464	0.9908
14	−0.0049	0.1828	−2.5272	14.738	−27.784	27.67	0.9956
14.5	−0.0027	0.1096	−1.661	10.073	−16.222	17.552	0.9985
15	−0.0001	0.0273	−0.6883	4.837	−3.6373	6.1287	0.9983
15.5	0.0008	−0.0017	−0.3395	2.9558	0.6838	1.8608	0.9977
16	0.001	−0.0108	−0.2235	2.3296	1.876	0.2415	0.9976
16.5	0.0009	−0.008	−0.2466	2.4549	1.1735	0.189	0.998
17	0.0006	0.0007	−0.338	2.9504	−0.4871	0.8852	0.9985
17.5	0.0002	0.0136	−0.479	3.1747	−2.837	2.1238	0.9991
18	−0.0003	0.0294	−0.6532	4.6593	−5.6418	3.7282	0.9995
18.5	−0.0005	0.0344	−0.708	4.9682	−6.6732	4	0.9996
19	−0.0006	0.0363	−0.7282	5.0953	−7.194	4.1454	0.9996
19.5	−0.0006	0.0362	−0.727	5.1109	−7.4063	3.9931	0.9997
20	−0.0005	0.0351	−0.7145	5.067	−7.4602	3.7372	0.9997
20.5	−0.0005	0.0338	−0.7006	5.0173	−7.492	3.4854	0.9997
21	−0.0004	0.0319	−0.679	4.928	−7.418	3.1631	0.9997
21.5	−0.0004	0.0297	−0.6555	4.8291	−7.3187	2.8289	0.9997
22	−0.0003	0.0276	−0.6325	4.7399	−7.2268	2.5098	0.9997
22.5	−0.0002	0.025	−0.6041	4.6107	−7.0364	2.1373	0.9997
23	−0.0001	0.0025	−0.5771	4.4959	−6.9214	1.7862	0.9997
23.5	−5.40E-05	0.0199	−0.5494	4.3777	−6.7707	1.4318	0.9991

　　将表 2.16 中的系数值绘制成一天内的随时间变化的曲线,如图 2.30 所示。可以看出曲线基本分两段,一段为曲线形式,基本位于日出和日落的时间段内,即存在太阳辐射影响期间,参数按照正弦或者余弦的规律变化,可以通过傅里叶级

数将其回归，本书利用 MATLAB 软件将各参数进行傅里叶级数回归；另外一段基本为直线形式，位于无太阳辐射的时间段内。整段曲线按照分段函数的形式进行表示，具体形式见公式（2.20），绘制图形如图 2.31 所示。D、E 和 F 参数的值最大，浮动范围也很大，对温度的预测起决定性作用。为了对比其他各层位处的系数变化规律，绘制图 2.32～图 2.43。

$$c = \begin{cases} k_1 & 0 \leqslant t < t_1 \\ k_2 + k_3 \sin(\omega_1 t) + k_4 \cos(\omega_1 t) + k_5 \sin(\omega_2 t) + k_6 \cos(\omega_2 t) & t_1 \leqslant t < t_2 \\ k_7 & t_2 \leqslant t \leqslant 23.5 \end{cases} \quad （2.20）$$

式中：c ——各个参数值；

　　　$k_1, k_2, k_3, k_4, k_5, k_6, k_7$ ——回归系数值；

　　　t_1, t_2 ——各系数受太阳辐射影响的起始和结束的时间点，随层位和深度变化。

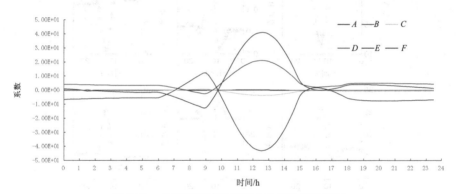

图 2.30　各时刻的路表回归曲线系数变化规律

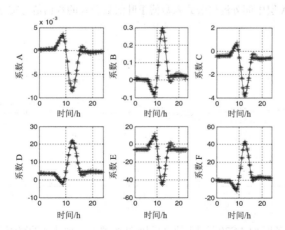

图 2.31　路表温度公式系数傅里叶级数公式的预估值与实际值的对比

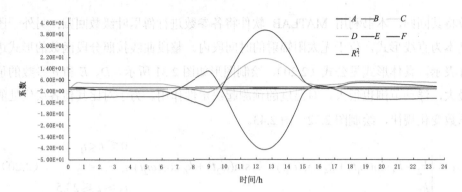

图 2.32　各时刻 SMA 层中间处回归曲线系数变化规律（距路表 2cm）

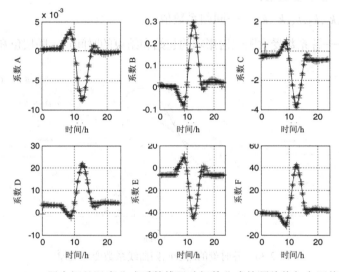

图 2.33　SMA 层中间处温度公式系数傅里叶级数公式的预估值与实际值的对比

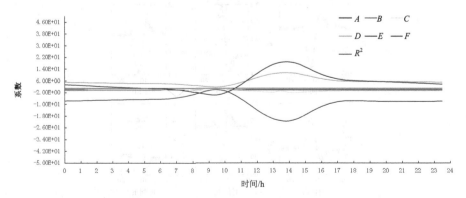

图 2.34　各时刻 AC20 层中间处回归曲线系数变化规律（距路表 7cm）

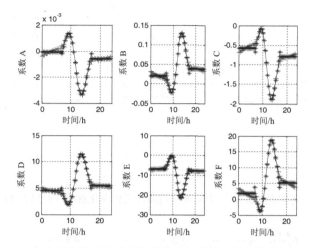

图 2.35　AC20 层中间处温度公式系数傅里叶级数公式的预估值与实际值的对比

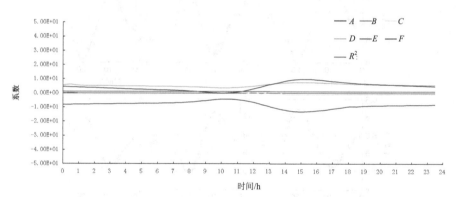

图 2.36　各时刻 AC25 层中间处回归曲线系数变化规律（距路表 14cm）

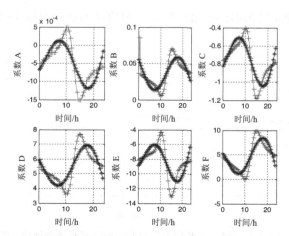

图 2.37　AC25 层中间处温度公式系数傅里叶级数公式的预估值与实际值的对比

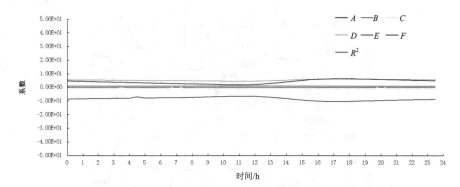

图 2.38　各时刻 LSPM 层中间处回归曲线系数变化规律（距路表 24.5cm）

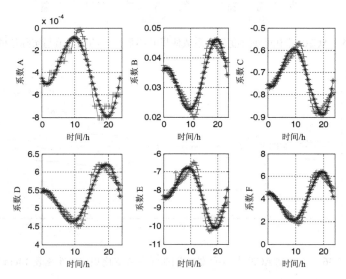

图 2.39　LSPM 层中间处温度公式系数傅里叶级数公式的预估值与实际值的对比

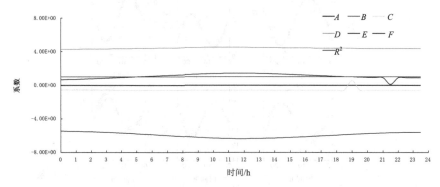

图 2.40　各时刻水泥稳定碎石上基层中间处回归曲线系数变化规律（距路表 49cm）

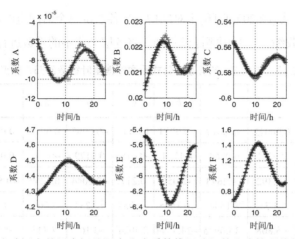

图 2.41　水泥稳定碎石上基层中间处温度公式系数傅里叶级数公式的预估值与实际值的对比

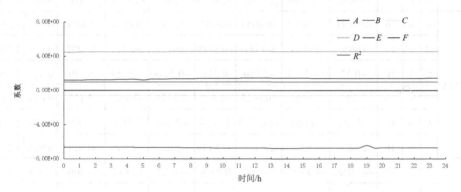

图 2.42　各时刻水泥稳定碎石下基层中间处回归曲线系数变化规律（距路表 65cm）

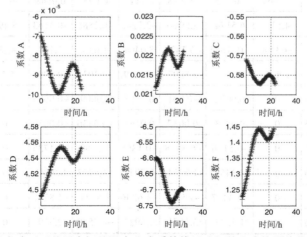

图 2.43　水泥稳定碎石下基层中间处温度公式系数傅里叶级数公式的预估值与实际值的对比

分段函数[公式（2.20）]可用于对结构 S1 各层位每个时间点的温度预测，从而为车辙、疲劳和收缩开裂的预测提供基础。将各层公式中的系数进行汇总见表 2.17。

表 2.17　结构 S1 各层温度公式系数的傅里叶级数回归系数汇总

位置	系数	t_1	t_2	k_1	k_2	k_3	k_4	k_5	k_6	k_7	ω_1	ω_2
路表	A	6	16	0.00042	−0.0017	−0.0054	0.0005	−0.0007	0.0014	−0.00018	0.628	1.256
	B	6	16	0.0041	0.0764	0.1734	−0.0189	0.0179	−0.045	0.0232	0.628	1.256
	C	6	16	−0.392	−1.2693	−2.056	0.211	−0.2044	0.5259	−0.5995	0.628	1.256
	D	6	16	3.7	8.1544	10.8635	−1.055	1.1234	−2.9035	4.43	0.628	1.256
	E	6	16	−5.808	−13.0935	−24.3744	2.4024	−3.167	7.745	−5.781	0.628	1.256
	F	6	16	−0.6267	11.7299	25.335	−2.8174	2.0497	−5.6456	2.66	0.628	1.256
SMA	A	6	16	0.00041	−0.0017	−0.0054	0.0005	−0.0007	0.0014	−0.0002	0.628	1.256
	B	6	16	0.0057	0.0764	0.1734	−0.0189	0.0179	−0.045	0.0232	0.628	1.256
	C	6	16	−0.32	−1.2693	−2.056	0.211	−0.2044	0.5259	−0.5995	0.628	1.256
	D	6	16	3.295	8.1544	10.8635	−1.055	1.1234	−2.9035	4.432	0.628	1.256
	E	6	16	−5.781	−13.09	−24.3744	2.4024	−3.167	7.7453	−5.808	0.628	1.256
	F	6	16	2.683	11.73	25.335	−2.8174	2.05	−5.646	−0.6267	0.628	1.256
AC20	A	7	17	−0.00005	−0.00009	−0.0014	0.0018	0.0001	0.0002	−0.0006	0.628	1.256
	B	7	17	0.021	0.0509	0.0459	−0.0598	−0.0041	−0.0051	0.0389	0.628	1.256
	C	7	17	−0.569	−0.955	−0.548	0.7117	0.045	0.0548	−0.785	0.628	1.256
	D	7	17	4.519	6.5174	2.91	−3.7246	−0.2888	−0.3163	5.492	0.628	1.256
	E	7	17	−6.908	−10.1885	−6.3821	8.0404	1.036	1.109	−7.82	0.628	1.256
	F	7	17	1.826	7.302	6.8007	−9.019	−0.3032	−0.3981	5.16	0.628	1.256
AC25	A	0	23.5	0	0.0002	−0.001	0.0003	0.0009	−0.0005	0	0.262	0.523
	B	0	23.5		0.0343	0.0037	0.0167	−0.0336	0.005	0	0.262	0.523
	C	0	23.5	0	−0.5126	−0.3848	−0.1368	0.3568	−0.1735	0	0.262	0.523
	D	0	23.5	0	4.3454	1.7754	0.7945	−1.8993	0.7784	0	0.262	0.523
	E	0	23.5	0	−5.3457	−4.5983	−1.6246	3.5724	−1.8758	0	0.262	0.523
	F	0	23.5	0	1.2223	5.1551	1.6923	−4.7589	2.319	0	0.262	0.523

位置	系数	t_1	t_2	k_1	k_2	k_3	k_4	k_5	k_6	k_7	ω_1	ω_2
LSPM	A	0	23.5	0	0.0002	−0.001	−0.0001	0.0003	−0.0006	0	0.262	0.523
	B	0	23.5	0	0.0131	0.0324	0.0023	−0.0099	0.0201	0	0.262	0.523
	C	0	23.5	0	−0.4808	−0.3969	−0.0289	0.1279	−0.2434	0	0.262	0.523
	D	0	23.5	0	3.9896	2.1666	0.1733	−0.7356	1.2808	0	0.262	0.523
	E	0	23.5	0	−5.2243	−4.8151	−0.427	1.6668	−2.6648	0	0.262	0.523
	F	0	23.5	0	0.7413	5.2967	0.4046	−1.9543	3.2732	0	0.262	0.523
水泥稳定碎石上基层	A	0	23.5	0	−0.0001	0	0	0	0	0	0.262	0.523
	B	0	23.5	0	0.0215	0	−0.0008	0.001	−0.0004	0	0.262	0.523
	C	0	23.5	0	−0.5735	0.003	0.009	−0.011	−0.01	0	0.262	0.523
	D	0	23.5	0	4.428	−0.033	−0.044	0.042	−0.1	0	0.262	0.523
	E	0	23.5	0	−6.018	0.141	0.066	−0.028	0.461	0	0.262	0.523
	F	0	23.5	0	1.195	−0.16	−0.12	0.104	−0.378	0	0.262	0.523
水泥稳定碎石下基层	A	0	23.5	0	0.00001	0	0	0	0	0	0.262	0.523
	B	0	23.5	0	0.0182	−0.0001	−0.0005	0.0001	−0.0001	0	0.262	0.523
	C	0	23.5	0	−0.534	0	0.006	−0.0007	0.0013	0	0.262	0.523
	D	0	23.5	0	4.296	0.005	−0.0324	0.0027	−0.0025	0	0.262	0.523
	E	0	23.5	0	−6.3474	0.0135	0.049	0.0008	0.0053	0	0.262	0.523
	F	0	23.5	0	0.5764	0.0132	−0.1135	0.0089	−0.0052	0	0.262	0.523
水泥稳定碎石底基层	A	0	23.5	0	−0.0001	0	0	0	0	0	0.262	0.523
	B	0	23.5	0	0.0222	−0.0005	−0.0005	0.0004	−0.0005	0	0.262	0.523
	C	0	23.5	0	−0.5842	0.0055	0.0064	−0.0048	0.0053	0	0.262	0.523
	D	0	23.5	0	4.552	−0.262	−0.0322	0.0188	−0.0274	0	0.262	0.523
	E	0	23.5	0	−6.718	0.049	−0.0007	0.064	0.0053	0	0.262	0.523
	F	0	23.5	0	1.4114	−0.043	−0.11	0.044	−0.071	0	0.262	0.523

其他七种结构的温度公式回归过程与结构 S1 一样，可以依次进行。

2.4.2　结构 S2 的温度场分析

结构 S2 各层温度公式系数的傅里叶级数回归系数汇总见表 2.18。

表 2.18　结构 S2 各层温度公式系数的傅里叶级数回归系数汇总

位置	系数	t_1	t_2	k_1	k_2	k_3	k_4	k_5	k_6	k_7	ω_1	ω_2
路表	A	6	16	0.00032	−0.0017	−0.0053	0.0007	−0.0006	0.0015	−0.00018	0.628	1.256
	B	6	16	0.0054	0.0727	0.178	−0.0124	0.015	−0.0475	0.0228	0.628	1.256
	C	6	16	−0.393	−1.2712	−2.056	0.211	−0.2035	0.5266	−0.598	0.628	1.256
	D	6	16	3.7	8.1644	10.8666	−1.051	1.123	−2.906	4.46	0.628	1.256
	E	6	16	−5.91	−13.099	−24.362	2.371	−3.194	7.761	−5.763	0.628	1.256
	F	6	16	−0.568	11.736	25.32	−2.889	1.958	−5.722	2.66	0.628	1.256
SMA	A	6	16	0.00026	−0.0015	−0.0041	0.0013	−0.0001	0.0009	−0.000324	0.628	1.256
	B	6	16	0.00104	0.0709	0.1324	−0.0399	0.0006	−0.0301	0.0294	0.628	1.256
	C	6	16	−0.417	−1.168	−1.59	0.52	−0.22	0.396	−0.659	0.628	1.256
	D	6	16	3.967	7.7427	8.4	−2.492	0.119	−1.993	4.786	0.628	1.256
	E	6	16	−6.186	−12.494	−18.721	5.448	−0.484	5.347	−6.428	0.628	1.256
	F	6	16	0.217	10.608	19.617	−6.036	0.122	−3.698	3.435	0.628	1.256
AC20	A	7	17	−0.003	−0.001	−0.0014	0.0017	0.0001	0.0001	−0.0006	0.628	1.256
	B	7	17	0.02	0.052	0.0442	−0.0608	−0.003	0.0071	0.0385	0.628	1.256
	C	7	17	−0.562	−0.977	−0.531	0.699	0.03	0.0595	−0.7805	0.628	1.256
	D	7	17	4.49	6.599	2.818	−3.726	−0.225	−0.409	5.471	0.628	1.256
	E	7	17	−6.856	−10.37	−6.312	7.878	0.932	1.085	−7.785	0.628	1.256
	F	7	17	1.753	7.595	6.478	−8.974	−0.109	−0.618	5.11	0.628	1.256
ATB1	A	0	23.5	0	0.0002	−0.0011	−0.0003	0.0008	−0.0006	0	0.262	0.523
	B	0	23.5	0	0.014	0.0339	0.0098	−0.0256	0.0171	0	0.262	0.523
	C	0	23.5	0	−0.4952	−0.4102	−0.1182	0.3116	−0.1985	0	0.262	0.523
	D	0	23.5	0	4.053	2.206	0.6311	1.619	1.108	0	0.262	0.523
	E	0	23.5	0	−5.0273	−5.096	−1.456	3.161	−2.235	0	0.262	0.523
	F	0	23.5	0	1.053	5.392	1.452	−4.415	2.619	0	0.262	0.523

位置	系数	t_1	t_2	k_1	k_2	k_3	k_4	k_5	k_6	k_7	ω_1	ω_2
	A	0	23.5	0	0.0001	−0.0007	0	0.0001	−0.0005	0	0.262	0.523
	B	0	23.5	0	0.017	0.0246	0.0007	−0.05	0.0169	0	0.262	0.523
AT	C	0	23.5	0	−0.525	−0.305	−0.01	0.0654	−0.2052	0	0.262	0.523
B2	D	0	23.5	0	4.2344	1.6354	0.0533	−0.3492	1.0683	0	0.262	0.523
	E	0	23.5	0	−5.703	−3.661	−0.1366	0.6728	−2.209	0	0.262	0.523
	F	0	23.5	0	1.424	3.798	0.09	−0.871	2.649	0	0.262	0.523
	A	0	23.5	0	−0.0003	0	0	0	−0.0001	0	0.262	0.523
级	B	0	23.5	0	0.0273	0.0031	−0.0011	0.0014	0.0043	0	0.262	0.523
配	C	0	23.5	0	−0.6516	−0.0383	0.0127	−0.0153	−0.0534	0	0.262	0.523
碎	D	0	23.5	0	4.9274	0.2026	−0.0667	0.0727	0.277	0	0.262	0.523
石	E	0	23.5	0	−7.4405	−0.4541	0.1316	−0.1374	−0.5354	0	0.262	0.523
	F	0	23.5	0	2.8018	0.449	−0.1859	0.2057	0.7004	0	0.262	0.523
水	A	23.5		−0.0002	0	0	0	0	0	0	0.262	0.523
泥	B	23.5		0.025	0	0	0	0	0	0	0.262	0.523
稳定	C	23.5		−0.6226	0	0	0	0	0	0	0.262	0.523
碎石	D	23.5		4.7923	0	0	0	0	0	0	0.262	0.523
底基	E	23.5		−7.3712	0	0	0	0	0	0	0.262	0.523
层	F	23.5		2.1534	0	0	0	0	0	0	0.262	0.523
水	A	23.5		−0.00049	0	0	0	0	0	0	0.262	0.523
泥	B	23.5		0.0205	0	0	0	0	0	0	0.262	0.523
稳定	C	23.5		−0.5675	0	0	0	0	0	0	0.262	0.523
砂碎	D	23.5		4.5138	0	0	0	0	0	0	0.262	0.523
石底	E	23.5		−6.9722	0	0	0	0	0	0	0.262	0.523
基层	F	23.5		1.2269	0	0	0	0	0	0	0.262	0.523

2.4.3 结构 S3 的温度场分析

结构 S3 各层温度公式参数的傅里叶级数回归系数汇总见表 2.19。

表 2.19 结构 S3 各层温度公式系数的傅里叶级数回归系数汇总

位置	系数	t_1	t_2	k_1	k_2	k_3	k_4	k_5	k_6	k_7	ω_1	ω_2
路表	A	6	16	0.00042	−0.0017	−0.0054	0.0006	−0.0006	0.0014	−0.00018	0.628	1.256
	B	6	16	0.0054	0.0794	0.1678	−0.0171	0.0145	−0.0497	0.0245	0.628	1.256
	C	6	16	−0.392	−1.2695	−2.0553	0.2115	−0.2041	0.526	−0.5999	0.628	1.256
	D	6	16	3.702	8.1571	10.8624	−1.0545	1.1235	−2.9036	4.474	0.628	1.256
	E	6	16	−5.8193	−13.0873	−24.351	2.3753	−3.1942	7.7581	−5.8198	0.628	1.256
	F	6	16	−0.5711	11.7259	25.3539	−2.8495	2.0706	−5.6858	2.694	0.628	1.256
SMA	A	6	16	0.00026	−0.0014	−0.0041	0.0013	−0.0001	0.001	−0.0003	0.628	1.256
	B	6	16	0.01	0.0679	0.1346	−0.0428	0.0012	−0.0318	0.0287	0.628	1.256
	C	6	16	−0.654	−1.163	−1.5989	0.497	−0.01	0.3701	−0.45	0.628	1.256
	D	6	16	3.9656	7.6178	8.4374	−2.5859	0.0754	−2.0566	4.7608	0.628	1.256
	E	6	16	−6.181	−12.22	−18.658	5.874	−0.5481	536736	−6.2654	0.628	1.256
	F	6	16	0.2141	11.73	25.335	−2.817	2.05	−5.646	3.4878	0.628	1.256
AC 20	A	7	17	−0.00005	−0.00009	−0.0014	0.0018	0.0001	0.0002	−0.0006	0.628	1.256
	B	7	17	0.021	0.0511	0.0458	−0.06	−0.004	−0.0049	0.0389	0.628	1.256
	C	7	17	−0.554	−0.9518	−0.5473	0.7172	0.0495	0.0588	−0.785	0.628	1.256
	D	7	17	4.4525	6.5268	2.9172	−3.7184	−0.2836	−0.3149	5.4976	0.628	1.256
	E	7	17	−6.9178	−10.2083	−6.384	8.031	1.036	1.1195	−7.722	0.628	1.256
	F	7	17	1.855	7.3212	6.7994	−9.0141	−0.6054	−0.3985	4.918	0.628	1.256
AC 25	A	8	18	−0.003	−0.005	0.0001	0.001	0.0001	0	−0.00067	0.628	1.256
	B	8	18	0.0285	0.0377	−0.0042	−0.033	0.0002	−0.0012	0.04146	0.628	1.256
	C	8	18	−0.629	−0.7882	0.0483	0.3962	−0.0054	0.0151	−0.8206	0.628	1.256
	D	8	18	4.977	5.6496	−0.2322	−2.0731	0.01	−0.0668	5.734	0.628	1.256
	E	8	18	−7.558	−8.607	0.4188	4.3177	0.2169	0.0341	−8.537	0.628	1.256
	F	8	18	3.1214	4.9663	−0.6918	−5.0922	0.2239	−0.2548	5.479	0.628	1.256

续表

位置	系数	t_1	t_2	k_1	k_2	k_3	k_4	k_5	k_6	k_7	ω_1	ω_2
LSPM	A	0	23.5	0	0.0002	−0.001	−0.0001	0.0003	−0.0006	0	0.262	0.523
	B	0	23.5	0	0.0119	0.0336	0.0027	−0.0098	0.0206	0	0.262	0.523
	C	0	23.5	0	−0.4695	−0.4043	−0.032	0.1217	−0.2455	0	0.262	0.523
	D	0	23.5	0	3.9315	2.1676	0.1714	−0.6433	1.2782	0	0.262	0.523
	E	0	23.5	0	−4.9938	−4.8545	−0.3966	1.2352	−2.673	0	0.262	0.523
	F	0	23.5	0	0.7339	5.0782	0.3601	−1.6215	3.1693	0	0.262	0.523
水泥稳定碎石基层	A	0	23.5	0	−0.0003	−0.0001	0	0	−0.0001	0	0.262	0.523
	B	0	23.5	0	0.027	0.004	−0.0011	0.0012	0.0049	0	0.262	0.523
	C	0	23.5	0	−0.6468	−0.0521	0.0127	−0.0127	−0.0614	0	0.262	0.523
	D	0	23.5	0	4.9088	0.2649	−0.0676	0.0592	0.3133	0	0.262	0.523
	E	0	23.5	0	−7.3726	−0.605	0.1305	−0.113	−0.61767	0	0.262	0.523
	F	0	23.5	0	2.7669	0.612	−0.1859	0.168	0.7964	0	0.262	0.523
水泥稳定碎石底基层	A	23.5		−0.0002	0	0	0	0	0	0	0	0
	B	23.5		0.0254	0	0	0	0	0	0	0	0
	C	23.5		−0.628	0	0	0	0	0	0	0	0
	D	23.5		4.8162	0	0	0	0	0	0	0	0
	E	23.5		−7.3937	0	0	0	0	0	0	0	0
	F	23.5		2.259	0	0	0	0	0	0	0	0
稳定砂掺碎石	A	23.5		−0.00007	0	0	0	0	0	0	0	0
	B	23.5		0.0214	0	0	0	0	0	0	0	0
	C	23.5		−0.5777	0	0	0	0	0	0	0	0
	D	23.5		4.564	0	0	0	0	0	0	0	0
	E	23.5		−7.0368	0	0	0	0	0	0	0	0
	F	23.5		1.4038	0	0	0	0	0	0	0	0
水泥稳定风化砂	A	23.5		0.00004	0	0	0	0	0	0	0	0
	B	23.5		0.0176	0	0	0	0	0	0	0	0
	C	23.5		−0.5301	0	0	0	0	0	0	0	0
	D	23.5		4.3258	0	0	0	0	0	0	0	0
	E	23.5		−6.6888	0	0	0	0	0	0	0	0
	F	23.5		0.5969	0	0	0	0	0	0	0	0

续表

位置	系数	t_1	t_2	k_1	k_2	k_3	k_4	k_5	k_6	k_7	ω_1	ω_2
级配碎石	A	23.5		0.0001	0	0	0	0	0	0	0	0
	B	23.5		0.0137	0	0	0	0	0	0	0	0
	C	23.5		−0.4812	0	0	0	0	0	0	0	0
	D	23.5		4.0883	0	0	0	0	0	0	0	0
	E	23.5		−6.3651	0	0	0	0	0	0	0	0
	F	23.5		−0.194	0	0	0	0	0	0	0	0

2.4.4　结构 S4 的温度场分析

结构 S4 各层温度公式系数的傅里叶级数回归系数汇总见表 2.20。

表 2.20　结构 S4 各层温度公式系数的傅里叶级数回归系数汇总

位置	系数	t_1	t_2	k_1	k_2	k_3	k_4	k_5	k_6	k_7	ω_1	ω_2
路表	A	6	16	0.00041	−0.0017	−0.0053	0.0007	−0.0006	0.0014	−0.00018	0.628	1.256
	B	6	16	0.0053	0.0774	0.1724	−0.0203	0.0196	−0.0444	0.025	0.628	1.256
	C	6	16	−0.3919	−1.2679	−2.046	0.225	−0.2203	0.5209	−0.5978	0.628	1.256
	D	6	16	3.696	8.1674	10.8588	−1.0628	1.1346	−2.9011	4.458	0.628	1.256
	E	6	16	−5.8146	−12.9636	−24.5159	2.1616	−2.9457	7.8398	−5.766	0.628	1.256
	F	6	16	−0.5916	11.7353	25.3695	−2.7852	2.0198	−5.6689	2.6498	0.628	1.256
SMA	A	6	16	0.00042	−0.0021	−0.0039	0.0013	−0.0001	0.001	−0.001	0.628	1.256
	B	6	16	0.036	0.0884	0.1284	−0.0365	−0.0024	−0.0366	0.0568	0.628	1.256
	C	6	16	−0.808	−1.4985	−1.4588	0.48	−0.0345	0.3796	−0.8798	0.628	1.256
	D	6	16	6.2804	9.6255	7.724	−2.488	0.2169	−2.1065	7.1601	0.628	1.256
	E	6	16	−12.994	−17.6575	−17.24	5.064	−0.2386	5.5998	−13.4352	0.628	1.256
	F	6	16	7.2267	16.4232	17.3858	−6.4272	−0.8427	−4.2207	10.4134	0.628	1.256
EME1	A	7	17	−0.00001	−0.00009	−0.0014	0.0018	0.0001	0.0002	−0.0006	0.628	1.256
	B	7	17	0.021	0.0527	0.0459	−0.0568	−0.0041	−0.0021	0.0384	0.628	1.256
	C	7	17	−0.569	−0.9374	−0.5534	0.7428	0.0478	0.0884	−0.779	0.628	1.256
	D	7	17	4.521	6.5073	2.8897	−3.6745	−0.2472	−0.3027	5.465	0.628	1.256
	E	7	17	−6.9265	−10.2142	−6.4093	8.005	1.0504	1.1187	−7.7784	0.628	1.256
	F	7	17	1.8203	7.3232	6.8316	−8.9723	−0.3224	−0.407	5.096	0.628	1.256

续表

位置	系数	t_1	t_2	k_1	k_2	k_3	k_4	k_5	k_6	k_7	ω_1	ω_2
EM E2	A	8	18	−0.003	−0.0005	0.0002	0.0009	0	0	−0.0006	0.628	1.256
	B	8	18	0.0297	0.035	−0.0061	−0.0286	0.0007	0.0397	0.0397	0.628	1.256
	C	8	18	−0.6751	−0.7528	0.071	0.34	−0.0103	0.0148	−0.8	0.628	1.256
	D	8	18								0.628	1.256
	E	8	18	−7.678	−8.2281	0.7301	3.6919	0.1216	0.0166	−8.245	0.628	1.256
	F	8	18	3.218	4.6309	−0.9559	−4.5132	0.3079	−0.2881	5.406	0.628	1.256
EM E3	A	8	18	−0.0004	−0.0002	0.0002	0.0001	0	0	−0.0005	0.628	1.256
	B	8	18	0.033	0.0277	−0.0068	−0.0038	0.0013	−0.0008	0.0371	0.628	1.256
	C	8	18	−0.713	−0.6629	0.0825	0.0512	−0.0167	0.0102	−0.777	0.628	1.256
	D	8	18	5.225	5.0042	−0.437	−0.2868	0.0923	−0.0525	5.578	0.628	1.256
	E	8	18	−7.959	−7.5564	−0.9339	0.5542	−0.173	0.0666	−8.522	0.628	1.256
	F	8	18	3.718	3.1566	−1.0913	−0.8765	0.2964	−0.1769	4.848	0.628	1.256
水泥稳定碎石基层	A	23.5		−0.00026	0	0	0	0	0	0	0	0
	B	23.5		0.0279	0	0	0	0	0	0	0	0
	C	23.5		−0.6595	0	0	0	0	0	0	0	0
	D	23.5		4.9734	0	0	0	0	0	0	0	0
	E	23.5		−7.5933	0	0	0	0	0	0	0	0
	F	23.5		2.8303	0	0	0	0	0	0	0	0
水泥稳定碎石底基层	A	23.5		−0.00014	0	0	0	0	0	0	0	0
	B	23.5		0.0241	0	0	0	0	0	0	0	0
	C	23.5		−0.6119	0	0	0	0	0	0	0	0
	D	23.5		4.7354	0	0	0	0	0	0	0	0
	E	23.5		−7.2813	0	0	0	0	0	0	0	0
	F	23.5		1.9766	0	0	0	0	0	0	0	0

2.4.5 结构 S5 的温度场分析

结构 S5 各层温度公式系数的傅里叶级数回归系数汇总见表 2.21。

表 2.21 结构 S5 各层温度公式系数的傅里叶级数回归系数汇总

位置	系数	t_1	t_2	k_1	k_2	k_3	k_4	k_5	k_6	k_7	ω_1	ω_2
路表	A	6	16	−0.0004	−0.002	−0.0042	0.0007	−0.0004	0.0012	−0.001	0.628	1.256
	B	6	16	0.0345	0.0898	0.1351	−0.0182	0.0132	−0.0338	0.0536	0.628	1.256
	C	6	16	−0.7887	−1.4588	−1.5877	0.2035	−0.1505	0.3951	−0.991	0.628	1.256
	D	6	16	6.1647	9.4799	8.2657	−1.0001	0.8373	−2.195	6.929	0.628	1.256
	E	6	16	−13.011	−17.669	−18.0007	2.1561	−2.4444	5.954	−12.915	0.628	1.256
	F	6	16	7.004	15.8491	18.9408	−2.5968	1.5161	−4.1979	−9.8455	0.628	1.256
连续配筋混凝土	A	6	16	−0.0004	−0.002	−0.0042	0.0007	−0.0004	0.0012	−0.001	0.628	1.256
	B	6	16	0.0345	0.0898	0.1351	−0.0182	0.0132	−0.0338	0.0536	0.628	1.256
	C	6	16	−0.7887	−1.4588	−1.5877	0.2035	−0.1505	0.3951	−0.991	0.628	1.256
	D	6	16	6.1647	9.4799	8.2657	−1.0001	0.8373	−2.195	6.929	0.628	1.256
	E	6	16	−13.011	−17.669	−18.0007	2.1561	−2.4444	5.954	−12.915	0.628	1.256
	F	6	16	7.004	15.8491	18.9408	−2.5968	1.5161	−4.1979	−9.8455	0.628	1.256
AC 13	A	0	23.5	0	0	0	0	0	0	0	0.262	0.523
	B	0	23.5	0	0.027	0.0094	−0.0009	0.0003	0.0085	0	0.262	0.523
	C	0	23.5	0	−0.665	−0.106	0.0114	−0.0008	−0.1003	0	0.262	0.523
	D	0	23.5	0	5.0335	0.5786	−0.0594	−0.009	0.5349	0	0.262	0.523
	E	0	23.5	0	−7.905	−1.2926	0.1199	0.0282	−1.1037	0	0.262	0.523
	F	0	23.5	0	3.2755	1.3539	−0.1782	−0.0026	1.3624	0	0.262	0.523
水泥稳定碎石基层1	A	0	23.5	0	−0.0003	−0.0001	0	0	−0.0001	0	0.262	0.523
	B	0	23.5	0	0.0305	0.0021	−0.001	0.0016	0.0036	0	0.262	0.523
	C	0	23.5	0	−0.6942	−0.0244	0.0128	−0.0177	−0.0437	0	0.262	0.523
	D	0	23.5	0	5.1982	0.1316	−0.0685	0.0865	0.2324	0	0.262	0.523
	E	0	23.5	0	−8.3286	−0.3011	0.1428	−0.1672	−0.4725	0	0.262	0.523
	F	0	23.5	0	3.5396	0.2998	−0.1965	0.2425	0.605	0	0.262	0.523

续表

位置	系数	t_1	t_2	k_1	k_2	k_3	k_4	k_5	k_6	k_7	ω_1	ω_2
水泥稳定碎石基层2	A	0	23.5	0	−0.0002	0	0	0	0	0	0.262	0.523
	B	0	23.5	0	0.0268	−0.0006	−0.00066	0.0008	−0.0004	0	0.262	0.523
	C	0	23.5	0	−0.6478	0.0083	0.0075	−0.0097	0.005	0	0.262	0.523
	D	0	23.5	0	4.9606	−0.044	−0.0364	0.0489	−0.0234	0	0.262	0.523
	E	0	23.5	0	−7.9879	0.1013	0.0637	−0.0935	0.0489	0	0.262	0.523
	F	0	23.5	0	2.6264	−0.0992	−0.1236	0.1371	−0.0581	0	0.262	0.523

2.4.6 结构 S6 的温度场分析

结构 S6 各层温度公式系数的傅里叶级数回归系数汇总见表 2.22。

表 2.22 结构 S6 各层温度公式系数的傅里叶级数回归系数汇总

位置	系数	t_1	t_2	k_1	k_2	k_3	k_4	k_5	k_6	k_7	ω_1	ω_2
路表	A	6	16	−0.0005	−0.0026	−0.005	0.0005	−0.0005	0.0013	−0.0012	0.628	1.256
	B	6	16	0.0624	0.1116	0.164	−0.017	0.0155	−0.0402	0.06	0.628	1.256
	C	6	16	−0.781	−1.5548	−1.8309	0.5937	0.0535	0.8081	−1.073	0.628	1.256
	D	6	16	6.574	11.3364	10.5329	−0.9388	0.9846	−2.6539	7.473	0.628	1.256
	E	6	16	−14.22	−22.913	−24.2297	2.1018	−2.8296	7.174	−14.638	0.628	1.256
	F	6	16	8.065	21.512	25.3979	−2.5221	1.8093	−5.3229	11.5195	0.628	1.256
SMA	A	6	16	−0.0005	−0.0019	−0.0035	0.0011	−0.0001	0.0009	−0.001	0.628	1.256
	B	6	16	0.0379	0.085	0.1129	−0.0352	0.0015	−0.0273	0.0546	0.628	1.256
	C	6	16	−0.8261	−1.3842	−1.3566	0.4222	−0.0435	0.3093	−1.005	0.628	1.256
	D	6	16	6.3683	9.2019	6.915	−2.0685	0.1045	−1.7806	7	0.628	1.256
	E	6	16	−13.211	−17.3239	−14.8963	4.5891	−0.6029	4.9393	−12.945	0.628	1.256
	F	6	16	7.3964	15.1093	16.007	−4.937	−0.0129	−3.3176	10.339	0.628	1.256
AC 5	A	7	17	−0.0009	−0.002	−0.0021	0.0017	0.0001	0.0004	−0.0015	0.628	1.256
	B	7	17	0.051	0.0917	0.0668	−0.0543	−0.0026	−0.011	0.071	0.628	1.256
	C	7	17	−0.9915	−1.5052	−0.8053	0.6468	0.0306	0.134	−1.2188	0.628	1.256
	D	7	17	7.282	9.9984	4.3465	−3.4161	−0.2052	−0.7544	8.308	0.628	1.256
	E	7	17	−15.305	−20.2735	−9.998	7.5908	0.8019	2.2042	−16.484	0.628	1.256
	F	7	17	10.133	17.827	10.422	−8.579	−0.1667	−1.3542	13.599	0.628	1.256

续表

位置	系数	t_1	t_2	k_1	k_2	k_3	k_4	k_5	k_6	k_7	ω_1	ω_2
连续配筋混凝土1	A	8	18	−0.0012	−0.0016	0	0.0011	0	0.0001	−0.0016	0.628	1.256
	B	8	18	0.0615	0.0751	−0.0005	−0.0349	0.0008	−0.0026	0.0762	0.628	1.256
	C	8	18	−1.1181	−1.2966	0.0034	0.4218	−0.0116	0.0312	−1.2971	0.628	1.256
	D	8	18	7.903	8.8847	0.0051	−2.2494	0.0478	−0.155	8.79	0.628	1.256
	E	8	18	−16.295	−18.1461	−0.1008	4.9505	0.0935	0.2585	−17.65	0.628	1.256
	F	8	18	11.9197	14.669	−0.1098	−5.6395	0.3127	−0.4696	14.6926	0.628	1.256
连续配筋混凝土2	A	0	23.5	0	−0.0009	−0.0006	0	0.0001	−0.0004	0	0.262	0.523
	B	0	23.5	0	0.0524	0.0227	0.0009	−0.0052	0.0154	0	0.262	0.523
	C	0	23.5	0	−1.0107	−0.2767	−0.0105	0.0661	−0.1867	0	0.262	0.523
	D	0	23.5	0	7.3158	1.5049	0.0571	−0.3635	0.9879	0	0.262	0.523
	E	0	23.5	0	−14.7503	−3.4773	−0.1438	0.7532	−2.1258	0	0.262	0.523
	F	0	23.5	0	10.5725	3.6359	0.1023	−0.9445	2.5249	0	0.262	0.523
AC13	A	0	23.5	0	−0.0011	−0.0002	0	−0.0002	0	0	0.262	0.523
	B	0	23.5	0	0.0617	−0.0025	−0.001	0.0014	0.0038	0	0.262	0.523
	C	0	23.5	0	−1.1226	−0.0302	0.0128	−0.0161	−0.0472	0	0.262	0.523
	D	0	23.5	0	7.9309	0.1731	−0.0676	0.0779	0.2561	0	0.262	0.523
	E	0	23.5	0	−16.3312	−0.3768	0.1426	−0.149	−0.5144	0	0.262	0.523
	F	0	23.5	0	11.8603	0.377	−0.1969	0.2186	0.658	0	0.262	0.523
水泥稳定碎石下基层	A	0	23.5	0	−0.0012	0	0	−0.0001	0	0	0.262	0.523
	B	0	23.5	0	0.0617	−0.0004	−0.0009	0.0016	0.0012	0	0.262	0.523
	C	0	23.5	0	−1.1223	−0.0044	0.011	−0.019	−0.0159	0	0.262	0.523
	D	0	23.5	0	7.9404	−0.0245	−0.0583	0.0962	0.0853	0	0.262	0.523
	E	0	23.5	0	−16.4017	−0.0445	0.1134	−0.1811	−0.1742	0	0.262	0.523
	F	0	23.5	0	11.7593	−0.0724	−0.1721	0.2658	0.2267	0	0.262	0.523

2.4.7 结构 S7 的温度场分析

结构 S7 各层温度公式系数的傅里叶级数回归系数汇总见表 2.23。

表 2.23 结构 S7 各层温度公式系数的傅里叶级数回归系数汇总

位置	系数	t_1	t_2	k_1	k_2	k_3	k_4	k_5	k_6	k_7	ω_1	ω_2
路表	A	6	16	−0.0004	−0.0017	−0.0054	0.0006	−0.0006	0.0014	−0.00018	0.628	1.256
	B	6	16	0.005	0.0866	0.1616	0.0042	0.0007	−0.0389	0.0244	0.628	1.256
	C	6	16	−0.393	−1.271	2.0559	0.2107	−0.2039	−0.5264	−0.5979	0.628	1.256
	D	6	16	3.7	8.1644	10.8655	−1.0506	1.1228	−2.906	4.459	0.628	1.256
	E	6	16	−5.822	−13.1356	−24.4161	2.4125	−3.1313	7.7811	−5.766	0.628	1.256
	F	6	16	−0.46	11.769	25.3497	−2.804	2.0481	−536624	2.659	0.628	1.256
SMA	A	6	16	0.00022	−0.0015	−0.0039	0.0013	0.0009	−0.00044	−0.0002	0.628	1.256
	B	6	16	0.0117	0.0709	0.1276	−0.0405	0.0003	−0.0275	−0.033	0.628	1.256
	C	6	16	−0.4672	−1.2081	−1.5325	0.4749	0.002	0.3221	−0.708	0.628	1.256
	D	6	16	4.075	7.9811	8.2164	−2.4977	0.0047	−1.8124	5.091	0.628	1.256
	E	6	16	−6.5527	−13.7942	−18.697	5.7638	−0.3223	5.0722	−7.3113	0.628	1.256
	F	6	16	0.4776	11.4126	20.005	−6.195	−0.2966	−3.4545	4.2664	0.628	1.256
AC20	A	7	17	−0.0001	−0.001	−0.0013	0.0018	0.0001	0.0001	−0.0007	0.628	1.256
	B	7	17	0.0225	0.0539	0.0435	−0.0575	−0.0028	−0.0037	0.0427	0.628	1.256
	C	7	17	−0.594	−0.996	−0.5272	0.6883	0.0321	0.0394	−0.8348	0.628	1.256
	D	7	17	4.6866	6.841	8.8465	−3.6553	−0.2082	−0.2349	5.82	0.628	1.256
	E	7	17	−7.5028	−11.5057	−6.4455	8.1415	0.8236	0.8772	−8.9794	0.628	1.256
	F	7	17	2.2639	8.3087	6.8997	9.1471	−0.1554	−0.2331	6.015	0.628	1.256
AC25	A	8	18	−0.00034	−0.0006	0.0002	0.001	−0.0001	0.0001	−0.0008	0.628	1.256
	B	8	18	0.031	0.0411	−0.0057	−0.0326	0.002	−0.0021	0.046	0.628	1.256
	C	8	18	−0.6923	−0.8337	0.0665	0.3948	−0.0263	0.0259	−0.8845	0.628	1.256
	D	8	18	5.173	5.9677	−0.337	−2.1089	0.1294	−0.1268	6.143	0.628	1.256
	E	8	18	−8.288	−9.8074	0.6977	4.6153	−0.1152	0.1792	−9.85	0.628	1.256
	F	8	18	3.65	5.8505	−0.9275	−5.3113	0.4894	−0.4179	6.632	0.628	1.256

续表

位置	系数	t_1	t_2	k_1	k_2	k_3	k_4	k_5	k_6	k_7	ω_1	ω_2
LSPM	A	0	23.5	0	−0.0002	−0.001	−0.0001	0.0003	−0.0006	0	0.262	0.523
	B	0	23.5	0	0.0152	0.032	0.0025	−0.0098	0.0201	0	0.262	0.523
	C	0	23.5	0	−0.5108	−0.3876	−0.0299	0.1222	−0.2403	0	0.262	0.523
	D	0	23.5	0	4.1874	2.1104	0.1624	−0.6612	1.2705	0	0.262	0.523
	E	0	23.5	0	−5.8357	−4.8806	−0.3807	1.3634	−2.7577	0	0.262	0.523
	F	0	23.5	0	1.3229	5.1346	0.3558	−1.7282	3.2499	0	0.262	0.523
水泥稳定碎石基层	A	0	23.5	0	−0.0003	−0.0001	0	0	−0.0001	0	0.262	0.523
	B	0	23.5	0	0.029	0.0037	−0.0011	0.0012	0.0048	0	0.262	0.523
	C	0	23.5	0	−0.674	−0.0486	0.0127	−0.0125	−0.0605	0	0.262	0.523
	D	0	23.5	0	5.0897	0.2631	−0.0679	0.058	0.3216	0	0.262	0.523
	E	0	23.5	0	−8.0921	−0.6061	0.1416	−0.1097	−0.6654	0	0.262	0.523
	F	0	23.5	0	3.2766	0.6135	−0.1948	0.1678	0.8368	0	0.262	0.523
水泥稳定碎石底基层	A	0	23.5	0	−0.0002	0	0	0	0	0	0.262	0.523
	B	0	23.5	0	0.0272	−0.0011	−0.0006	0.001	−0.0004	0	0.262	0.523
	C	0	23.5	0	−0.651	0.011	0.0074	−0.012	0.0034	0	0.262	0.523
	D	0	23.5	0	4.9792	−0.0605	−0.0385	0.0627	−0.0167	0	0.262	0.523
	E	0	23.5	0	−8.0281	0.1425	0.0694	−0.1211	0.0392	0	0.262	0.523
	F	0	23.5	0	2.6928	−0.1426	−0.1263	0.1758	−0.0399	0	0.262	0.523

2.4.8　结构 S8 的温度场分析

结构 S8 各层温度公式系数的傅里叶级数回归系数汇总见表 2.24。

表 2.24　结构 S8 各层温度公式系数的傅里叶级数回归系数汇总

位置	系数	t_1	t_2	k_1	k_2	k_3	k_4	k_5	k_6	k_7	ω_1	ω_2
路表	A	6	16	0.0004	−0.0017	−0.0054	0.0006	−0.0006	0.0014	−0.00018	0.628	1.256
	B	6	16	0.0034	0.0867	0.168	−0.0008	0.0094	−0.0299	0.0419	0.628	1.256
	C	6	16	−0.338	−1.3874	−1.9977	0.0009	−0.1064	0.344	−0.514	0.628	1.256
	D	6	16	3.7	8.8009	10.5251	0.0832	0.5883	−1.9599	4.4611	0.628	1.256
	E	6	16	−5.8249	−14.5784	−23.5784	−0.2712	−1.9634	5.549	−5.7494	0.628	1.256
	F	6	16	−0.5577	13.2119	24.5768	−0.25	0.8352	−3.5364	2.6714	0.628	1.256

续表

位置	参数	t_1	t_2	k_1	k_2	k_3	k_4	k_5	k_6	k_7	ω_1	ω_2
SMA	A	6.5	16.5	0.0006	−0.0021	−0.0044	0.0011	0	0.0009	−0.00002	0.628	1.256
	B	6.5	16.5	0.00004	0.0895	0.1431	−0.0353	−0.0017	−0.0292	0.019	0.628	1.256
	C	6.5	16.5	−0.3347	−1.4082	−1.6932	0.4157	0.0231	0.3409	−0.5404	0.628	1.256
	D	6.5	16.5	3.433	8.7762	8.8943	−2.1691	−0.1182	1.9121	4.233	0.628	1.256
	E	6.5	16.5	−5.1228	−14.317	−19.7707	4.7954	0.1813	5.4039	−5.3823	0.628	1.256
	F	6.5	16.5	−0.472	11.9232	19.9637	−5.9325	−0.0864	−3.624	2.826	0.628	1.256
AC 20	A	8.5	19.5	0.0004	−0.002	−0.0014	0.0019	0.0003	0.0003	−0.0003	0.628	1.256
	B	8.5	19.5	0.0055	0.0821	0.0405	−0.0586	−0.0068	−0.0076	0.0278	0.628	1.256
	C	8.5	19.5	−0.4007	−1.3257	−0.5314	0.7063	0.1024	0.1174	−0.6554	0.628	1.256
	D	8.5	19.5	3.702	8.3067	2.812	−3.6711	−0.575	−0.6123	4.8798	0.628	1.256
	E	8.5	19.5	−5.187	−13.5204	−6.503	7.9042	1.6285	1.3554	−6.8803	0.628	1.256
	F	8.5	19.5	0.5882	10.3909	5.2223	−8.28	−1.3518	−1.5006	4.104	0.628	1.256
AT B1	A	10.5	20.5	−0.00002	−0.0014	0.0005	0.0008	0.0002	−0.0001	−0.0007	0.628	1.256
	B	10.5	20.5	0.0203	0.0646	−0.0168	−0.024	−0.0075	0.0035	0.0427	0.628	1.256
	C	10.5	20.5	−0.5447	−1.0937	0.1972	0.2835	0.0878	−0.0413	−0.8344	0.628	1.256
	D	10.5	20.5	4.538	7.1309	−0.9878	−1.4758	−0.4453	0.2186	5.798	0.628	1.256
	E	10.5	20.5	−6.6271	−11.4704	1.8721	3.2631	0.8953	−0.5166	−8.7195	0.628	1.256
	F	10.5	20.5	2.4847	7.4093	−2.4024	−2.8186	−1.0435	0.5955	5.4393	0.628	1.256
AT B2	A	0	23.5	0	0.0001	−0.0011	−0.0001	0.0004	−0.0007	0	0.262	0.523
	B	0	23.5	0	0.0164	0.0349	0.002	−0.0128	0.023	0	0.262	0.523
	C	0	23.5	0	−0.5251	−0.4098	−0.0223	0.1501	−0.2702	0	0.262	0.523
	D	0	23.5	0	4.2367	2.1292	0.1121	−0.7534	1.3766	0	0.262	0.523
	E	0	23.5	0	−5.7174	−4.5898	−0.2451	1.4578	−2.7912	0	0.262	0.523
	F	0	23.5	0	1.4844	4.3656	0.1609	−1.3479	3.0033	0	0.262	0.523

位置	系数	t_1	t_2	k_1	k_2	k_3	k_4	k_5	k_6	k_7	ω_1	ω_2
级配碎石	A	0	23.5	0	−0.0002	−0.0002	0	0	−0.0002	0	0.262	0.523
	B	0	23.5	0	0.0274	0.0038	−0.001	0.0014	0.0049	0	0.262	0.523
	C	0	23.5	0	−0.6551	−0.0454	0.0126	−0.015	−0.0589	0	0.262	0.523
	D	0	23.5	0	4.9429	0.2417	−0.0664	0.07	0.3062	0	0.262	0.523
	E	0	23.5	0	−7.4221	−0.5715	0.136	−0.1369	−0.606	0	0.262	0.523
	F	0	23.5	0	2.8855	0.5396	−0.1839	0.2006	0.7733	0	0.262	0.523
未筛分碎石	A	0	23.5	0	−0.0002	0	0	0	0	0	0.262	0.523
	B	0	23.5	0	0.0273	−0.0013	−0.0007	0.0014	0.0001	0	0.262	0.523
	C	0	23.5	0	−0.6513	0.0147	−0.0082	−0.017	−0.0019	0	0.262	0.523
	D	0	23.5	0	4.9264	−0.0619	−0.0414	0.0833	0.0185	0	0.262	0.523
	E	0	23.5	0	−7.6073	0.1843	0.0742	−0.1567	−0.0046	0	0.262	0.523
	F	0	23.5	0	2.6262	−0.187	−0.1299	0.235	0.0333	0	0.262	0.523

2.5　用于性能预测的温度参数值确定

温度场的变化不但对路面结构层的车辙和疲劳寿命有影响，对于路表沥青混凝土层及水泥稳定碎石基层的温缩开裂也起到决定性的作用。为了能保证横向开裂预测的准确性，需要确定面层的温差分布、基层的累积温差分布等特征参数值。可以利用本章得到的温度预测公式，对面层和基层每月的高低温进行计算，确定用于横向开裂预测的温度参数值。

2.5.1　用于疲劳预测的温度参数值

路面结构疲劳寿命受温度影响比较大，具体体现在沥青层的弹性模量上，为了简化模型，确定春秋、夏和冬三个时期的平均温度作为代表值，用来计算路面结构的力学响应，进而预测结构的疲劳寿命。

2.5.2　用于永久变形预测的温度参数值

温度对于永久变形量的影响主要体现在沥青面层的蠕变特性上。为准确预测永久变形量，需要计算各个沥青层在高温季节时的温度日变化值，可以根据本章温度预测公式进行计算。

2.5.3　用于面层开裂预测的温度参数值

由于温差导致面层收缩，在基层的抑制作用下不能自由移动，就产生了温度应力，当温度应力超过沥青混合料极限抗拉强度时，就会产生开裂。开裂后，在车辆荷载作用下向下延伸最终贯通面层，形成 TOP-DOWN 形式的横向开裂。温差值的大小决定了开裂的间距或者说开裂数量。

在高温季节，由于沥青混合料的应力松弛特性，即使较大温差也不会产生开裂，所以只研究最低温度在 0℃ 以下时的季节对开裂的影响。通过温度公式的计算发现，结构组合形式对于路表的温差变化影响不大，所以在预测表面层温缩开裂时，采用表 2.25 中 1 月、2 月和 12 月的温差值。

表 2.25　路表各月温差/℃

月份	3	4	5	6	7	8	9	10	11	12	1	2
温差	19.6	22.5	24.9	24.8	21.5	20.8	19.5	26.6	21.6	18.3	19.7	15.1
最低温度	4.0	11.0	17.6	22.0	24.6	24.0	19.2	13.5	5.9	−1.4	−3.9	−1.0

2.5.4　用于水泥稳定基层横向开裂预测的温度参数值

基层温度变化幅度较小，短时间内的温差对基层的收缩开裂影响不大，所以需要确定基层一年内各月的累积温差。如果基层施工是在最高温的 7 月份，则从 7 月往后开始降温，即处于收缩状态，随着气温的下降，累积的温差越来越大，在 1 月份达到最大值。表 2.26 即为不同施工季节时，基层年累积最大温差值。结构组合的变化对累积温差影响不大，所以，在基层温缩开裂预测时，采用平均值作为累积温差参数值。

表 2.26 基层累积温差/℃随施工月份的变化

结构组合	月份											
	3	4	5	6	7	8	9	10	11	12	1	2
	累积温差/℃											
S1	9.8	18.2	25.2	29.5	31.1	30.3	25.4	19.3	11.0	3.2	0.2	4.2
S2	8.9	17.0	23.8	28.1	29.9	29.1	24.3	18.3	10.2	2.5	0.2	3.3
S3	9.8	17.4	24.4	28.7	30.3	29.5	24.6	18.6	10.4	2.7	0.3	3.6
S4	9.7	17.2	24.1	28.4	30.1	29.3	24.5	18.5	10.3	2.6	0.3	3.5
S7	8.8	16.9	23.7	28.0	29.7	28.9	24.1	18.2	10.0	2.4	0.3	3.2
平均	9	17	24	29	30	29	25	19	10	3	0	4

2.6 小结

温度场的变化不但对路面结构层的车辙和疲劳寿命有影响，对于路表及水泥稳定碎石基层的温缩开裂也起到决定性的作用，另外层间连接强度也随着温度的变化而变化，为了准确预测这些路用性能，有必要对每一种结构的温度场分布进行预测，并对其分布规律进行了总结。本章主要得到以下结论：

（1）对温度场的计算方法进行了综述和分析。

（2）以统计法获得的公式很多，而且根据预测的目的不同，形式上差别很大。本章利用从气象局获取的气象数据和济莱高速试验路段的温度实测值，对其中部分公式进行了验证，结果相差不小，说明统计回归法只是适用于特定的气候、特定的区域，对本项目研究意义不大。

（3）对解析法的原理进行了总结和分析，确定了用于温度计算的各项参数。

（4）对项目所在区域的气象参数进行了总结，并利用七年的太阳辐射和气温资料进行了分析，确定用于有限元计算模型的材料参数值和气象参数值。

（5）利用济莱高速试验段温度观测数据，与有限元计算结果进行对比，分析计算精度和差异的原因，确定了最终数据的取值周期，并且细型沥青混合料的材料参数与其他不同，需要进行一定的调整。

（6）对青临高速八个试验段的路面结构进行建模，计算温度数值，并且按照

0.5h 的频率对不同深度处每个月的温度取值进行整理，然后得出结论：温度值随时间和深度的变化规律与其他人员的研究成果一致，但是具体数值有所不同。30cm 深度以下的温度基本在一天内不发生变化，所以在研究温度骤降导致的收缩开裂时，只考虑面层即可，基层不会发生很大的变化，开裂概率非常小。基层的收缩开裂可以参考一年内温度的差值变化规律。

（7）将各个月份中同一时刻的温度值绘图，其变化规律符合五次多项式形式；然后对每个结构不同深度、一天 24 小时内不同时刻的每月平均温度值进行分析和公式回归，对回归的六个参数进行汇总，发现随着深度的变化参数值发生变化，且具有一定的规律性，利用 MATLAB 软件将参数值的变化规律用傅里叶级数的分段函数进行回归，汇总回归系数，最终得到各结构组合的温度场计算公式。

（8）利用温度场计算公式，得到了用于性能预测的温度参数值，为确定路面结构各种性能的变化规律奠定基础。

第 3 章　永久变形量的变化规律及预测

3.1　概述

3.1.1　研究背景和目的

车辙的存在会使车辆在雨天行驶时产生滑移，影响安全性，因此当车辙达到一定量时（我国高速公路规定为 15mm）就必须进行路面修复。车辙量的准确预测不但为衡量路面结构和材料的设计质量提供基础，而且对于路面的养护时机和经费投入分析也有很大的帮助。

目前我国控制路面结构车辙的方法主要是从材料的质量和配合比的设计上进行，结构设计方面涉及的比较少。

车辙由路基、粒料基层及沥青混合料层各自的永久变形组合而成，因此为了能准确预测，研究者分别就各层材料特点提出了相应预估方法。对于路基、基层的永久变形，通常是利用三轴试验或承载板试验建立永久变形同荷载及材料特性之间的统计关系。随着施工技术的提高、施工质量控制以及半刚性基层的广泛应用，路基和基层的变形在路面总变形量中所占比例越来越低，而沥青面层变形成为车辙的主要组成部分。沥青层的车辙类型有：结构失稳型、磨耗型、压密型和剪切流变型，在我国以后两种为主。国内外对于剪切流变型的变形研究较多，并且建立了很多预测模型，但是对于二次压密产生的变形规律研究较少，没有具体的预测模型。

从现今的路面设计方法来看，车辙预测模型无论是基于怎样的理论构成的，它必须遵循经验和力学相结合的原则（因为纯力学的模型在道路材料中是不准确的）。国内外预估沥青路面在使用期间的车辙深度基本上有三类方法：经验法、力学—经验法、力学分析法。经验法是通过对多条道路的交通流特征、温度场特征以及路面材料特点进行多年的车辙量观测，然后经过统计回归得出经验型预测模型，此种模型区域应用性比较强，对于观测地区的路面车辙预测比较准确，但是移植性比较差。理论法一般通过试验测定路面材料的性质参数，利用各种力学理论计算路面内部的应力、应变，然后建立反映路面材料的永久变形同应力之间的关系的车辙预估模型，此种模型由于材料参数取值、计算模型的精确度等问题，预测结果与实际有一定的出入，用于准确的预测还需要进一步的完善。力学—经验法就是基于以上两种方法的优点产生的，利用现场实测数据对理论计算模型进行修正后，得到的预测结果精度比较高。

通过对永久变形产生原因及研究现状的分析可知，温度和荷载及作用时间是引起车辙的三个外在的重要因素。温度是引起沥青混合料产生流变的前提，会影响到沥青的黏度和抗剪切流变的能力。荷载因素是引发路面初期损坏的另一个直接原因。在交通繁重的车道上，车辙损坏严重；而在荷载较小的车道上，虽然车速很慢，路面空隙率也较大，但车辙现象要少得多。作用时间的影响体现在车速上，理论计算结果表明高轮载和高胎压均会导致沥青面层内的剪、压应力增大，更容易引起车辙；速度越慢，行车荷载作用时间越长，车辙越严重。

本章拟通过对现有的永久变形预测模型的分析，选取合适的模型对沥青面层、粒料基层和土基分别进行变形量的预测，并考虑到二次压密对变形量的影响对预测模型进行调整，最后通过青临高速的八种结构试验段的实测数据对预测模型进行修正，提出适合八种结构形式的永久变形预测模型和预测程序。

3.1.2　国内外研究现状分析

永久变形由路基、粒料层和沥青层三层产生，与各层的材料性质与结构组合有很大的关系。经过对目前国内外永久变形预测模型的分析总结，可知涉及的基本理论包括：温度场分布理论、分层应变总和法、安定理论、黏弹塑性理论等，所涉及的因素分为两个部分：外界因素和材料因素，其中外界因素包括温度和荷载作用次数及大小，材料因素包括原材料的特性、混合料蠕变模量、层厚度以及在荷载作用下的应力应变。为了能准确预测整个路面结构的永久变形量，必须先对每一层材料的变形特点和规律进行研究，然后根据结构组合特点和环境因素分析每层的应力状态，得出总的永久变形量与荷载次数的关系。

3.1.2.1　沥青面层的永久变形预测

沥青面层的永久变形由表面磨耗、剪切流变和二次压密产生。其中表面磨耗是由材料的特性导致的，在施工过程中加以控制，现在已经很少出现；剪切流变是永久变形的主要成因，也是研究最多的一个因素，因为就目前的路用材料特点，在高温下剪切流变是不可消除的；二次压密产生的永久变形以前并不被人重视，但是近年来，由于此种原因产生的车辙却不容忽视，这跟施工时压实的控制密切相关，尤其在我国，二次压密产生的车辙能占到总车辙的 10%还多，所以有必要对其变化规律和影响因素进行深入的分析。

1. 经验回归法

经验法又可以称作统计法，利用试验路或者室内试验数据，采用数理统计方法建立沥青路面车辙深度与环境条件、路面材料参数、荷载作用次数之间的经验模型。

（1）基于室内车辙板试验的经验回归法。基于室内试验的经验回归法试验成本低，能够得到足够多的数据，在不具备现场试验路的条件下一直是研究者比较热衷于采取的一种方法。

1997 年 Shami 等人基于 GLMT 车辙实验数据，回归得到了车辙深度与温度及加载次数的函数，见式（3.1）：

$$\frac{R}{R_0} = \left(\frac{T}{T_0}\right)^{\alpha} \cdot \left(\frac{N}{N_0}\right)^{\beta} \tag{3.1}$$

式中：R——T 及 N 条件下的预估车辙深度；

R_0——T_0 及 N_0 条件下的车辙深度；

α，β——模型回归系数；

N_{it}——在时间 t 时，路面断面 i 上的累积交通量。

公式（3.1）过于简单，考虑的因素偏少，为了能够适用于各种条件下的沥青混合料，后来 Shami 等人又采用了与实际更贴近的试验方法和设备，并且在公式（3.1）的基础上增加了厚度和压力的影响，基于 APA 轮辙仪试验结果建立了更精确的车辙预估模型，见式（3.2）：

$$\frac{rd}{rd_0} = k_1 \left(\frac{T}{T_0}\right)^a \left(\frac{p}{p_0}\right)^b \left(\frac{N}{N_0}\right)^c \left(\frac{h}{h_0}\right)^d \tag{3.2}$$

式中：rd——辙深；

T——温度；

P——压力；

N——次数；

h——层厚；

k_1——修正系数。

带有下标 0 的为标准轮辙试验时相应变量的符号。

2007 年，同济大学曹林涛[64]参考了上述的公式形式，对于不同类型的混合料通过改变试验条件，进行了大量的室内车辙试验，并将结果进行整理，回归得到各参数，得到的结果见表 3.1。

表 3.1　车辙预测模型回归系数

系数	a	b	c	R^2	s	n
普通沥青混合料	2.496	1.354	0.484	0.866	0.160	362
改性沥青混合料和 SMA	2.631	1.859	0.651	0.748	0.260	189
沥青混合料（综合）	2.525	1.442	0.523	0.812	0.201	551

2010 年，白琦峰等[65]通过对表 3.1 中回归系数进行验证，发现出入比较大，增加试验量后重新进行标定，并增加了常数项，回归系数见表 3.2。然后先利用 AASHTO 设计方法的预估模型对此模型进行标定和修正，再利用少量观测路段的车辙实测值进一步地进行系数修正，得到公式（3.3）的预估模型。但是此模型需要收集更多的车辙量实测数据进行补充验证和修正模型参数。

表 3.2　调整后的车辙预测模型回归系数

系数	a	b	c	d	R^2	n
普通沥青混合料	3.132	1.480	0.468	0.784	0.86	292
改性沥青混合料	2.239	1.688	0.300	0.961	0.71	604
沥青混合料（综合）	2.766	1.355	0.373	0.888	0.83	596

$$RD = 1.572RD_0 \left(\frac{T}{T_0}\right)^{2.766} \left(\frac{p}{p_0}\right)^{1.355} \left(\frac{N}{N_0}\right)^{0.373} \left(\frac{v}{v_0}\right)^{0.888} \left(\frac{h}{h_0}\right) - 0.794 \quad (3.3)$$

基于车辙板试验的回归公式采用类比的方式，参数明确，形式易于理解，但是并不涉及剪切流变的机理，并且没有大量的现场实测数据验证，所以其准确性值得商榷，适用范围比较窄。

20 世纪 80 年代 A.Wijeratne[66]通过对混合料进行三轴试验，建立了沥青层的永久变形同荷载及材料性能之间的统计关系式，在此基础上，结合路面结构应力分析及有关的材料性能试验，确定荷载作用下产生车辙的预估公式（3.4）：

$$\lg \varepsilon_p = c_0 + c_1 \lg N \tag{3.4}$$

式中：ε_p——沥青混合料层竖向永久变形；

c_0，c_1——沥青混合料特性及受力状况参数；

N——重复加载次数。

公式（3.4）的形式更简单，参数更少，虽然通用性更差，但是它基于材料的剪切流变特性理念提出，具有一定的意义。在此基础上，长安大学付元坤根据组合结构试件在不同温度下的车辙试验结果和重复加载永久变形实验结果，回归得到模型（3.5）：

$$RD = 0.7536 N^{0.2572} \cdot e^{0.0242T} \cdot \left(\frac{\varepsilon_p}{F_n}\right)^{0.3719} \tag{3.5}$$

式中：RD——沥青层总变形，mm；

N——轴载作用次数；

ε_p——沥青层永久变形；

F_n——流变次数。

公式（3.5）结合了蠕变试验和车辙试验，与公式（3.1）～公式（3.3）相比在形式上有了很大的变化，更加客观一些。但是其准确性和适用性仍然值得商榷。

（2）基于室外试验和路室内足尺试验段的经验回归法。室内试验得出的结果与路面实际情况出入较大，为了使经验回归公式更加准确，部分研究人员利用现场试验路或者室内足尺试验路实测车辙数据，进行统计回归。

Archilla 就根据 AASHTO 路面数据，提出了下面的统计车辙预估模型，见式（3.6）：

$$D_{R_{it}} = \delta_i + a_i(1 - e^{b_i N_{it}}) \tag{3.6}$$

式中：$D_{R_{it}}$——在时间 t 时，断面 i 的车辙深度，mm；

δ_i——路面断面 i 竣工时源于下卧层的车辙深度，为一个与全部初始车辙深度相关的观测值；

a_i, b_i——路面特性函数；

N_{it}——在时间 t 时，路面断面 i 累积荷载重复次数。

2000 年，东南大学黄晓明对室内环道实验结果进行回归分析，建立了反映车辙深度与沥青层厚度及加载次数之间关系的预估模型，见式（3.7）：

$$RD = H^{0.696}(a + b \lg N) \qquad (3.7)$$

式中：a,b——回归系数；

H——沥青层厚度；

RD——车辙深度。

孟书涛利用了加速加载设备在室外对两条路进行了接近五年的试验，也得出了类似的车辙变化规律。

经验法建立的车辙预估模型直接来源于实测数据，对特定情况精度很高；但是考虑的结构类型很少，甚至没有涉及沥青混合料的力学参数，故不能深入地概括沥青混合料的力学性能，因此其外延性较差，适用面窄，只能适用于非常具体的环境。但是基于室内试验的经验预测模型是其他模型的基础，简单易行，在精度要求不高的情况下可以应用。

2. 力学－经验法

经验回归法注重表象，单纯地对数据按照数理统计的原理进行处理，反映不出材料在荷载和环境条件作用下的内在力学性能变化规律。就目前的水平而言，只利用力学方法进行变形的预测也不现实，结果对材料性质的依赖性太强，需要现场实测数据进行修正。所以最好的解决方法就是采用力学－经验法：利用室内试验得到材料的力学参数，结合有限元软件进行应力应变的计算，利用现场的实测数据对预测结果进行修正。力学经验法预测模型各种各样，主要区别在于采用的力学机理和指标的不同。其中涉及的主要理论有：层状体系、分层应变综合法、弹性理论、塑性理论、黏弹塑性理论和剪应力理论等。

（1）层状弹性体系与弹性力学相结合的力学经验法。AASHTO 设计方法采用分层应变总和法对永久变形量进行预测。沥青混合料塑性应变可以认为是温度和轴载次数的函数，表示见式（3.8）：

$$\frac{\varepsilon_p}{\varepsilon_r} = aT^b N^c \qquad (3.8)$$

式中：ε_p——N 次轴载下的塑性应变；

ε_r——回弹应变，是混合料特性、温度和荷载时间的函数；

N——轴载作用次数；

T——路面温度；

a,b,c——非线性回归系数。

在工程实践中，需要加以修正，即式（3.9）：

$$\frac{\varepsilon_p}{\varepsilon_r} = \beta_{r1}aT^{\beta_{r2}b}N^{\beta_{r3}c} \tag{3.9}$$

对此，Leahy 对 250 个 AC 试样，2860 个应变数据进行大量的回归分析，得出公式（3.10）：

$$\log\left(\frac{\varepsilon_p}{\varepsilon_r}\right) = -6.631 + 0.435\log N + 2.767\log T + 0.110\log S + 0.118\log\eta \tag{3.10}$$
$$+0.930\log V_{beff} + 0.5011\log V_a$$

式中：ε_p——永久应变；

ε_r——回弹应变；

N——轴载作用次数；

T——混合料的温度，℉；

S——应力分量，psi；

η——华氏 70 度时的黏度，10^6poise；

V_{beff}——有效沥青体积百分率，%；

V_a——空隙率，%。

从敏感性分析结果来看，温度是最重要的变量。该模型对荷载、材料类型及其他混合料参数反映不足。从统计学角度看，该模型的相关性系数可达 R^2=0.76，但是该模型只研究有限个数的混合料类型以及某些相互独立的变量，这就限制其实用性。

Ayres 分析 Leahy 和马里兰大学 Dr.M.W.Witczak 的数据，推荐相关性系数 R^2=0.725 的模型，见式（3.11）：

$$\log\left(\frac{\varepsilon_p}{\varepsilon_r}\right) = -4.80661 + 2.58155\log T + 0.429561\log N \tag{3.11}$$

分析认为新模型忽略了其他四个变量的影响，导致相关性系数略有下降（3%），但是公式更加简洁，更方便应用。

最后，在 NCHRP9-19 "Superpave 模型" 计划中，更加充分地阐述了 Kaloush

所研究的材料、温度和应力水平参数。Kaloush 研究包括 Leahy 的原始数据和 NCHRP9-19 的研究结果在内的数据库，对 3476 个永久应变数据进行回归分析，根据考虑的变量个数提出不同的计算模型[67]，见式（3.13）：

$$\log\left(\frac{\varepsilon_p}{\varepsilon_r}\right) = -3.15552 + 1.734\log T + 0.39937\log N$$

（3.12）

$$R^2 = 0.644 \quad S_e = 0.321 \quad \frac{S_e}{S_y} = 0.597$$

或者

$$\log\left(\frac{\varepsilon_p}{\varepsilon_r}\right) = 0.3082 + 0.3534\log N$$

（3.13）

$$R^2 = 0.550 \quad S_e = 0.363 \quad \frac{S_e}{S_y} = 0.675$$

可以看出，因为温度是影响永久变形的一个重要原因，考虑温度影响的模型的相关性系数比不考虑温度影响的提高 10%。2004 年 Witczak 等人在前人研究的基础上提出了公式（3.14）的车辙预估方法，所以 AASHTO 设计指南 2002 最终采用的也是这个模型，沥青混合料层的永久变形可表示为公式（3.15）：

$$\frac{\varepsilon_p}{\varepsilon_r} = 10^{-3.15552} N^{0.39937} T^{1.734}$$

（3.14）

在工程实践中，加以修正，即

$$\frac{\varepsilon_p}{\varepsilon_r} = \beta_{r1} 10^{-3.15552} T^{1.734 \times \beta_{r2}} N^{0.39937\beta_{r3}}$$

（3.15）

式中：β_{r1}、β_{r2}、β_{r3}——修正系数。

沥青混凝土层竖向回弹应变按式（3.16）求解：

$$\varepsilon_{rz} = \frac{1}{|E^*|}\left(\sigma_z - \mu\sigma_x - \mu\sigma_y\right)$$

（3.16）

式中：E^*——动态弹性模量。

总的车辙深度可以根据公式（3.17）计算：

$$R_d = \sum_{i=1}^{n} \Delta R_{d_i} = \sum_{i=1}^{n} \varepsilon_{p_i} \Delta h_i$$

（3.17）

该模型考虑的因素较为全面，模型中考虑了温度、荷载、加载频率及材料性能的影响，此外采用了大量的现场数据进行模型标定。但是该模型也存在一些缺陷：该模型是由砂和土基的永久变形预估发展而来的，但是砂和土的永久变形产生及发展的机理与沥青材料差别很大，这种模型形式本身并不合理；模型中关于行车速度对车辙深度影响的简化也不合理；此外，模型标定过程中采用的数据具有一定的地域性。

其实，在形如公式（3.17）的所有公式中，并没有准确地体现塑性应变的机理，只是回归出了塑性变形与弹性变形比例的变化关系，所以在公式（3.17）中只要知道温度、作用次数以及弹性应变就可以计算出某一层的塑性永久变形。从某种角度来说，此种形式的预测模型是层状体系和弹性力学相结合的方法。

（2）层状弹性体系与塑性力学相结合的力学经验法。根据弹性层状理论体系预估沥青层的永久变形，在国际上最有影响的当推壳牌（shell）法。壳牌车辙预估方法是在大量的蠕变试验、轮迹试验和一系列假设的基础上建立起来的。假定沥青混合料的变形是由于相邻矿质集料间的相对滑移所形成的，假定蠕变试验测定的沥青混合料劲度模量与沥青劲度的关系等同于反映沥青混合料永久变形特性的黏滞劲度模量与反映沥青永久变形特性的黏滞劲度的关系。这一方法采用分层总和法概念，将沥青层划分为若干薄层，应用线弹性层状理论分析各薄层的竖向应力，利用无侧限单轴静载蠕变试验确定沥青混合料的蠕变模量，并考虑到动态荷载与静态荷载对路面作用的差异，提出了车辙计算的动态修正系数，按照式（3.18）计算沥青层的永久变形：

$$\Delta h = c_m \sum_{i=1}^{n} \frac{(\sigma_{av})_i}{(S_{mix.\eta})_i} h_i \tag{3.18}$$

式中：Δh ——沥青层的永久变形；

c_m ——动态修正系数；

$(\sigma_{av})_i$ ——第 i 亚层的平均压应力；

$(S_{mix.\eta})_i$ ——第 i 亚层沥青混合料的黏滞劲度；

h_i ——沥青层第 i 亚层的厚度。

壳牌车辙预估方法简单实用，是目前应用最为广泛的车辙预估方法之一。但该模型还存在如下缺陷：假定的永久应变和应力水平的线性关系与被证明的线性对数关系之间具有较大的矛盾；动态影响修正因子的引入使永久变形预测值增大，这与理论上静载比动载的危害更大这一论点相矛盾。这是因为公式中并没有考虑到蠕变的时间或者不同速度荷载的作用时间大小。

我国西安公路交通大学在"八五"国家科技攻关专题研究中进行了沥青路面的车辙预估模型的研究，按照实际沥青路面车辙深度的测量方法，测量了车辙试件的轮辙深度。试验中由于车轮的推挤作用使沥青混合料产生剪切破坏而发生黏性流动，使轮迹两侧出现隆起现象，经测量发现隆起量是试件减薄量的一半，认为在进行车辙深度预估时应考虑轮迹两侧的隆起量，以符合实际路面测量车辙深度时的情况。车辙预估模型以弹性层状理论体系和流变学模型分析为基础，结合沥青混合料的变形特性，提出了包括沥青层减薄量和侧向隆起高度的车辙深度预估方程[68]，见式（3.19）：

$$RD = \left[\sum_{i=1}^{n} c_{di} \left(\frac{2p\delta}{S_{mix,p}} \times \Delta W_i \right) \right] (1 + K_L) \tag{3.19}$$

式中：RD——车辙深度；

$S_{mix,p}$——第 i 亚层沥青混合料黏性劲度模量；

K_L——侧向隆起系数，$K_L = 0.5$；

c_{di}——第 i 亚层沥青混合料动态修正系数；

n——沥青层的亚层总数；

p——标准双轮荷载接地应力，对于 BZZ-100，$p = 0.7$MPa；

δ——标准双圆荷载当量圆半径，对于 BZZ-100，$\delta = 10.65$cm；

ΔW_i——弯沉差异系数。

该模型与 shell 的预估模型类似，也采用弹性层状体系理论进行路面内的应力计算，采用蠕变试验确定沥青混合料的劲度模量；虽然考虑了动载效应和材料的侧向隆起流动，但是均具有很大的经验性，因此其可靠性并不高，并且在实践中确定材料的参数也比较困难。

1994 年，我国东南大学李一鸣[69,70]根据弹性层状体系理论，对多层路面结构在单圆均布垂直荷载作用下结构层内的应力分析指出：沥青混凝土剪切变形和体积变形同时依赖于平均法向应力 σ_m 和剪应力强度 τ_i，影响车辙变形的主要因素是沥青混凝土层内流动强度场 τ_i / σ_m。他从宏观变形特性上分析了车辙形成机理，即在单圆荷载作用下，沥青层分为密实流动域和流动松胀域两个区域，并以轮印边缘沿厚度方向构成的圆柱面为界面，密实流动域内的混合料经界面流向松胀域，最终造成密实流动域下沉和流动松胀域拱起，并对 162 组车辙试验数据进行回归分析，采用半理论、半经验的方法建立了指数型的车辙预估模型，见式（3.20）：

$$\Delta H = 14.1178 t^{0.222463} \frac{K^{0.591934}}{DS_5^{0.463839}} \tag{3.20}$$

式中：ΔH——沥青面层永久变形；

　　　t——荷载作用时间；

　　　K——流动动力参数，其物理意义为外力使沥青混合料流过单位弧段 S 柱面的推动力；

　　　DS_5——车辙变形阻抗动稳定度。

该模型考虑了车辙的横向流动变形，通过压应力及材料的剪应力强度可以反映路面结构组合对车辙深度的影响，比较符合实际；但是该模型采用了动稳定度作为评价沥青混合料抗永久变形的主要指标，而动稳定度指标并不能有效地反映沥青混合料抗永久变形能力；此外，该模型的流动动力参数计算过于复杂。

此类预测模型以 shell 设计法为代表，结合 Bisar 软件计算各层的弹性应力，在材料的特性方面考虑到塑性，通过黏性劲度模量来表征。

（3）考虑材料粘弹塑性的力学经验法。粘弹性沥青混合料的力学特征主要表现在以下三个方面：

1）材料的力学特征与加载速度有关，随着加载速度的增加，材料的强度和刚度均增大。

2）材料的力学特征对温度十分敏感，随着温度的升高，材料的物理特征表现为变软，强度与刚度变小。

3）材料具有十分明显的蠕变与应力松弛现象[71,72]。

1979 年，Huschek 采用修正的麦克斯维尔模型[73]来表征沥青混合料的变形特征，采用弹性层状体系程序 Bisar 计算路面内的应力、应变分布，结合所选用的流变学模型根据行车速度巧妙地将静态应力、应变转化为粘弹性的应力、应变。在此基础上提出了如下的车辙预估公式，见式（3.21）：

$$\Delta h = \int_0^t \int_0^h \varepsilon(z,t) \mathrm{d}z = \int_0^t \int_0^h \sigma(z,t)/\eta(t) \mathrm{d}z \cdot \mathrm{d}t \tag{3.21}$$

式中：Δh——面层的车辙；

$\varepsilon(z,t)$——面层深度为 z 处的永久应变；

$\sigma(z,t)$——面层深度为 z 处的竖向压应力；

$\eta(t)$——表征沥青混合料面层永久变形特性的模型参数，即模型中粘壶元件的黏度；

t——加载时间。

该方法考虑了材料的非线性以及行车荷载作用下沥青路面的时间硬化现象，可以反映沥青混凝土的侧向流动变形。但模型过于简单，粘弹性应力位移都是通过弹性解转化而来，这是否与沥青混合料的变形特性一致尚值得研究，且材料参数的确定比较复杂。

1983 年，Jacob Uzan[74]采用粘弹性层状理论体系求解路面的应力与位移，再结合室内外试验，统计出沥青层的永久变形同路表弯沉、材料特性参数及荷载之间的经验关系式，见式（3.22）：

$$RD = \frac{a_1}{W(1+a_2)}\delta N^{1+a_2} \tag{3.22}$$

式中：RD——沥青面层永久变形；

W——路面弯沉系数；

δ——双轮动态荷载下的路面弯沉；

a_1、a_2——路面材料和结构尺寸。

1990 年，许志鸿、林绣贤等人采用粘弹性层状标准理论和 Laplace 变换计算路面结构的永久变形。将路基路面看成粘弹性层状体系，通过 Laplace 变换的初值定理和终值定理计算卸载回弹变形值和加载时的总变形，最终车辙计算公式为（3.23）：

$$R_L = W(\infty) - W(0) \tag{3.23}$$

式中：R_L——车辙深度；

$W(\infty)$——加载时的总变形；

$W(0)$——卸载时的回弹变形值。

该方法采用弹性层状体系的基本理论，通过代入粘弹性算子，求得路面的在加载和卸载状态的位移差，即为车辙。该方法存在以下缺陷：与实际道路的受力模式相距甚远，只考虑了垂直变形而未能考虑车辙的侧向流动变形；此外，理论模型与现场之间缺少必要的修正过程。

1991 年 SHRP 计划提出了基于沥青混合料流变学理论的永久变形模型，表示为累积塑性应变同荷载重复次数的对数直线关系[75]，见式（3.24）：

$$\log \varepsilon_p(N) = \log \varepsilon_p(1) + S \cdot \log N \qquad (3.24)$$

式中：$\varepsilon_p(N)$——作用 N 次荷载后的累计应变；

$\quad\quad S$——$\log \varepsilon_p(N) - \log N$ 曲线的斜率；

$\quad\quad \varepsilon_p(1)$——荷载作用一次产生的永久应变。

该模型对沥青混合料车辙的产生机理认识不合理，将沥青混合料的车辙变形归结于沥青混合料的压密变形，没有充分地考虑塑性流动变形的影响；模型仅考虑了材料特性和轮载作用次数两项，模型形式过于简单，不能解释路面结构组合对车辙深度的影响；此外，该方法没有合理地考虑温度对车辙深度的影响。

我国同济大学徐世法[76]根据沥青混合料流变特性，以粘弹性层状理论为基础，采用了粘弹性"关系取代法"，将弹性力学中的物理方程以粘弹性体的应力应变关系取代，建立了修正的 Burgers 流变学本构模型，将 Burgers 模型中表征材料黏性流动变形特性的外部粘壶元件扩展为广义粘壶，其黏度为时间的函数而不是常数，提出四单元五参数模型。该模型所表征的黏性流动应变的增量随时间而减小，当加载时间为无限长时，应变增量为零，应变趋于稳定值而不是无穷大，有效地表征了沥青混合料的"固结效应"。公式（3.25）为该模型加载和卸载时的应力应变关系。

$$\varepsilon_L = \sigma_0 \left(\frac{1}{E} + \frac{1-e^{-Bt}}{AB} + \frac{1-e^{-\tau t}}{E_1} \right)$$

$$\varepsilon_U = \sigma_0 \left[\frac{1-e^{-Bt_0}}{AB} + \frac{(1-e^{-\tau t_0})e^{-\tau(t-t_0)}}{E_1} \right] \qquad (3.25)$$

将这一流变本构关系利用粘弹性层状理论体系求解出沥青层在车辆荷载作用下的竖向位移 W_P，考虑沥青面层的温度、车辆轴载作用时间、路面的侧向隆起高度、轮迹横向分布和车辆动荷载等因素，按照式（3.26）计算车辙深度：

$$RD = W_P(1 + K_L)C_d \qquad (3.26)$$

式中：RD——车辙深度；

$\quad\quad K_L$——侧向隆起系数；

$\quad\quad C_d$——动态修正系数；

$\quad\quad W_P$——沥青层竖向永久变形。

该模型可以近似地反映沥青混合料的粘弹性特征，但是需要较多的参数，而材料参数的确定却是一件相当复杂的工作，就工程应用而言，得到准确的参数实现起来比较困难，如果参数误差较大必然造成较低的模型精确度，因此该方法很难广泛应用。此外，该方法中隆起系数的确定过于简单。

1994 年 Sousa 等人建立了一个非线性的粘弹塑性模型[77]。在该模型中，粘结料的变形采用 Maxwell 单元并联而成的粘弹性元件反映，骨料的变形用弹塑性元反映，采用 Von Mises 塑性力学模型及其相关的流动准则，结合相关实验，得到了车辙深度和最大永久剪应变之间的关系，见式（3.27）：

$$RD = \mu \cdot \gamma_{max} \qquad (3.27)$$

式中：RD——车辙深度；

γ_{max}——最大永久剪应变；

μ——系数。

该模型考虑了剪应力对车辙的影响，同时考虑了材料的非线性。它的缺点是由于采用了 Maxwell 粘弹性模型，卸载后大多数应变恢复，导致预估结果与实测数据不符合。

1994 年，东南大学研究生韦苒继承了这一方法并加以修正[78]，采用四单元五参数模型。经过分析得知，四单元五参数模型对应的沥青混合料的卸载变形恢复值与 Van der poel 模型表征的沥青混合料卸载变形恢复值相等，从而采用四单元五参数模型和 Van der poel 模型分别模拟沥青混合料加载变形过程和卸载变形恢复过程，运用粘弹性有限元法进行车辙计算。

（4）考虑材料剪应力的力学经验法。20 世纪末期，人们开始提出另外一种思路：认为层内剪应力的大小决定了车辙量的大小。国内外学者开始对剪应力的分布规律进行各种研究。

2000 年 Monismith 提出了一种层应变的替换方法用来描述沥青路面的车辙行为，在这种方法中把路面模拟成多层弹性体系，沥青混凝土模量由恒定高度的重复荷载简单剪切试验（RSST-CH）得到[79]。假设车辙由剪应变控制，计算假设在轮迹边缘下 50mm 深度处的永久（非弹性）剪应变的累积剪应变，非弹性的剪切变形的累积以 1h 作为基础计算，然后计算非弹性的剪切变形的相应车辙深度。这种方法的优点是考虑了轮胎边缘下的剪切变形；缺点是其为基于非线性的弹性理论，且无标准。

2007 年，同济大学朱云升[80]根据国内外现有研究成果，以荷载类型、加载方式、温度水平等为主要试验条件进行了室内单轴重复加载蠕变试验。以 AASHTO 沥青混凝土路面车辙预估模型为基础提出了考虑路面结构最大剪应力水平和沥青混合料孔隙特性的沥青面层变永久变形预估模型，见式（3.28）：

$$\frac{\varepsilon_p}{\varepsilon_r} = 10^{-3.62783} \cdot T^{1.62826} \cdot \tau_{\max}^{0.12539} \cdot N^{0.40135} \cdot V_a^{0.45286} \tag{3.28}$$

2007 年，同济大学苏凯[81]采用亚层变形叠加的基本思想，提出了一种综合考虑了温度、作用次数、材料性质、荷载、行车速度以及路面结构等因素的车辙预估方法，见式（3.29）：

$$RD = \sum_{i=1}^{n} \Delta RD_i = \sum_{i=1}^{n} 10^{-5.542} \cdot T_i^{2.524} \cdot \left\{ \frac{0.58}{V} \cdot N_V \right\}^{0.752 \cdot \left(\frac{\tau_i}{[\tau]_i} \right)^{0.468}} \tag{3.29}$$

式中：RD——沥青层总变形，mm；

T_i——沥青路面温度，℃；

τ_i——沥青路面在行车荷载作用下产生的最大剪应力，MPa；

$[\tau]_i$——沥青路面材料抗剪强度，MPa；

N_V——V 速度下轴载作用次数；

V——行车速度，km/h。

该模型虽然考虑了抗剪性能，但其中行车速度与车辙变形量之间的相互关系有待于进一步的研究。

2009 年，同济大学汤文[82]采用 VB 编写了基于遗传算法的沥青路面车辙预估模型参数求解程序，结合车辙试验结果、抗剪试验结果以及剪应力计算结果确定了基于室内车辙试验的沥青路面永久变形预估模型的参数系数，考虑到行车速度对沥青路面永久变形的影响，对预估模型进行了改进，在预估模型中加入了行车速度这一参数。结合蠕变分析中的隆起系数分析结论，将永久变形预估模型转变为车辙预估模型，见式（3.30）：

$$RD = (1 + L_P) \sum_{i=1}^{n} 10^{6.989} \cdot T_i^{3.4869} \cdot \left\{ V^{-2.1984} \cdot N \right\}^{0.8335 \left(\frac{\tau_i}{[\tau]_i} \right)^{0.6217}} \tag{3.30}$$

式中：RD——沥青层总变形，mm；

L_P——隆起系数，半刚性基层沥青路面取 0.505，柔性基层沥青路面取 0.330；

T_i——沥青路面温度，℃；

  τ_i——沥青路面在行车荷载作用下产生的最大剪应力，MPa；

  $[\tau]_i$——沥青路面材料抗剪强度，MPa；

  N——轴载作用次数；

  V——行车速度，km/h。

  该方法涉及材料剪应力，但是车辙预估模型中的剪应力计算比较复杂，实际应用过程中计算各亚层的剪应力不太容易实现。并且建立的沥青路面车辙预估模型形式比较复杂。

  同济大学鲁正兰博士通过室内车辙试验进行了车辙深度和车辙板内剪应力的回归分析，结果表明车辙深度和剪应力之间的指数关系相关性最好。

  塑性应变模型见公式（3.31）：

$$\varepsilon_p = 10^{-13.740} N^{0.467} p^{3.167} T^{2.236} \tag{3.31}$$

  基于剪切流变理论的永久变形预测模型形式各种各样，从另一个方面说明对于车辙的预测存在着很大的难度和不确定性。这些公式中用作用次数表征作用时间，温度表征材料的弹性模量和蠕变特性，弹性应变也表征材料的弹性特征，所以在这些预测模型中存在一些共同的缺陷：指标之间不独立，相互影响；对于温度场实时变化的路面结构，温度的确定不准确；虽然考虑了黏弹塑性，但是在公式中没有很好地体现出来，尤其是作用时间对变形的影响。这些缺陷的存在导致了预测结果也不尽相同。

  模型中考虑各种因素影响是对的，但是没有很好地将其作用表示出来，如何才能做到准确预测，仍旧是个很大的难题。本章对于沥青面层的永久变形预测首先从室内的蠕变试验开始，对各层温度依赖性材料进行蠕变参数和动弹性模量的确定；将作用次数转化为荷载作用时间；然后根据第 2 章中计算的结构层实时温度场数据，采用 ABAQUS 有限元软件对沥青面层不同时间的剪切流变进行计算，并对其变化规律进行分析。

  除了剪切流变产生永久变形外，沥青面层的二次压密也会对车辙量产生很大的影响，目前对于二次压密产生的车辙预测研究较少。本章拟设计压密试验，分析二次压密对车辙量的影响规律。

3.1.2.2 粒料基层及路基的永久变形预测

  粒料基层是产生路面永久变形的另一种材料，尤其对粒料基层位于半刚性或者刚性基层上方的倒装结构影响更大。而路基的永久变形在目前的结构组合中出现比较少，因为半刚性或者刚性基层承担了大部分的竖向应力，分散到路基表面时压应力已经很小，不足以产生很大的永久变形。所以本章以研究粒料层的变形为主。

粒料基层无黏结材料，性能受温度影响很小。但是这种散粒状的材料弹性模量会随着围压的变化而变化，围压较小时产生的剪切变形就比较大。

目前研究级配碎石永久变形预估模型较多，主要有以下几个：

$$\text{Sweere 模型：} \quad \varepsilon_p = AN^b \tag{3.32}$$

$$\text{Barksdale 模型：} \quad \varepsilon_p = a + b \log N \tag{3.33}$$

Barksdale 及 Sweere 模型仅通过室内重复加载三轴试验得到级配碎石永久应变与荷载作用次数间的简单经验关系。不能精确预估级配碎石层永久变形随荷载作用次数的发展规律。

$$\text{Wollf 模型：} \quad \varepsilon_p = (mN + a)(1 - e^{-bN}) \tag{3.34}$$

Wollf 模型虽然修正了 Barksdale 及 Sweere 模型，但该模型是通过试验路数据的统计规律得到的，该模型预估永久应变的准确度较差。

$$\text{Paute 模型：} \quad \varepsilon_{1p} = A[1 - (\frac{N}{100})^{-b}] \tag{3.35}$$

Paute 模型是通过静力破坏试验得到的模型，在低应力水平下能够反映这种规律，但在高应力水平、永久应变累积不断增长的情况下，此模型会导致不合理的参数数值或者与实测值的相关系数很低。

以上模型只是单纯建立了作用次数与永久应变之间的关系，没有考虑到围压对于粒料力学性能的影响。所以，在 Tseng 和 Lytton 模型、Ayres 模型和 AASHTO 2002 模型内，通过室内试验结果建立了塑性应变、弹性应变比与荷载轴次之间的关系，用弹性应变表征围压的大小。它不仅考虑了碎石材料的非线性应力依赖特性，而且还建立了材料物理特性与模型参数之间的关系。

$$\text{Tseng 和 Lytton 模型：} \quad \frac{\overline{\varepsilon}_p}{\varepsilon_v} = \beta_{r1} \left(\frac{\varepsilon_0}{\varepsilon_r}\right) e^{-\left(\frac{\rho}{N}\right)^{\beta}} \tag{3.36}$$

$$\text{Ayres 模型：} \quad \frac{\varepsilon_p(N)}{\varepsilon_r} = (\frac{\varepsilon_0}{\varepsilon_r}) e^{-(\frac{\rho}{N})^{\beta}} \tag{3.37}$$

$$\text{AASHTO 2002 模型：} \quad \frac{\varepsilon_p(N)}{\varepsilon_r} = \gamma_{GB}(\frac{\varepsilon_0}{\varepsilon_r}) e^{-(\frac{\rho}{N})^{\beta}} \tag{3.38}$$

所以本章在借鉴已有研究成果的基础上，通过室内试验研究，分析不同因素对于级配碎石永久变形特性的影响，采用 AASHTO 2002 模型对试验数据进行回归，得出粒料永久变形预估模型，如公式（3.39）所示。模型参数取值见表 3.3。

表 3.3　级配碎石永久变形预估模型回归结果

材料类型	模型参数	回归模型 $\dfrac{\varepsilon_p}{\varepsilon_r} = \alpha \times \mathrm{e}^{-\left(\frac{\rho}{N}\right)^{\beta}} \cdot k$	相关系数 R
UGM-26.5	α	$\lg \alpha = 0.04003\omega_c - 0.00252E_r + 2.40047$	0.8835
	ρ	$\lg \rho = -0.0579\omega_c + 3.6209$	0.9503
	β	$\lg \beta = 0.00724\omega_c + 0.0002545E_r - 1.0926$	0.5675
	k	k 为现场修正系数，为 0.618	

对于粒料层和路基的永久变形预测，AASHTO 经过对比，采用了 El-Basyouny 和 Witczak 确定能用于设计的预估模型：

$$\frac{\varepsilon_p(N)}{\varepsilon_r} = \left(\frac{\varepsilon_0}{\varepsilon_r}\right) \mathrm{e}^{-\left(\frac{\rho}{N}\right)^{\beta}} \qquad (3.39)$$

并根据 $N=1$ 和 $N=10^9$ 的交通量对模型进行求解：

$$N = 1 \qquad \frac{\varepsilon_p(1)}{\varepsilon_r} = a_1 E^{b_1}$$

$$N = 10^9 \qquad \frac{\varepsilon_p(10^9)}{\varepsilon_r} = a_9 E^{b_9}$$

解得

$$\left(\frac{\varepsilon_0}{\varepsilon_r}\right) = \frac{\left(\mathrm{e}^{(\rho)^{\beta}} \times a_1 \times E^{b_1}\right) + \left(\mathrm{e}^{\left(\frac{\rho}{10^9}\right)^{\beta}} \times a_9 \times E^{b_9}\right)}{2} \qquad (3.40)$$

式中：$\log \beta = -0.61119 - 0.017638 W_c$

$$W_c = 51.712 \times CBR^{-0.3586 \times GWT^{0.1192}}$$

$$\rho = 10^9 \left(\frac{C_0}{1 - \left(10^9\right)^{\beta}}\right)^{\frac{1}{\beta}}$$

$$C_0 = \ln\left(\frac{a_1 * E^{b_1}}{a_2 * E^{b_9}}\right)$$

GWT——地下水位（英尺）；

$\varepsilon_0, \beta, \rho$——材料参数；

ε_r——回弹应变；

ε_v——平均竖向回弹应变；

h——层厚；

β_1——无黏结粒料和土基的修正系数。

其中公式（3.40）中涉及粒料层的回弹模量，可以利用 $k-\theta$ 模型[式（3.41）]进行预测：

$$M_r = k_1 p_a \left(\frac{\theta}{p_a}\right)^{k_2} \left(\frac{\tau_{oct}}{p_a} + 1\right)^{k3} \tag{3.41}$$

式中：θ——主应力之和；

τ_{oct}——八面体剪应力；

p_a——参考应力（100kPa）；

k_1, k_2, k_3——与土和粒料的性质和状态有关的试验参数。

罗志刚等[83]进行了三种级配碎石的重复加载三轴试验，回归后得出了参数 k_1, k_2, k_3 的值，见表 3.4。

表 3.4 级配碎石模量计算涉及的参数取值

参数		级配碎石	
k_1	中值	1.1681	0.8439～1.4236
	均值	1.1560	
	标准偏差	0.1992	
k_2	中值	0.6814	0.6180～0.8009
	均值	0.6836	
	标准偏差	0.0519	
k_3	中值	−0.1387	−1.4963～−0.0444
	均值	−0.1663	
	标准偏差	0.0799	

根据对测试结果的影响因素分析，与上述三参数进行回归分析，得出三参数经验关系式（3.42）：

$$k_1 = -0.1088\omega + 1.6710$$

$$k_2 = 0.6836$$

$$k_3 = 0.0416D_{60} - 0.0288P_5 - 1.8353 \qquad (3.42)$$

式中：ω——含水率，%；

D_{60}——60%通过率对应的粒径，mm；

P_5——通过 5mm 筛百分率，%。

路基顶面永久变形预测模型可以参照公式（3.43），但是其中的作用次数为标准轴载 80kN 下的数据。

$$\varepsilon_z = 1.12 \times 10^{-2} N_e^{-0.2055} \qquad (3.43)$$

2011 年，高启聚[84]利用 AASHTO 试验路的检测数据，选用沥青混合料的动态弹性模量，并将 80kN 标准轴载转化为 100kN，建立了路基压应变和 100kN 标准轴载作用次数之间的检验关系式（3.44）：

$$\varepsilon_z = 0.76 \times 10^{-2} N_e^{-0.2285} \qquad (3.44)$$

3.1.3 主要研究内容和技术路线

经过研究现状分析，并且结合本课题的研究目的，拟采用以下技术路线：

沥青层的永久变形预测：采用 ABAUS 有限元软件对青临高速八种路面结构进行温度场的计算，将结果导入车辙计算模型，计算蠕变条件下不同时刻各层的永久变形量和总的车辙量。

沥青层的二次压密变形：采用压密试验结果，对八种路面结构因二次压密产生的车辙量进行计算，并叠加到第一步的计算结果中。

粒料层的永久变形预测：利用不同季节路面结构中粒料层的回弹模量，并经过有限元计算，得到其弹性变形，结合公式（3.39），对粒料层的永久变形进行预测，将计算结果叠加到第二步结果中。对于粒料层位于刚性和半刚性基层以下的结构，不考虑永久变形量。

路基的永久变形预测：利用公式（3.44）进行计算，对于刚性基层和半刚性基层下的路基不考虑永久变形量。

　　将上述所有的永久变形叠加在一块，对八种路面结构车辙量随作用时间的变化规律进行分析，并预测。

　　技术路线图如图 3.1 所示。

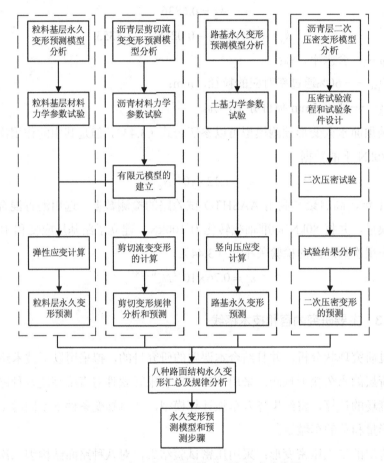

图 3.1　永久变形预测模型研究技术路线图

3.2　沥青层剪切流变车辙量的计算

3.2.1　模型的建立

1. 模型尺寸和加载的确定

将 100kN 的双圆均布标准荷载简化为双矩形均布荷载，荷载模型如图 3.2 所示：接地宽度 B=18.6cm，接地长度 L=19.2cm，轴载为 P=100kN，接地压力 p=0.7MPa，轮数 n_w=4，两轮中心距 31.4cm，轮胎接地长度 $L=P/(n_{wp}B)$=19.2cm。

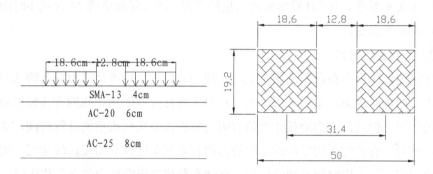

图 3.2　100kN 标准双矩形均布荷载图示（单位：cm）

图 3.3 为结构 S1 的二分之一有限元模型以及划分的网格，层间采用 Tie 的方式进行连接，网格划分时采用 CPE8R 单元，为平面应变 8 节点缩减单元。温度场的数据采用 7 月份最高温时的计算结果。S5 为连续配筋混凝土路面结构，不考虑车辙的问题，所以本章中不涉及第五种路面结构。其他六种路面结构的有限元模型略。

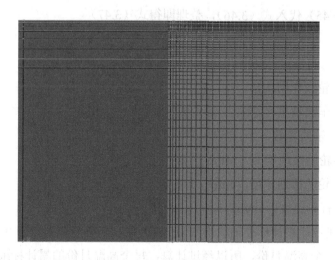

图 3.3　二分之一有限元模型以及划分的网格

分为 25 个荷载步，每一步代表一个时段，持续时间为此时段内荷载作用时间，采用此时段的温度场计算结果。从第 1 个荷载步开始施加 0.7MPa 的竖向压应力，第 25 个荷载步撤销荷载，使模型处于无弹性应变状态，收集此时每一层的竖向变形值，表层的竖向位移值即为总的永久变形量，将每层层底和层顶数值相减，即为该层永久变形量。为了计算级配碎石层的变形，还需要收集第 24 荷载步时的竖向和横向弹性应变。

2. 荷载作用时间

实际道路的行车荷载是动态荷载。理想的分析方法应该是模拟荷载的动载作用频率，即进行动态有限元分析，通过对单元进行分步循环加载的方式模拟动态荷载的作用。但是，考虑动载作用的有限元分析需要耗费大量的计算时间，难以实现。同时，有研究表明采用动态和静态的有限元车辙预测结果比较接近。因此本研究采用荷载作用时间累加的原则，将动态荷载作用简化为静态荷载作用。

在接地压力和接地长度确定的情况下，根据行车速度 v，则由式（3.45）可以确定轮载每通过一次时对路表面的作用时间 t_0 为

$$t_0 = \frac{L}{v} = \frac{P}{n_w pBv} \tag{3.45}$$

由此可得，当轮载作用次数为 N 时，车辙处轮载的累积作用时间 t 为

$$t = N \cdot t_0 \tag{3.46}$$

将式（3.45）代入式（3.46），整理即得式（3.47）

$$t = \frac{NP}{0.36 n_w pBv} \tag{3.47}$$

式中：N——轮载作用次数，次；

P——车辆轴重，kN；

n_w——轴的轮数，个；

p——轮胎接地压力，MPa；

B——轮胎接地宽度，cm；

v——行车速度，km/h。

青临高速设计累计标准轴载次数为 3×10^7 次，车道分布系数为 0.4，一年中只取 7、8、9 三个高温月份，所以经过计算，每个高温月份的累计标准轴载次数为 66667 次，荷载作用时间可以通过公式（3.46）计算得到。根据上述的作用时间换算方法，即可以得到最不利的车辙有效轴载作用次数 66667 次标准荷载在车速 80km/h 下的累计作用时间（接地压力 p 按 0.7MPa 的标准压力计算），见表 3.5。

表 3.5　车辙计算模型的参数

温度场	荷载参数				
7月~9月 24 小时	接地宽度/cm	18.6	行车速度/（km/h）	80	
	轴载/kN	100	轮胎接地长度/cm	19.2	
	接地压力/MPa	0.7	一次加载作用时间/s	0.008641	
	每个月有效轴载作用次数/万次	66667	每月累计荷载作用时间/s	576	

由于计算时采用 24 小时变化的温度场数据，所以作用时间也需要按照每个小时的轴载数比例进行分配。表 3.6 为各年累计的高温季节每小时作用时间。参考廖公云[85]等的研究结果确定一天 24 小时内各小时的轴载分配比例。

表 3.6　累积作用时间/s

一天内各时段	比例	累积月数								
		3	6	9	12	15	21	27	33	45
		累积时间/s								
		200000	400000	600000	800000	1000000	1400000	1800000	220000	300000
1	1.0266	17.74	35.48	53.23	70.97	88.71	124.19	159.68	195.16	266.13
2	0.8213	14.19	28.39	42.58	56.78	70.97	99.36	127.74	156.13	212.91
3	0.7391	12.77	25.55	38.32	51.09	63.87	89.41	114.96	140.51	191.60
4	0.4106	7.10	14.19	21.29	28.38	35.48	49.67	63.86	78.06	106.44
5	0.5875	10.15	20.31	30.46	40.61	50.77	71.07	91.38	111.69	152.30
6	0.8216	14.20	28.40	42.60	56.80	70.99	99.39	127.79	156.19	212.98
7	1.1498	19.87	39.74	59.61	79.48	99.35	139.10	178.84	218.58	298.06
8	2.0531	35.48	70.96	106.45	141.93	177.41	248.37	319.34	390.30	532.23
9	2.8744	49.68	99.35	149.03	198.70	248.38	347.73	447.08	546.43	745.13
10	4.5169	78.06	156.12	234.18	312.25	390.31	546.43	702.55	858.68	1170.92
11	5.7488	99.35	198.70	298.05	397.41	496.76	695.46	894.16	1092.86	1490.27
12	7.3913	127.74	255.47	383.21	510.95	638.69	894.16	1149.63	1405.11	1916.06
13	7.8019	134.83	269.67	404.50	539.33	674.17	943.83	1213.50	1483.16	2022.50
14	6.57	113.54	227.09	340.63	454.17	567.72	794.80	1021.89	1248.98	1703.15

续表

一天内各时段	比例	累积月数								
		3	6	9	12	15	21	27	33	45
		累积时间/s								
		200000	400000	600000	800000	1000000	1400000	1800000	220000	300000
15	7.3913	127.74	255.47	383.21	510.95	638.69	894.16	1149.63	1405.11	1916.06
16	8.6232	149.03	298.05	447.08	596.11	745.13	1043.19	1341.24	1639.30	2235.40
17	9.0338	156.12	312.25	468.37	624.49	780.61	1092.86	1405.11	1717.35	2341.84
18	7.8019	134.83	269.67	404.50	539.33	674.17	943.83	1213.50	1483.16	2022.50
19	6.9806	120.64	241.28	361.92	482.56	603.20	844.48	1085.75	1327.03	1809.59
20	4.9275	85.16	170.31	255.47	340.63	425.79	596.10	766.42	936.73	1277.36
21	4.1061	70.96	141.92	212.89	283.85	354.81	496.73	638.66	780.58	1064.43
22	3.6956	63.87	127.74	191.60	255.47	319.34	447.07	574.81	702.54	958.02
23	2.8744	49.68	99.35	149.03	198.70	248.38	347.73	447.08	546.43	745.13
24	2.0531	35.48	70.96	106.45	141.93	177.41	248.37	319.34	390.30	532.23
累计	100	1728	3456	5185	6913	8641	12098	15554	19010	25923

3.2.2 材料参数取值

材料力学参数的取值准确性至关重要，如果参数不准确，则计算结果有可能与实际相差很大，为了保证客观性，本项目对所有材料进行了动弹模量和蠕变参数的室内试验。

青临高速典型路面结构形式见第 1 章。其中，S1、S3 和 S7 为普通半刚性结构加厚基层的路面，S2 和 S8 结构中有级配碎石夹层半刚性基层沥青路面，S4 为高模量沥青路面半刚性基层沥青路面，S5 为连续配筋的水泥混凝土路面，不考虑永久变形问题，S6 为连续配筋的水泥混凝土上铺 SMA 面层结构。其中，沥青层取用模量为 10Hz 不同温度下的动弹模量；水泥稳定碎石采用 20℃静态抗压回弹模量；级配碎石采用 $K-\theta$ 模型计算得到的收敛模量，通过室内试验得到材料参数，k_1=55160kPa，k_2=0.6，k_0=0.6，Φ=0；土基模量为现场承载板试验所得抗压回弹模量，下同。

沥青层车辙变形实际就是沥青混合料在荷载作用下产生的蠕变。选时间硬化模型进行车辙计算，见式（3.48）：

$$\varepsilon_{cr} = Aq^n t^m \tag{3.48}$$

式中：ε_{cr}——材料的蠕变变形；

T——温度；

q——应力；

t——时间；

A,n,m——模型参数。

3.2.2.1 弹性模量

所有结构中，除了级配碎石和土基之外，其他的弹性模量都取值相同，结果见表 3.7。

表 3.7 沥青混合料和水稳碎石的弹性模量/MPa

材料	试验次数	温度/℃			
		21	37	54	
SMA13	1	5553	1467	388.4	
	2	7701	2758	833.8	
	3	6582	1844	550	
	4	6126	1573	445.4	
	平均	6490.5	1910.5	554.4	
AC20	1	11128	4728	1550	
	2	10518	3186	1055	
	3	8964	3672	925	
	4	10098	3719	1167	
	平均	10177	3826.25	1174.25	
AC25	1	14020	6298	2644	
	2	11530	3758	865.5	
	3	13998	5726	1845	
	4	11375	3803	902.1	
	平均	12730.75	4896.25	1564.15	

续表

材料	试验次数	温度/℃			
		21	37	54	
LSPM30	1	18255	18412	11318	
	2	18178	12372	7062	
	平均	18216.5	15392	9190	
ATB25	1	11168	4286	933	
	2	11226	2916	653	
	3	13415	5904	2170	
	4	13755	4535	1012	
	平均	12391	4410.25	1192	
EME		15	30	45	55
	平均	17246	7448	3086	1618
水稳碎石	平均	1620			
水稳砂	平均	1540			
土基	平均	66.8			

级配碎石的弹性模量见表 3.8。

表 3.8　级配碎石的弹性模量/MPa

弹性模量	S2	S3	S8
级配	661	520	421（374）

3.2.2.2　蠕变参数取值

沥青材料的蠕变参数见表 3.9。

表 3.9　沥青材料的蠕变参数/MPa

材料	A	n	m	温度/℃
	6.54E−11	0.937	−0.592	20
	3.33E−09	0.862	−0.587	30
SMA13	1.45E−08	0.792	−0.577	40
	1.39E−06	0.414	−0.525	50
	1.46E−05	0.336	−0.502	60

续表

材料	A	n	m	温度/℃
AC20	4.58E−11	0.944	−0.596	20
	2.46E−09	0.796	−0.585	30
	3.67E−08	0.773	−0.57	40
	4.80E−06	0.595	−0.532	50
	7.78E−05	0.384	−0.441	60
AC25	4.59E−011	0.922	−0.581	20
	3.46E−009	0.859	−0.576	30
	1.96E−008	0.83	−0.562	40
	1.2E−006	0.322	−0.522	50
	3.76E−005	0.21	−0.418	60
ATB25	4.59E−011	0.922	−0.581	20
	3.46E−009	0.859	−0.576	30
	1.96E−008	0.83	−0.562	40
	1.2E−006	0.322	−0.522	50
	3.76E−005	0.21	−0.418	60
LSPM	4.59E−011	0.922	−0.581	20
	3.46E−009	0.859	−0.576	30
	1.96E−008	0.83	−0.562	40
	1.2E−006	0.322	−0.522	50
	3.76E−005	0.21	−0.418	60
EME	1.21E−011	0.924	−0.578	20
	6.15E−010	0.796	−0.585	30
	9.1825E−009	0.773	−0.57	40
	1.2E−006	0.595	−0.532	50
	1.9445E−005	0.384	−0.441	60

3.2.2.3　泊松比取值

1. 沥青混合料泊松比

沥青混合料泊松比取值见表 3.10 和表 3.11。

表 3.10　密级配沥青混合料泊松比取值（AC，ATB）

温度/℃		泊松比
小于	−17.8	0.15
−17.8	4.4	0.2
4.4	21.1	0.25
21.1	37.8	0.35
37.8	54.4	0.45
54.4	大于	0.48

表 3.11　密级配沥青混合料泊松比取值（LSPM）

温度/℃		泊松比
小于	4.4	0.35
4.4	21.1	0.4
21.1	37.8	0.45
37.8	大于	0.45

2. 其他材料泊松比取值

其他材料泊松比取值见表 3.12。

表 3.12　其他材料泊松比取值

材料	泊松比
土基	0.4
级配碎石	0.25
水泥稳定类	0.2

3.2.3　沥青层剪切流变永久变形分析

图 3.4 为结构 S1 施加一个月的交通量时产生的竖向塑性和弹性总变形图（放大了 10 倍，下同），图 3.5 为结构 S1 施加一个月的交通量时产生的竖向塑性变形图。由这两个图可以看出，撤掉荷载后，弹性变形恢复。图 3.6 为结构 S1 施加一

个月的交通量时产生的总变形矢量图，图 3.7 为结构 S1 施加一个月的交通量时产生的塑性变形矢量图，可以看出，路面结构在轮迹带附近呈发散型移动，到一定深度处变为竖向的移动，当荷载撤销后，在轮迹带外侧略有上移，幅度比较小，沥青层位以下不产生塑性的变形。变形的最大值都产生在轮迹带的外侧部分。其他结构的变形与结构 S1 类似，不再重复列出。

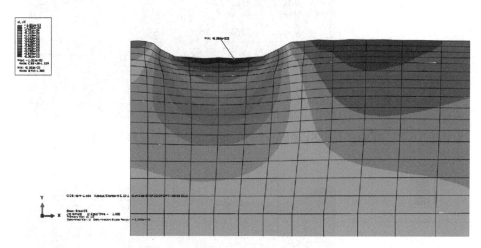

图 3.4　结构 S1 经历一个月的高温后产生的竖向总变形

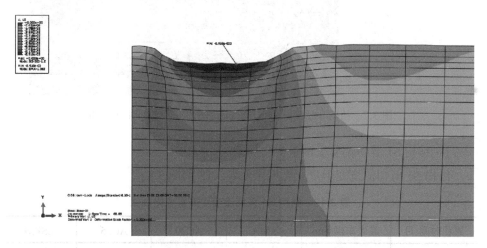

图 3.5　结构 S1 经历一个月的高温后产生的竖向塑性变形

经过计算后提取竖向变形值，按照总变形量和各层的变形量进行整理，对剪切流变的永久变形量的发展规律进行分析。其中结构 S5 为连续配筋混凝土路面，且表面不存在沥青混凝土，所以没有车辙的产生，不进行计算。

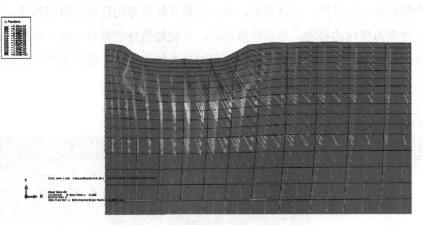

图 3.6　结构 S1 经历一个月的高温后产生的总位移矢量图

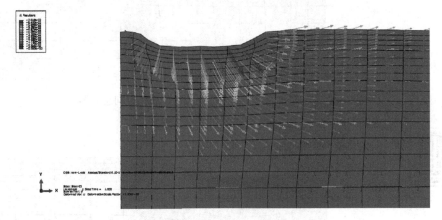

图 3.7　结构 S1 经历一个月的高温后产生的塑性变形矢量图

1. 结构 S1 剪切流变变形量变化规律

结构 S1 剪切流变变形量变化规律见表 3.13 和图 3.8。

表 3.13　结构 S1 剪切流变变形量变化规律

累积时间/月	最大车辙/mm	SMA	AC20	AC25	LSPM
1	3.207	0.732	0.357	1.280	0.793
2	3.986	0.994	0.831	0.740	0.419
3	4.548	1.180	0.988	0.885	0.512

续表

累积时间/月	最大车辙/mm	SMA	AC20	AC25	LSPM
4	5.020	1.333	1.120	1.009	0.589
5	5.426	1.463	1.234	1.115	0.655
6	5.786	1.579	1.335	1.209	0.714
9	6.702	1.870	1.589	1.447	0.864
12	7.430	2.102	1.787	1.637	0.985
15	8.067	2.304	1.960	1.803	1.090
21	9.151	2.647	2.254	2.088	1.271
27	10.065	2.938	2.499	2.330	1.424
33	10.868	3.198	2.714	2.543	1.559
45	12.240	3.647	3.080	2.908	1.791

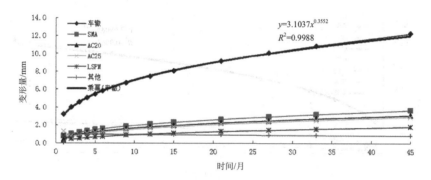

图 3.8　结构 S1 各层剪切流变变形量变化规律

2. 结构 S2 剪切流变变形量变化规律

结构 S2 剪切流变变形量变化规律见表 3.14 和图 3.9。

表 3.14　结构 S2 剪切流变变形量变化规律

累积时间/月	最大车辙/mm	SMA	AC20	ATB1	ATB2
1	2.855	0.770	0.557	0.517	0.164
2	3.384	0.745	0.760	0.710	0.238
3	3.867	0.905	0.911	0.855	0.294
4	4.258	1.037	1.033	0.974	0.339

续表

累积时间/月	最大车辙/mm	SMA	AC20	ATB1	ATB2
5	4.593	1.155	1.138	1.073	0.378
6	4.902	1.262	1.235	1.167	0.414
9	5.691	1.532	1.480	1.408	0.510
12	6.261	1.747	1.661	1.577	0.575
15	6.790	1.938	1.828	1.737	0.638
21	7.680	2.261	2.106	2.009	0.746
27	8.432	2.534	2.341	2.242	0.839
33	9.110	2.771	2.545	2.444	0.919
45	10.272	3.171	2.894	2.794	1.059

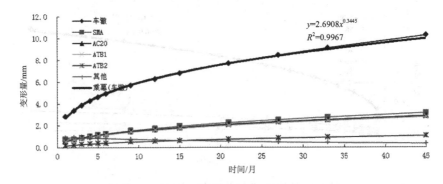

图 3.9　结构 S2 各层剪切流变变形量变化规律

3. 结构 S3 剪切流变变形量变化规律

结构 S3 剪切流变变形量变化规律见表 3.15 和图 3.10。

表 3.15　结构 S3 剪切流变变形量变化规律

累积时间/月	最大车辙/mm	SMA	AC20	AC25	LSPM
1	3.090	1.060	0.922	0.702	0.225
2	4.059	1.462	1.238	0.937	0.307
3	4.784	1.763	1.469	1.109	0.367
4	5.382	2.011	1.659	1.252	0.416

续表

累积时间/月	最大车辙/mm	SMA	AC20	AC25	LSPM
5	5.895	2.224	1.821	1.374	0.459
6	6.351	2.414	1.965	1.483	0.497
9	7.482	2.887	2.321	1.751	0.588
12	8.423	3.265	2.614	1.982	0.671
15	9.214	3.583	2.861	2.176	0.738
21	10.526	4.095	3.273	2.506	0.853
27	11.600	4.496	3.616	2.785	0.949
33	12.511	4.817	3.913	3.031	1.034
45	14.002	5.295	4.421	3.457	1.180

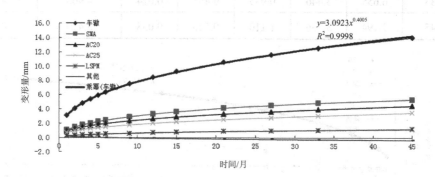

图 3.10　结构 S3 各层剪切流变变形量变化规律

4. 结构 S4 剪切流变变形量变化规律

结构 S4 剪切流变变形量变化规律见表 3.16 和图 3.11。

表 3.16　结构 S4 剪切流变变形量变化规律

累积时间/月	最大车辙/mm	SMA	EME1	EME2	EME3	各层累积最大永久变形量	土基及其他
1	2.306	0.701	0.162	0.046	−0.029	0.881	1.425
2	2.800	0.995	0.239	0.083	−0.028	1.290	1.510
3	3.157	1.218	0.298	0.112	−0.026	1.602	1.556
4	3.443	1.402	0.348	0.136	−0.024	1.863	1.581

续表

累积时间/月	最大车辙/mm	SMA	EME1	EME2	EME3	各层累积最大永久变形量	土基及其他
5	3.690	1.563	0.391	0.157	−0.021	2.089	1.601
6	3.907	1.705	0.430	0.176	−0.019	2.291	1.616
9	4.444	2.062	0.530	0.223	−0.013	2.801	1.643
12	4.885	2.347	0.614	0.264	−0.007	3.218	1.667
15	5.250	2.583	0.686	0.299	−0.001	3.566	1.683
21	5.838	2.957	0.807	0.357	0.008	4.130	1.709
27	6.293	3.235	0.905	0.407	0.016	4.562	1.730
33	6.655	3.446	0.985	0.451	0.024	4.906	1.749
45	7.194	3.736	1.110	0.526	0.038	5.410	1.784

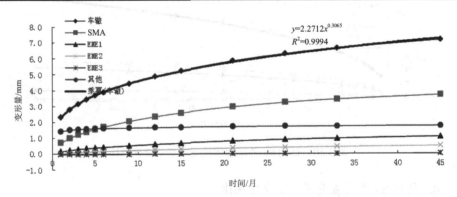

图 3.11   结构 S4 各层剪切流变变形量变化规律

5. 结构 S6 剪切流变变形量变化规律

结构 S6 剪切流变变形量变化规律见表 3.17 和图 3.12。

表 3.17   结构 S6 剪切流变变形量变化规律

累积时间/月	最大车辙/mm	SMA	AC5	连续配筋混凝土	gs	土基及其他
1	0.919	0.758	0.068	0.000	0.003	0.828
2	1.199	0.999	0.087	0.000	0.002	1.088
3	1.401	1.174	0.103	0.001	0.002	1.280

续表

累积时间/月	最大车辙/mm	SMA	AC5	连续配筋混凝土	gs	土基及其他
4	1.563	1.315	0.117	0.001	0.002	1.435
5	1.701	1.435	0.130	0.001	0.002	1.567
6	1.822	1.541	0.141	0.001	0.002	1.685
9	2.122	1.804	0.170	0.001	0.002	1.976
12	2.369	2.022	0.195	0.001	0.002	2.219
15	2.577	2.209	0.216	0.001	0.002	2.428
21	2.931	2.527	0.252	0.001	0.002	2.781
27	3.233	2.796	0.282	0.001	0.002	3.081
33	3.499	3.035	0.309	0.001	0.002	3.346
45	3.965	3.454	0.352	0.001	0.002	3.809

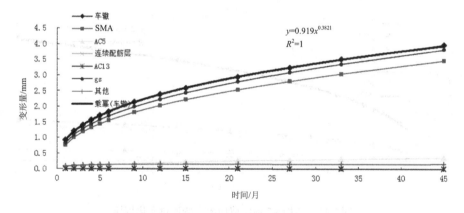

图 3.12　结构 S6 各层剪切流变变形量变化规律

6. 结构 S7 剪切流变变形量变化规律

结构 S7 剪切流变变形量变化规律见表 3.18 和图 3.13。

表 3.18　结构 S7 剪切流变变形量变化规律

累积时间/月	最大车辙/mm	SMA	AC20	AC25	LSPM
1	2.695	0.478	0.716	0.569	0.166
2	3.366	0.690	0.970	0.769	0.237
3	3.861	0.853	1.157	0.916	0.291

续表

累积时间/月	最大车辙/mm	SMA	AC20	AC25	LSPM
4	4.270	0.991	1.312	1.036	0.334
5	4.641	1.112	1.446	1.140	0.370
6	4.974	1.221	1.565	1.232	0.404
9	5.804	1.499	1.861	1.460	0.485
12	6.505	1.731	2.104	1.654	0.557
15	7.098	1.932	2.310	1.817	0.617
21	8.102	2.270	2.656	2.093	0.718
27	8.943	2.551	2.944	2.325	0.803
33	9.673	2.790	3.195	2.529	0.877
45	10.902	3.176	3.620	2.880	1.006

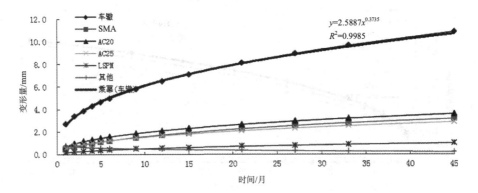

图 3.13　结构 S7 各层剪切流变变形量变化规律

7. 结构 S8 剪切流变变形量变化规律

结构 S8 剪切流变变形量变化规律见表 3.19 和图 3.14。

表 3.19　结构 S8 剪切流变变形量变化规律

累积时间/月	最大车辙/mm	SMA	AC20	ATB1	ATB2
1	3.991	1.042	0.903	0.780	0.178
2	5.029	1.450	1.224	1.062	0.255
3	5.784	1.756	1.459	1.268	0.313

续表

累积时间/月	最大车辙/mm	SMA	AC20	ATB1	ATB2
4	6.404	2.008	1.652	1.438	0.360
5	6.930	2.224	1.815	1.582	0.401
6	7.398	2.416	1.960	1.711	0.438
9	8.576	2.896	2.321	2.032	0.526
12	9.587	3.282	2.618	2.311	0.608
15	10.427	3.604	2.866	2.542	0.674
21	11.827	4.128	3.284	2.936	0.787
27	12.975	4.538	3.630	3.269	0.883
33	13.951	4.868	3.931	3.564	0.968
45	15.563	5.362	4.444	4.073	1.114

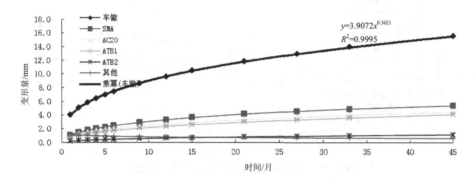

图 3.14　结构 S8 各层剪切流变变形量变化规律

8. 七种结构剪切流变永久变形量汇总

七种结构剪切流变永久变形量汇总见表 3.20 和图 3.15。

表 3.20　七种结构剪切流变永久变形量汇总

累积时间/月	S1	S2	S3	S4	S6	S7	S8
1	3.21	2.86	3.09	2.31	0.92	2.69	3.99
2	3.99	3.38	4.06	2.80	1.20	3.37	5.03
3	4.55	3.87	4.78	3.16	1.40	3.86	5.78
4	5.02	4.26	5.38	3.44	1.56	4.27	6.40

续表

累积时间/月	S1	S2	S3	S4	S6	S7	S8
5	5.43	4.59	5.90	3.69	1.70	4.64	6.93
6	5.79	4.90	6.35	3.91	1.82	4.97	7.40
9	6.70	5.69	7.48	4.44	2.12	5.80	8.58
12	7.43	6.26	8.42	4.89	2.37	6.50	9.59
15	8.07	6.79	9.21	5.25	2.58	7.10	10.43
21	9.15	7.68	10.53	5.84	2.93	8.10	11.83
27	10.06	8.43	11.60	6.29	3.23	8.94	12.97
33	10.87	9.11	12.51	6.66	3.50	9.67	13.95
45	12.24	10.27	14.00	7.19	3.97	10.90	15.56

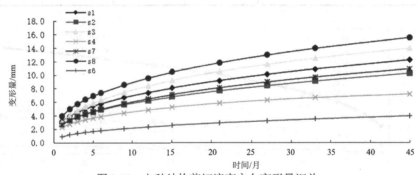

图 3.15　七种结构剪切流变永久变形量汇总

从沥青层的永久变形量来看，除去连续配筋的结构 S6 之外，高模量沥青结构 S4 的变形量最小，为 7.19mm，达到了预期的效果，其他五种结构由小到大依次为：S2、S7、S1、S3 和 S8，全柔性结构 S8 的变形量达到了 15.56mm，并且还没有计算级配碎石和路基产生的变形，抗车辙能力最差。S3 和 S7 结构形式类似，但是 S3 的变形量（14.00mm）却大于 S7（10.90mm），

由表 3.20 和图 3.15 可以看出，由于剪切流变产生的永久变形量随着作用时间累积逐渐增大，它们之间呈现指数的关系，就这七种具体的结构组合来说，由于计算时已经考虑了温度和材料性质的影响，只从累计时间和变形量考虑可以进行简单的关系回归，以利于变形量的预测。需要注意的是，此处的累积时间只是指高温季节，每三个月就代表一年，在后面进行预测时需要加上其他季节的时间。经过回归后，

其中结构的变形量与累积之间符合公式（3.49）的形式，具体的参数值见表 3.21。

$$h_{asphalt} = A \cdot t^{B} \tag{3.49}$$

式中：$h_{asphalt}$——沥青层产生的流变变形，mm；

    t——高温季节的累积时间，月，如果按照交通量来计算，则 $t = \dfrac{n}{66667}$；

    A, B——回归参数。

表 3.21　七种结构剪切永久变形预测公式参数

结构	参数						
	S1	S2	S3	S4	S6	S7	S8
A	3.1037	2.6908	3.0923	2.2712	0.919	2.5887	3.9072
B	0.3552	0.3445	0.4005	0.3065	0.3821	0.3735	0.3621
R2	0.9988	0.9974	0.9996	0.9992	0.9999	0.9989	0.9997

这一公式只能用于青临高速的七种结构组合的变形量预测，如果用于其他路段，需要重新标定。

3.3　二次压密带来的永久变形量

在我国高速公路的修建中，压实度的不均匀或者因平整度而牺牲压实度的现象比较普遍。在开放交通后的前两个高温季节容易产生因二次压密造成的面层永久变形，而且变形量比较大，不可忽略。根据二次压密的实际情况，设计了室内压密试验，具体见第 2 章，空隙率的变化可以通过公式（3.50）和公式（3.51）进行计算。

$$vv_{sma} = (0.6306vv_{ini} + 0.9186) \times e^{(-0.0005 \times e^{(-0.0640 \times vv_{ini} \times n)})} \tag{3.50}$$

$$vv_{ac20} = (0.7175vv_{ini} + 0.2189) \times e^{(-0.0001 \times e^{(-0.3085vv_{ini} \times n)})} \tag{3.51}$$

由二次压密造成的变形值可以通过公式（3.52）进行计算：

$$\Delta h = \frac{vv_{int} - vv_{fin}}{100 - vv_{fin}} \cdot h \tag{3.52}$$

式中：vv_{int}——初始空隙率，%；

    vv_{fin}——压实后的空隙率，%；

    Δh——压缩量，即二次压密产生的变形值；

    h——层厚，AC20 为 6cm，SMA 为 4cm。

SMA 不同空隙率不同时刻的压缩量见表 3.22。

表 3.22 SMA 不同空隙率不同时刻的压缩量

月份	空隙率			
	4%	5%	6%	7%
	压缩量/mm			
1	0.74	1.02	1.32	1.62
2	1.06	1.41	1.76	2.13
3	1.26	1.64	2.02	2.42
4	1.38	1.78	2.18	2.58
5	1.46	1.86	2.27	2.67
6	1.51	1.92	2.32	2.73

AC20 不同空隙率不同时刻的压缩量见表 3.23。

表 3.23 AC20 不同空隙率不同时刻的压缩量

月份	空隙率			
	4%	5%	6%	7%
	压缩量/mm			
1	0.60	0.78	0.96	1.14
2	0.64	0.81	0.99	1.17
3	0.68	0.85	1.02	1.19
4	0.71	0.88	1.05	1.22
5	0.75	0.91	1.08	1.24
6	0.78	0.95	1.11	1.27

二次压密的过程比较快，只需一个高温季节就可以完成，因为当压缩到一定程度时，沥青面层剪应力增大，开始产生剪切流变，所以空隙率不可能压缩到很小。在本章分析中，取一个高温季节的压缩量，即前三个月的压缩量。取平均空隙率为 6%，则两层的压缩量之和为 2.28mm、2.75mm 和 3.04mm。结构 S6 只有 SMA 层，压缩量之和为 1.36mm、1.72mm 和 2.02mm。

3.4 粒料层和路基的永久变形量计算

在沥青层的永久变形计算中，将粒料层看作弹性结构层进行计算，永久变形结果与实际有所偏差。对于粒料层的永久变形计算必须要考虑到其围压和偏应力的大小，由前面分析可知，预测模型也有很多。本文利用 AASHTO 的经验公式（3.39）进行级配碎石层和路基永久变形量的预测，由于美国和我国标准轴载不一致，所以根据我国设计规范中轴载换算公式（3.53）计算转换系数 k，将累计作用次数进行转换，经计算 k 值为 0.378827。模型中各参数的值和弹性应变量见表 3.24。

$$k = \left(\frac{80}{100}\right)^{4.35} \tag{3.53}$$

表 3.24　结构 S2 和 S8 级配碎石和路基永久变形预测所需参数

参数	结构层			
	S2	S8-1	S8-2	S8 土基
$w/\%$	2	1	2	2
a_1	1.0942E–18	1.0942E–18	1.0942E–18	1.0942E–18
a_9	0.03162278	0.03162278	0.03162278	0.03162278
C_0	−3.29	−4.66	−5.01	−10.22
β	0.226	0.235	0.226	0.226
ρ	204.8	717.8	1318.0	30875.2
$\varepsilon_0/\varepsilon_r$	10.04	8.06	7.68	3.41
β_c	2.2	2.2	2.2	8
ε_v	−2.70E−04	−4.40E−04	−5.43E−04	−7.44E−04

经过计算后，得到结构 S2 和 S8 级配碎石层和路基的永久变形量，见表 3.25、表 3.26 和图 3.16、图 3.17。

表 3.25　结构 S2 级配碎石层各时段累积永久变形量

年	月											
	1	2	3	4	5	6	7	8	9	10	11	12
	变形量/mm											
1	0.72	0.743	0.755	0.764	0.77	0.774	0.778	0.781	0.784	0.787	0.789	0.791
2	0.793	0.794	0.796	0.797	0.798	0.799	0.801	0.802	0.803	0.803	0.804	0.805
3	0.806	0.807	0.807	0.808	0.809	0.809	0.81	0.811	0.811	0.812	0.812	0.813
4	0.813	0.814	0.814	0.814	0.815	0.815	0.816	0.816	0.817	0.817	0.817	0.818
5	0.818	0.818	0.819	0.819	0.819	0.82	0.82	0.82	0.82	0.821	0.821	0.821
6	0.822	0.822	0.822	0.822	0.823	0.823	0.823	0.823	0.823	0.824	0.824	0.824
7	0.824	0.825	0.825	0.825	0.825	0.825	0.826	0.826	0.826	0.826	0.826	0.826

续表

年	月											
	1	2	3	4	5	6	7	8	9	10	11	12
	变形量/mm											
8	0.827	0.827	0.827	0.827	0.827	0.827	0.828	0.828	0.828	0.828	0.828	0.828
9	0.829	0.829	0.829	0.829	0.829	0.829	0.829	0.83	0.83	0.83	0.83	0.83
10	0.83	0.83	0.831	0.831	0.831	0.831	0.831	0.831	0.831	0.831	0.831	0.832
11	0.832	0.832	0.832	0.832	0.832	0.832	0.832	0.832	0.833	0.833	0.833	0.833
12	0.833	0.833	0.833	0.833	0.833	0.834	0.834	0.834	0.834	0.834	0.834	0.834
13	0.834	0.834	0.834	0.834	0.835	0.835	0.835	0.835	0.835	0.835	0.835	0.835
14	0.835	0.835	0.835	0.835	0.836	0.836	0.836	0.836	0.836	0.836	0.836	0.836
15	0.836	0.836	0.836	0.836	0.836	0.837	0.837	0.837	0.837	0.837	0.837	0.837

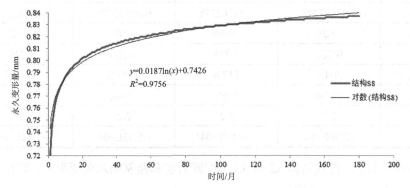

图 3.16　结构 S2 级配碎石层永久变形量随时间的变化

由表 3.25 和图 3.16 可以看出，对于倒装式的结构 S2，十五年中每个月的永久变形量增长规律呈现明显的对数规律，开始第一个月时产生的量比较大，占到累积总变形的 80%多。

表 3.26　结构 S8 级配碎石层和路基各时段累积永久变形量

月	年											
	1	2	3	4	5	6	7	8	9	10	11	12
	变形量/mm											
1	5.62	6.00	6.21	6.35	6.46	6.54	6.61	6.67	6.72	6.76	6.80	6.84
2	6.87	6.90	6.92	6.95	6.97	6.99	7.01	7.03	7.05	7.07	7.09	7.10
3	7.12	7.13	7.14	7.16	7.17	7.18	7.19	7.20	7.21	7.22	7.23	7.24

续表

月	年											
	1	2	3	4	5	6	7	8	9	10	11	12
	变形量/mm											
4	7.25	7.26	7.27	7.28	7.29	7.29	7.30	7.31	7.32	7.32	7.33	7.34
5	7.34	7.35	7.36	7.36	7.37	7.37	7.38	7.39	7.39	7.40	7.40	7.41
6	7.41	7.42	7.42	7.43	7.43	7.44	7.44	7.45	7.45	7.45	7.46	7.46
7	7.47	7.47	7.47	7.48	7.48	7.49	7.49	7.49	7.50	7.50	7.50	7.51
8	7.51	7.51	7.52	7.52	7.52	7.53	7.53	7.53	7.54	7.54	7.54	7.55
9	7.55	7.55	7.55	7.56	7.56	7.56	7.57	7.57	7.57	7.57	7.58	7.58
10	7.58	7.58	7.59	7.59	7.59	7.59	7.60	7.60	7.60	7.60	7.61	7.61
11	7.61	7.61	7.61	7.62	7.62	7.62	7.62	7.63	7.63	7.63	7.63	7.63
12	7.64	7.64	7.64	7.64	7.64	7.65	7.65	7.65	7.65	7.65	7.65	7.66
13	7.66	7.66	7.66	7.66	7.67	7.67	7.67	7.67	7.67	7.67	7.68	7.68
14	7.68	7.68	7.68	7.68	7.69	7.69	7.69	7.69	7.69	7.69	7.69	7.70
15	7.70	7.70	7.70	7.70	7.70	7.71	7.71	7.71	7.71	7.71	7.71	7.71

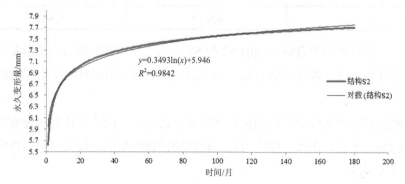

图 3.17　结构 S8 级配碎石层和路基产生的永久变形随时间的变化

由表 3.26 和图 3.17 可以看出，结构 S8 级配碎石和路基产生的总永久变形量同样与累积时间呈对数的关系，且相关性很好，但是此种结构属于全柔性，级配碎石层和路基承受的竖向压应力相对结构 S2 大得多，再加上级配碎石层总厚度达到了 55cm，相对于 S2 的 15cm 也厚得多，所以产生的变形量大大超过了 S2，达到了

7.71mm，第一个月的初始变形量为 5.62mm，也占到了总变形量的 80%左右。

从计算结果来看，结构 S8 在抵抗永久变形能力上大大低于结构 S2，所以在使用级配碎石层时，应该以倒装式的结构比较好，下部应加铺半刚性承重基层，并且厚度不宜超过 20cm。

在进行级配碎石和路基永久变形量计算时，已经考虑到了结构组合、材料特性等因素，计算结果与累积作用时间呈现很好的对数关系，为了方便预测，将两种结构级配碎石层永久变形量与累积作用时间用公式（3.54）的形式表示，回归的参数见表 3.27。

$$h_{gs} = A\ln t + B \qquad (3.54)$$

其中：h_{gs}——级配碎石层产生的永久变形，mm；

　　　　t——累积时间，月，如果按照交通量来计算，则 $t = \dfrac{n}{66667}$；

　　　　A,B——回归参数。

表 3.27　结构 S2 和 S8 级配碎石层永久变形量回归参数

参数	结构	
	S2	S8
A	0.0187	0.3493
B	0.7426	5.9457
R^2	0.9764	0.9845

这一公式只能用于青临高速的 S2 和 S8 结构组合的级配碎石层变形量预测，如果用于其他路段，需要重新标定。而且公式（3.54）中的时间是指连续的累积时间。

级配碎石层永久变形量的预估在初期偏差比较大，因为在计算时没有考虑到交通量的增长系数，所以实际应用时，初期的预测结果应该偏大，中后期应该基本符合公式规律。

3.5　典型路面结构永久变形量的变化规律分析

将各结构层沥青面层剪切流变和二次压密量，级配碎石基层、路基的永久变形量加起来即为总的车辙量，其中除结构 S2 和 S8 外，其余无级配碎石层和路基变形。

经过处理后，各结构永久变形量随时间的变化见表 3.28，可以看出初期的预测值都偏大，这与交通量的大小有关系，通车初期交通量达不到预期值，所以实际的变形量在初期比预测值要小。等交通量达到预期时，预测结果就符合实际了。

表 3.28　七种结构永久变形量发展规律/mm

结构类型	累积时间/月	1	2	3	13	14	15	27	39	51	75	111	147	183
S1	沥青层剪切流变	3.21	3.99	4.55	5.02	5.43	5.79	6.70	7.43	8.07	9.15	10.06	10.87	12.24
	二次压密	2.28	2.75	3.04	3.04	3.04	3.04	3.04	3.04	3.04	3.04	3.04	3.04	3.04
	总变形	5.49	6.74	7.59	8.06	8.47	8.83	9.74	10.47	11.11	12.19	13.10	13.91	15.28
S2	沥青层剪切流变	2.86	3.38	3.87	4.26	4.59	4.90	5.69	6.26	6.79	7.68	8.43	9.11	10.27
	二次压密	2.28	2.75	3.04	3.04	3.04	3.04	3.04	3.04	3.04	3.04	3.04	3.04	3.04
	级配碎石层变形	0.72	0.74	0.76	0.79	0.79	0.80	0.81	0.81	0.82	0.82	0.83	0.83	0.84
	总变形	5.86	6.87	7.67	8.09	8.42	8.74	9.54	10.11	10.65	11.54	12.30	12.98	14.15
S3	沥青层剪切流变	3.09	4.06	4.78	5.38	5.90	6.35	7.48	8.42	9.21	10.53	11.60	12.51	14.00
	二次压密	2.28	2.75	3.04	3.04	3.04	3.04	3.04	3.04	3.04	3.04	3.04	3.04	3.04
	总变形	5.37	6.81	7.82	8.42	8.94	9.39	10.52	11.46	12.25	13.57	14.64	15.55	17.04
S4	沥青层剪切流变	2.31	2.80	3.16	3.44	3.69	3.91	4.44	4.89	5.25	5.84	6.29	6.66	7.19
	二次压密	1.36	1.72	2.02	2.02	2.02	2.02	2.02	2.02	2.02	2.02	2.02	2.02	2.02
	总变形	3.67	4.52	5.18	5.46	5.71	5.93	6.46	6.91	7.27	7.86	8.31	8.68	9.21
S6	沥青层剪切流变	0.92	1.20	1.40	1.56	1.70	1.82	2.12	2.37	2.58	2.93	3.23	3.50	3.97
	二次压密	1.36	1.72	2.02	2.02	2.02	2.02	2.02	2.02	2.02	2.02	2.02	2.02	2.02
	总变形	2.28	2.92	3.42	3.58	3.72	3.84	4.14	4.39	4.60	4.95	5.25	5.52	5.99
S7	沥青层剪切流变	2.69	3.37	3.86	4.27	4.64	4.97	5.80	6.50	7.10	8.10	8.94	9.67	10.90
	二次压密	2.28	2.75	3.04	3.04	3.04	3.04	3.04	3.04	3.04	3.04	3.04	3.04	3.04
	总变形	4.97	6.12	6.90	7.31	7.68	8.01	8.84	9.54	10.14	11.14	11.98	12.71	13.94

结构类型	累积时间/月	1	2	3	13	14	15	27	39	51	75	111	147	183
S8	沥青层剪切流变	3.99	5.03	5.78	6.40	6.93	7.40	8.58	9.59	10.43	11.83	12.97	13.95	15.56
	二次压密	2.28	2.75	3.04	3.04	3.04	3.04	3.04	3.04	3.04	3.04	3.04	3.04	3.04
	级配碎石层变形	5.62	6.00	6.21	6.87	6.90	6.92	7.14	7.27	7.36	7.47	7.59	7.66	7.71
	总变形	11.89	13.78	15.03	16.31	16.87	17.36	18.76	19.90	20.83	22.34	23.60	24.65	26.31

结构 S1 中沥青层的剪切流变变形（图 3.18）占大部分，初期比较小，随着累积作用时间的增加，比例越来越大，最终占到 80% 左右。通车 15 年时变形量达到了 15.28mm，超出了规范要求，如果想提高抗车辙能力，必须提升沥青面层的抗剪切能力或者降低沥青面层竖向压应力。

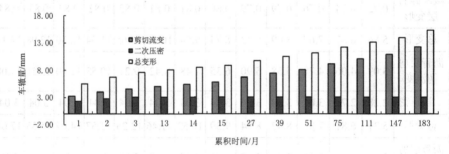

图 3.18　结构 S1 永久变形量随时间的变化

结构 S2 中沥青层的剪切流变变形（图 3.19）占大部分，初期比较小，随着累积作用时间的增加，比例越来越大，最终占到 70% 左右，虽然存在级配碎石层，但是变形很小（0.82mm），不到 5%，不会影响总体抗车辙能力。通车 15 年时变形量达到了 14.15mm，满足规范要求，从抗变形角度，此种结构能够满足要求。

结构 S3 与结构 S1 类似，沥青层的剪切流变变形（图 3.20）占大部分，初期比较小，随着累积作用时间的增加，比例越来越大，最终占到 75% 左右。通车 15 年时变形量达到了 17.04mm，超出规范要求。与 S1 相比，结构 S3 减小了 LSPM 层 4cm 的厚度，由此可以看出，沥青层厚度对于车辙量影响也比较大，在半刚性结构中可以通过加厚沥青层来减小车辙变形量。

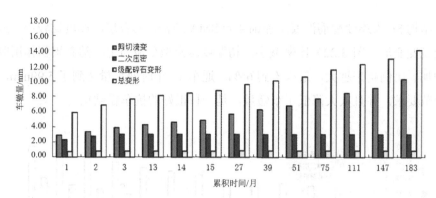

图 3.19 结构 S2 永久变形量随时间的变化

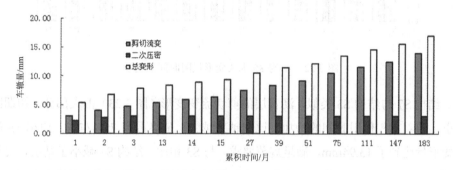

图 3.20 结构 S3 永久变形量随时间的变化

结构 S4 为高模量沥青层结构，沥青层的剪切流变变形（图 3.21）比例减小，随着累积作用时间的增加，比例越来越大，最终不到 80%。通车 15 年时变形量达到了 9.21mm，满足规范要求，并且大大降低了车辙量，达到了高模量沥青抗车辙的目的。

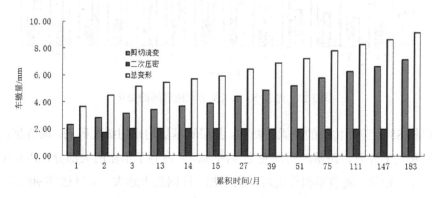

图 3.21 结构 S4 永久变形量随时间的变化

结构 S6 为连续配筋混凝土加铺 4cm SMA 结构，沥青层的厚度比较小，所以剪切流变变形（图 3.22）比例减小，初期以压密型车辙为主，随着累积作用时间的增加，比例越来越大，最终不到 65%。通车 15 年时变形量达到了 5.99mm，满足规范要求，并且大大降低了车辙量，是一种很好的抗车辙结构。

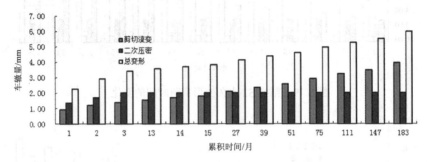

图 3.22　结构 S6 永久变形量随时间的变化

结构 S7 与结构 S3 类似，沥青层的剪切流变变形（图 3.23）占大部分，初期比较小，随着累积作用时间的增加，比例越来越大，最终占到 75%左右。通车 15 年时变形量达到了 13.94mm，满足规范要求。与 S3 相比，结构 S7 减小了基层，底基层厚度增加了 4cm。由此可以看出，增加基层的厚度同样能够减小车辙变形量。

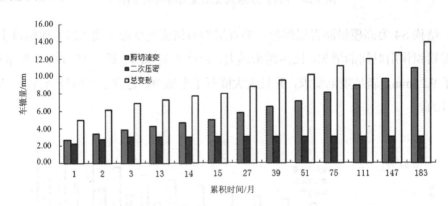

图 3.23　结构 S7 永久变形量随时间的变化

结构 S8 为美国传统的全柔性结构，基层底基层均采用级配碎石，沥青层的剪切流变和级配碎石、路基的塑性变形（图 3.24）占到了车辙的大部分，压密型车辙处于次要地位，随着累积作用时间的增加，比例越来越大，最终达到 90%左右。通车 15 年时变形量达到了 26.31mm，通车三年即超出了规范要求，如果考虑到初期预测值偏大的情况，那么通车四到五年就会超出规范要求。此种结构在美国使用性能良好，但是我国重车较多，标准轴载也大，加上沥青层的厚度小于美国的设计值，所以从抗车辙角度考虑，此种结构不适合我国实际情况。

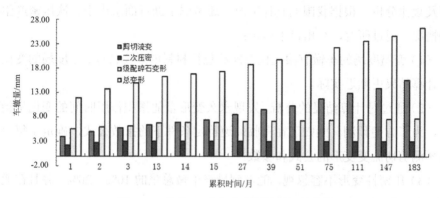

图 3.24　结构 S8 永久变形量随时间的变化

图 3.25 是七种结构 15 年后的车辙总量，可以看出，连续配筋混凝土结构效果最好，高模量沥青结构次之，以后依次为 S2、S7、S1、S3 和 S8，其中 S8 效果最差，其他六种基本上都能满足抗车辙要求。综合考虑，S6 和 S2 结构最理想，不但可以减小车辙，而且能够消除横向开裂。S4 结构效果虽然较好，但是造价相对较高，在资金紧缺的情况下不宜采用。

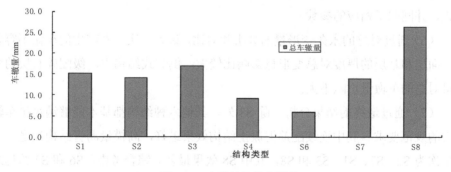

图 3.25　七种结构总变形量

3.6　小结

本章对目前国内外永久变形的预测模型进行了系统的归纳和分析，采用变温度场的有限元车辙计算模型，并根据需要对涉及材料进行了室内的动弹模量和蠕变参数试验，计算了青临高速其中路面结构的沥青层剪切流变变形量及发展规律；利用 AASHTO 的预测模型对结构 S2 和 S8 的级配碎石层、路基的变形量进行了计算及规律分析。根据我国的具体情况，还考虑了沥青面层由于二次压密产生车辙的情况。通过研究，得出以下结论：

（1）变温度场的车辙有限元模型能够包括材料的蠕变特性、温度场的变化特点，计算结果更贴近实际。

（2）通过对计算结果的分析，发现永久变形量随累积作用时间的变化呈指数关系，为了方便预测，回归了在青临高速特定条件下的指数公式，确定了每一种结构预测剪切流变变形的公式和参数。

（3）压密性变形不容忽视，能占到最终车辙总量的 10%～20%，并且在通车初期起主要作用。

（4）利用室内压密试验得到的公式对七种路面结构沥青层的二次压密量进行了预测，结果表明在通车三个高温月的变形量分别为 2.28mm、2.75mm 和 3.04mm。结构 S6 只有 SMA 层，压缩量之和为 1.36mm、1.72mm 和 2.02mm。

（5）利用 AASHTO 预测模型对含级配碎石层的结构 S2 和 S8 进行了相应变形量的预测，在青临高速特定的环境、交通流下，发现 S2 和 S8 中级配碎石层变形量与累积作用时间之间呈对数关系，为方便预测模型的使用，建立了对数关系公式，并回归了相应的参数。

（6）通过对总的永久变形量的分析和对比，认为二次压密产生的车辙不容忽视；面层和基层的厚度对总变形量影响比较大；倒装式结构中，级配碎石层的变形量对总的车辙量贡献不大。

（7）通过最终的结果分析，除 S8 外，其他六种结构都基本能够满足抗车辙能力的规范要求。其中连续配筋混凝土结构效果最好，高模量沥青结构次之，以后依次为 S2、S7、S1、S3 和 S8，其中 S8 效果最差。综合考虑，S6 和 S2 结构最理想，不但可以减小车辙，而且能够消除横向开裂。S4 结构效果虽然较好，但是造价相对较高，可以用在一些抗车辙能力要求高的部位，在资金紧缺的情况下不宜采用。

第4章 路面平整度的变化规律及预测

4.1 概述

4.1.1 研究背景和目的

平整度是用来描述路表面起伏程度的指标，我国的规范将其定义为：路表面纵向的凹凸量的偏差值。该定义只描述断面形状，不涉及车辆的行驶问题，而且没有固定的参照高程，不利于测定。而 ASTM 的定义为：道路平整度（Traveled Surface Roughness）是路面表面相对于理想平面的竖向偏差，而这种偏差会影响到车辆动力特性、行驶质量、路面所受动荷载及排水[86]。所以平整度的量测也分为断面类和反应类两种，前者针对于路面结构，后者针对于行驶的车辆。

表征平整度的指标很多，主要有：国际平整度指数 IRI、直尺测定最大间隙与平整度标准差、纵断面指数 PI、功率谱密度 PSD、平均评分等级 MPR（Mean Panel Rating）、行驶质量数 RN 和竖向加速度均方根 RMSVA 等。我国的规范中要求用 σ 值和国际平整度指数 IRI 来表示。

平整度的好坏直接影响到行车速度、舒适度、安全和经济性能，在各种道路用户使用费用预测模型中就是以国际平整度指数为参数来计算的。而影响路面平整的因素很多：横裂、纵裂、车辙、推移、壅包、波浪、坑槽和初始平整度都会不同程度地降低平整程度。可以说，平整度决定于路面结构、材料、施工质量和使用年限，同时影响着道路使用者，是使用费用与路面性能建立联系的桥梁。在我国，影响平整度的另外一个重要的指标就是因为压实度不足产生的二次压缩导致的平整度变化。

对于平整度研究多集中在评价指标和计算方法上，随使用年限的衰变规律的研究比较少。平整度衰变程度决定了养护的时机，影响了养护费用，如果想准确地预测道路使用者的费用，必须对平整度的衰变进行深入的研究。

4.1.2　国内外研究现状

国内外对于平整度的研究，大都集中在指标的确定和检测技术上，对于平整度影响因素的分析和平整度衰变的研究相对较少。

平整度表征路面起伏程度，最终影响行车舒适性。对于平整度的计算可以从两方面入手：路面高程差值或者均方差值、车辆行驶时的颠簸起伏累计值。对于第一种模型从路面形状考虑，比较直观，易于测量，是常用的方法；第二种模型从车辆减震系统的起伏考虑，模型比较复杂，并且受车辆类型和行驶速度的影响比较大，需要用专门检测车在规定的速度下进行测量。

张晓云[87]以路面空间功率谱密度与车辆荷载频率之间的相互关系为基础，分析总结了在车辆行驶速度一定时，水泥混凝土路面结构面板的最大位移与路面空间频率之间的关系。结论如下：在车速较低时，即使路面平整度较差，动荷载对路面板的最大动位移也没有太大影响；而在车速较大时（大于 60 km/h），路面空间频率的增加会给路面板带来几倍于静载时的位移。这就进一步证明了车速较大时动荷载必须作为考虑量纳入到路面位移的计算之中。

李晓娜、李云涛[88]根据达朗贝尔原理建立了车辆动荷载作用模型，借助 MATLAB 数学工具分析了车辆动载在不同载重条件下的变化特征。通过简化的路面平整度模型，对四分之一车辆模型进行振动方程求解，建立了作用于路面的车辆动荷载模型。通过对载重、车速、路面不平整度对车辆动荷载的影响分析发现，动荷系数基本上都处于 1.05～1.8 之间。

李皓玉、杨绍普[89]通过对车辆振动系统的模拟，考虑路面的不平度水平和车—路直接的相互作用的影响，提出了沥青路面动态响应的解析解，探讨了车辆的轴载、路面的不平度和车辆参数对沥青路面动力响应的影响。分析表明：随着汽车载重的增加和路面平整度水平的提高，路面结构的动态响应会减弱，故可通过限制车辆超载、提高路面平整度的水平等措施来减少路面早期破坏，延长路面使用寿命。

陶向华、黄晓明[90]通过建立双自由度四分之一车辆模型，对时间角频率谱密度和路面不平度的波数功率谱密度之间的关系进行了推导，通过频域的模拟，得到了车辆动荷载的功率谱密度、动载系数和均方根偏差，并对车速和路面不平度对于车辆动荷载产生的影响进行了分析研究。

4.1.2.1 检测方法和设备

为了检测路面平整度，世界各国研制出许多相关的仪器设备，如美国、加拿大的四分之一车，英国的标准颠簸累积仪，法国的纵断面分析仪，澳大利亚的平整度数据采集系统等。这些设备在当时的使用情况都不错，但因彼此之间未建立定量关系，其检测到的数据无法对比。因此，为了客观定量分析路面不平整度，世界银行在 20 世纪 70 年代末 80 年代初组织了世界上有关专家用各国测定平整度的主要仪器，在巴西利亚进行研究试验，最后在 1986 年发表了第 45 号技术文件《国际道路粗糙度测量实验标准》(*The International Road Roughness Experiment Standard for Measurements*)，把国际平整度指数 IRI(International Roughness Index) 定义为：模拟标准车在 80km/h 速度条件下，车身悬架的总位移（单位为 m）与行驶距离（单位为 km）之比，同时发表了采用精密水准仪测得路面一定间隔（如每 25cm 或 50cm）的高程，计算 IRI 的算式和计算程序将真实纵断面情况表征为国际平整度指数 IRI，从而把过去世界各国不同的平整度仪测试结果指标统一到 IRI 来。国际平整度指数 IRI 是世行组织召集世界各国专家学者，考虑了公路路面的长波模型、短波模型、台阶模型以及专家模型等向世界各国推荐的[91]，所以从技术上来说比较全面、合理。这对世界路面平整度测量是一个重大的贡献，目前 IRI 已发展成各国平整度的通用指标，包括现在最先进的采用激光技术的平整度检测设备均可直接输出 IRI 的指标数值。

4.1.2.2 平整度检测指标

平整度检测评定指标路面平整度的检测输出指数比较多，有的是国家地区使用的检测指标，比如澳大利亚的 NAASRA 指数、法国的 APL 指数、加拿大的 PSI 指数，也有世界性组织国际上较为通用的国际平整度指数 IRI，也有相关行业使用的检测指标如汽车设计研究行业评价路面的 PSD 指数等。

在我国，常用的还有三米直尺量测的最大间隙 h 及标准偏差 σ。鉴于国内十余年来路面平整度仪器设备的研究开发和应用发展情况，颠簸累积仪已从广泛用于现有路网路面平整度测定，发展成为可完全满足新建路面竣工验收需要的检测手段，故新检评标准采用较高级的自动或半自动化检测设备，不再单指连续平整度仪（即八轮平整度仪），并引入了国际通用的国际平整度指数 IRI。研究表明路面平整度，特别是初始路面平整度，严重影响路面使用寿命。通过比较我国与北美地区及欧洲的规范可知，相对于大部分国家而言，我国现行规范对于路面平整度的规定值偏高，与西班牙所要求的值相近,都是 2.0m/km(对于高等级公路),而加拿大是 1.2m/km,瑞典为 1.4m/km,美国大部分州要求为 0.79~1.58m/km。我国对于路面初始平整度规范值确定及路面平整度与路面使用寿命关系方面的研究较少。

为了客观、准确、高效地检测和评定路面平整度,平整度指数的设置要具有合理性。我国过去使用较多的仪器有三米直尺和连续式平整度仪等,这些仪器受长度和速度的限制,难以反映较高车速下路面较长波长的颠簸和起伏[92]。另外连续式平整度仪在使用中还存在测试效率低、速度慢、机械配置庞大而笨重、测定精度差、再现性差等问题。因此,为提高平整度测试的精确度及与国际通用指标保持一致,在规范中采用国际平整度指数 IRI 作为路面平整度的检测和评定指标。

从"七五"开始,在国内路面管理系统中采用 IRI 作为路面平整度指标,已实际使用了十余年,测得了数万公里的沥青路面的 IRI 值,为干线公路路面评价、养护决策提供了重要的基础数据。同时,交通部公路科学研究所曾多次在北京、上海、南京、长春、太原等地对国际平整度指数 IRI 与平整度标准差 σ 进行了大量的对比试验,全部试验结果表明二者之间具有良好的相关关系:$\sigma=0.5926IRI+0.013$,相关系数 $R=0.9875$。为了便于应用,一般取 $\sigma=0.6IRI$。

东南大学王晖光等[93],通过建立 IRI 的数字地面模型来描述和预测 IRI 的变化,基本方法就是采用二元双一次曲面模拟整个道路起伏,并详细地介绍了内插的计算步骤,为 IRI 的计算和预测提供了一种新的思路。

4.1.2.3 平整度影响因素分析

道路在使用过程中,车辙、坑洞、波浪、壅包、龟裂、横裂、纵裂等病害的产生对平整度都会产生不同的影响,每一种病害的影响都是单独的,互相之间没有交叉作用。国外对于平整度的影响因素分析比较多,尤其是单因素的影响分析。

Paterson、Darter、Barenberg、Al-Omari 以及 Darter 研究了单独破坏以及破坏的组合对平整度的影响。

1. 车辙

Darter 和 Barenberg 通过对 AASHTO 试验的结果分析发现车辙深度的变化是影响 PSR 最大的因素,见式(4.1)和式(4.2):

$$IRI = 57.56 \cdot RD - 334 \tag{4.1}$$

上式 $R^2 = 0.93$,$SEE = 0.27\text{m/km}$,$N=5$

$$IRI = 136.19 \cdot SD - 116.36 \tag{4.2}$$

上式 R^2 =0.94，SEE =0.26m/km，N=5

式中：IRI ——平整度，mm/km；

　　　RD——车辙深度，mm；

　　　SD——车辙深度沿路面的标准差；

　　　R^2——0.93 和 0.94，表明车辙深度和标准差的变化对平整度影响很大。

车辙分布在行车带上，如果车辆一直沿行车带行驶的话，车辙深度对平整度影响并不很大，而车辙的不均匀造成的行车带起伏才是最主要的影响舒适性的原因。但是车辆在行驶过程中会不断地变换车道，就导致了行驶路线中高程的起伏变化，从而产生颠簸。所以，车辙的深度和不均匀性都会严重地影响平整度，是必须要考虑的两个因素。

2. 横向裂缝

车辆经过横向裂缝时，缝两边路面的沉降量不一致，导致车辆产生颠簸，每经过一条就会产生一次起伏，所以 Al-Omari 和 Darter 提出 IRI 的增加与横向裂缝的增加呈线性关系，且横向裂缝的形状也对 IRI 有影响，尤其是出现辐射性或平行式裂缝，开裂严重并且面积比较大时。Darter 和 Barenberg 也提出，横向裂缝的临界值是每 20m 一条中等或严重裂缝，低于这个值对平整度影响不大，一旦超过则有较大影响。

3. 坑洞

坑洞对 IRI 影响显而易见，车辆快速行驶过坑洞时，在两边的边缘产生高差，会导致颠簸，当坑洞深度达到一定值时，对平整度的影响变化不大，其主要作用的就是坑洞的面积。

4. 凹陷及拱胀

凹陷和拱胀就是指路面的波浪壅包，AASHTO 统计了不同程度的波浪壅包对于平整度的影响，见表 4.1。

表 4.1　凹陷及拱胀对路面平整度（IRI）的影响

每 50m 的沉陷数量	沉陷间距	IRI/（m/km）
0	—	0.375
1	50	1.749
2	25	3.354
3	16.7	4.689

5. 设计、场地、气候的变化对平整度的影响

除了以上因素外，AASHTO 还认为设计、场地、气候变化对平整度也有影响，只是在不同的预测模型中影响的程度不一样，表 4.2 为三种不同的预测模型中对外部因素考虑的程度。

表 4.2　设计指标和场地条件对路面平整度的影响

设计指标和场地条件	Cost 分布模型	Kajner 分布模型	Sebaly 分布模型
初始平整度	3	3	3
ESAL	3	3	3
使用寿命	3	3	3
基层厚度	3		
冰冻指数	3		
初始 IRI/耐用性		3	
地基类型		3	
罩面厚度		3	
最高气温			3
最低气温			3
年平均雨天			3

对于给定初始平整度的路面，几种因素的组合将随着时间变化影响平整度。主要的因素就是破坏的产生和发展，尤其是车辙和疲劳开裂的影响。此外，交通、场地环境、气候因素也应该考虑在内。

如果没有给定初始平整度，那么就需要进行确定，初始 *IRI* 的确定使用外推法，其函数形式为式（4.3）：

$$IRI = f(age) \qquad (4.3)$$

路面的平均寿命为 14 年，共有三轮数据监测。初始 *IRI* 可以用线性模拟的方法来确定。通过数据点得到的直线的截距就是初始 *IRI*，如图 4.1 所示。

对比图 4.2 和图 4.3 可以看出，原状沥青混凝土路面初始 *IRI* 的预测值与观测值的差别大于加层沥青混凝土路面。

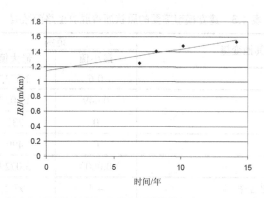

图 4.1　反推初始 *IRI* 的线性模型

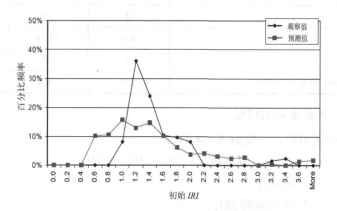

图 4.2　原状沥青混凝土路面的 *IRI* 测量值和反推值的对比图

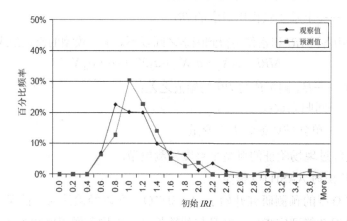

图 4.3　加层沥青混凝土路面的 *IRI* 测量值和反推值的对比图

沥青混凝土路面和加罩面的沥青混凝土路面的数据统计见表 4.3。

表4.3　建立模型需要的原状沥青混凝土路面数据

破坏/其他变量	范围		平均值
	最小值	最大值	
初始 IRI/（m/km）	0.6	3.5732	1.1358
车辙标准差/mm	0.049	11.027	2.1006
横向裂缝长度/m	0	237	28
疲劳裂缝长度/m	0	490	28
年降雨量标准差	0.0003	5.0720	0.6439
地基土 0.075mm 筛通过率/%	4.4	97.2	43.0
网裂/m²	0.0	568.9	11.5
车辙/mm	0	19	7
泛油（中等严重以上）/m	0.0	556.6	13.0
塑性指数/%	0	45	10
地基土 0.02mm 筛通过率/%	2.6	91.4	30.9

4.1.2.4　平整度预测模型

预测模型通用形式一般为式（4.4）：

$$IRI = IRI_I + IRI_D + IRI_F + IRI_S \tag{4.4}$$

式中：IRI_I——初始 IRI；

　　　IRI_D——破坏对应的 IRI；

　　　IRI_F——土基霜冻作用对应的 IRI；

　　　IRI_S——土基膨胀作用对应的 IRI。

此模型由各种 IRI 积累作用得到因素之间互不影响。模型的修正公式（4.5）为

$$\Delta IRI = a_1 X_1 + a_2 X_2 + a_3 X_3 + \cdots + a_n X_n \tag{4.5}$$

式中：ΔIRI——IRI 测量值与 IRI 初始值之差；

　　　a_n——回归系数；

　　　X_n——单独破坏或者力学变量。

下面是经过现场验证的典型平整度预测模型。

1. 经验法的 AASHTO 模型

对于平整度的预测研究开始于 AASHTO，在以经验法为主的第一版中，用 PSR 作为路况功能评定指标，并且与裂缝长度、平均车辙深度和车辙斜率方差建立关系，具体见公式（4.6）：

$$PSR = 5.03 - 1.911\log(1 + SV) - 0.01(C + P)^{0.5} - 1.38RD^2 \tag{4.6}$$

式中： PSR ——现有路况功能评定；

SV ——斜率方差；

C ——1000ft² 范围内的主要裂缝，ft；

P ——1000ft² 范围内的坑洞面积，ft²；

RD ——轮迹最深处的平均车辙深度，in。

SV 定义见式（4.7）：

$$SV = \frac{\sum Y^2 - \frac{1}{n}(\sum Y)^2}{n-1} \qquad (4.7)$$

式中： Y ——高程差，in；

n ——高程读数的个数。

上式 R^2 =84%，统计数据表明 PSR 与平整度及沥青混凝土路面的破坏有很大关系。由于道路表面的破坏使纵断面发生扭曲，直接影响了平整度。

2. 联邦公路局（FHWA）不维修路面研究

$$PSR = 1.5 - 0.49RD - 1.16DV^{0.5}(1 - 0.087RDV^{0.5}) - 0.131\log(1 + TC) \\ -0.0344(AC + P)^{0.5} \qquad (4.8)$$

上式 R^2 =0.76， N =95

式中： RD ——轮迹处的车辙深度；

RDV ——车辙深度的方差，in²·100；

AC ——水平 2 和水平 3 的龟裂或疲劳裂缝，ft²/1000ft²；

TC ——横向及纵向裂缝，ft²/1000ft²；

P ——修补面积，ft²/1000ft²。

3. 世界银行 HDM－Ⅲ

$$\Delta RI = 134e^{mt}MSNK^{-5.0}\Delta NE4 + 0.114\Delta RDS + 0.0066\Delta CRX + 0.003h\Delta PAT \\ + 0.16\Delta POT + mRI_t\Delta t \qquad (4.9)$$

上式 R^2 =0.59， SEE =0.51， N =361。

式中： ΔRI ——粗糙度在 Δt 时间内的增量，m/km；

$MSNK$ ——反映路面厚度、结构层数以及开裂状况的因子；

$\Delta NE4$ —— Δt 时间内标准当量轴载（ESALs）的增量；

ΔRDS ——车辙深度的增量，mm；

ΔCRX ——裂缝面积的增量百分率；

ΔPAT ——表面修补的增量百分率；

ΔPOT ——总的坑洞体积的增量，m^3/lane km；

m ——环境因子；

RI_t ——t 时刻的粗糙度；

Δt ——时间增量，年；

t ——罩面的平均寿命，年；

h ——修补与初始路面纵断面的平均偏移量，mm。

式（4.9）预测了随着每个路面环境情况及主要破坏变化的平整度变化情况，反映了气温、湿度和轴载情况的变化对平整度的影响。

4. FHWA/伊利诺斯州公路所的研究

$$PSR = 4.95 - 0.685D - 0.334P - 0.051C - 0.211RD \qquad (4.10)$$

上式 R^2 =0.92，N=81。

式中：D ——每 50 米严重凹陷的数量；

P ——每 50 米严重坑洞的数量；

C ——每 50 米严重开裂的数量。

5. AASHTO2002 设计方法采用的预测模型

AASHTO 设计方法经过改进后，采用了力学－经验法，与第一版相比有较大的变化，采用的平整度预测模型中参数的选取更注重与实际相结合，根据基层类型和新建、改建情况建立了不同的模型，经过试验路段的数据验证调整后更精确。

（1）传统厚粒料基层沥青混凝土路面。

$$IRI = IRI_o + 0.0463(SF[e^{\frac{age}{20}} - 1]) + 0.00119(TC_L)_T + 0.1834(COV_{RD}) \qquad (4.11)$$
$$+ 0.00384(FC)_T + 0.00736(BC)_T + 0.00155(LC_{SNWP})_{MH}$$

式中：IRI_0 ——建成后六个月的 IRI 测量值，m/km；

$(TC_l)_T$ ——全部横向裂缝的长度，m/km；

COV_{RD} ——车辙深度的变化系数；

$(FC)_T$ ——疲劳裂缝总面积所占百分比，%；

$(BC)_T$ ——网裂总面积所占百分比，%；

$(LC_{SNWP})_{MH}$ ——轮迹范围外的封闭纵向裂缝（中等严重度以上），m/km；

age ——修建后的年数。

$$SF = [\frac{(R_{SD})(P_{0.075} + 1)(PI)}{2 \times 10^4}] + [\frac{\ln(FI + 1)(P_{0.02} + 1)(\ln(R_m + 1))}{10}] \qquad (4.12)$$

式中：R_{SD} ——月降雨量标准差，mm；

R_m——平均年降雨量，mm；

$P_{0.075}$——0.075mm 筛通过率，%；

$P_{0.02}$——0.02mm 筛通过率，%；

PI——塑性指数；

FI——平均年冰冻指数。

（2）高强度 ATB 沥青混凝土路面。

$$IRI = IRI_o + 0.0099947(Age) + 0.0005183(FI) + 0.00235(FC)_T$$
$$+18.36(\frac{1}{(TC_S)_H}) + 0.9694(P)_H \tag{4.13}$$

式中：$(TC_S)_H$——高严重度横向裂缝平均间距，m；

P_H——高严重度修补面积（占整个车道面积的百分率），%；

FI——平均年冰冻指数；

age——修建后的年数。

（3）半刚性基层沥青混凝土路面（CBT 基层沥青混凝土路面）。

$$IRI = IRI_o + 0.00732(FC)_T + 0.07647(SD_{RD}) + 0.0001449(TC_L)_T$$
$$+0.00842(BC)_T + 0.0002115(LC_{NWP})_{MH} \tag{4.14}$$

式中：$(BC)_T$——网裂总面积所占百分比，%；

SD_{RD}——车辙深度标准差，mm；

$(LC_{NWP})_{MH}$——轮迹范围外纵向裂缝（中等严重度以上）面积，m/km。

（4）HMA 罩面沥青混凝土路面。

$$IRI = IRI_o + 0.011505(Age) + 0.0035986(FC)_T + 3.4300573(\frac{1}{(TC_S)_{MH}})$$
$$+0.000723(LC_S)_{MH} + 0.0112407(P)_{MH} + 9.04244(PH)_T \tag{4.15}$$

式中：$(TC_S)_{MH}$——横向裂缝（中等严重度以上）平均间距；

$(LC_S)_{MH}$——轮迹范围内纵向裂缝（中等严重度以上）面积，m/km；

$(P)_{MH}$——修补（中等严重度以上）面积占车道总面积的百分比，%；

$(PH)_T$——坑洞面积占车道总面积的百分比，%。

（5）HMA 罩面刚性路面。

$$IRI = IRI_o + 0.008267(Age) + 0.0221832(RD) + 1.33041(\frac{1}{(TC)_{MH}}) \tag{4.16}$$

式中：RD——平均车辙深度，mm。

经过总结，几种典型预测模型对于各种因素的考虑程度见表 4.4。

表 4.4   不同破坏类型对各模型平整度及路面功能状况的影响

破坏类型	Omari-Darter 模型	Anderson 模型	HDM-III	AASHTO 模型	Darter-Barenberg 模型
车辙深度	3	3		3	3
坑洞	3		3		
凹陷与拱胀	3				
横向裂缝	3	3		3	3
车辙深度标准差	3				3
修补		3		3	3
疲劳开裂			3		3

综合分析各种平整度的预测模型，对涉及的指标，除了横裂、纵裂、网裂和车辙量之外，坑洞、松散和壅包的病害都无法预测，导致了这些模型只能用于现状的预测。

考虑到当前养护的及时性，对于青临高速八种路面结构的平整度预测模型，不考虑坑洞、松散和壅包的影响。对于横裂、纵裂、网裂和车辙量的指标，拟采用 AASHTO2002 设计方法中的参数。另外，由于现场压实度的不均匀以及二次压密的作用，会导致通车前两年内平整度的变化。由于其他几种因素的影响的研究已经比较成熟，所以本章拟将二次压密对平整度的影响作为主要内容进行研究。

青临高速八种路面结构中，S1、S2、S3、S4 和 S7 采用公式（4.14）的形式，并对其进行改进；结构 S8 为厚粒料 ATB 基层结构，采用公式（4.13）的形式并加以改进；结构 S6 为刚性基层加铺 SMA 层，可以采用公式（4.16）的形式并加以改进；结构 S5 为连续配筋混凝土路面，不考虑平整度的变化。

4.2   主要研究内容和技术路线

4.2.1   主要研究内容

以 AASHTO 的经验模型为基础，增加二次压密产生的不平整度，预测初期的平整度变化。

（1）结合前面几章的结论，得出改进的经验预测模型。包括：二次压密试验；现场 PQI 检测结果整理；IRI 的计算。

（2）对其他指标参照 AASHTO 的经验。

（3）进行平整度的变化预测。

4.2.2　技术路线

（1）分析国内外预测模型，进行评价和比较。

（2）表明层和中面层二次压缩的变化规律。

（3）现场施工压实度的检测和不均匀性分析。

（4）现场经过二次压缩后的高程变化及参数分析。

（5）对平整度的变化预测。

具体研究路线如图 4.4 所示。

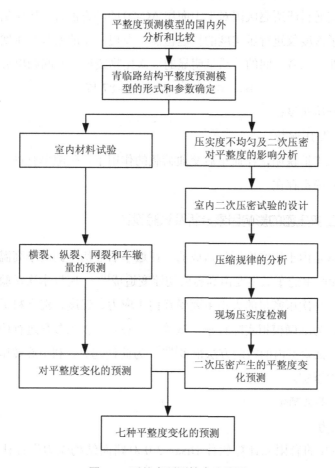

图 4.4　平整度预测技术路线图

4.3 二次压密试验设计及结果分析

车辙是表征路面行驶舒适性和安全性的重要指标，由中上面层初期的二次压密、高温时的剪切流变[94]、表面层的磨耗和基层、底基层、路基的变形导致[95]，准确的预测可以控制面层混合料的碾压质量并为初期平整度的变化预测提供基础。目前用于车辙性能评价的指标为沥青混合料的动稳定度，试验方法未涉及初期二次压密造成的具体数值[96]。但是当前公路施工中的压实不均匀性导致二次压密现象很严重，国内外部分研究表明[97, 98]，二次压密造成的初期压缩量不可忽视[99]，所以必须量化压实不均匀对初期车辙量的影响。

河北省交通科研所赵庆国对于中面层 AC-20 的沥青混合料压实情况进行了研究，利用核子密度仪进行压实度的快速检测，发现复压的遍数和压实度之间存在很好的相关性，二者之间的关系呈明显的二次抛物线形，并回归出公式（4.17）：

$$\rho = -0.207n^2 + 2.935n + 87.17 \tag{4.17}$$

式中：ρ ——压实度；

n ——复压遍数。

这能进一步地说明，在通车后交通荷载的作用下，空隙率有进一步减小的趋势，二次压密确实存在。

4.3.1 二次压密的影响因素分析及试验设计

二次压密是由于压实度不足造成的，在通车后经历一到两个高温季节即能达到稳定，后期产生的车辙主要由高温剪切流变造成[100]，所以本次试验只模拟初期的压密过程。二次压密量的大小主要受竖向压应力、温度、混合料类型和初始空隙率的影响，为准确模拟实际行车，试验之前必须对以上参数进行确定，并对试验进行设计。试验室内的检测方法很多[101]，为简便起见，利用旋转压实仪进行试件成型和二次压实。

4.3.1.1 参数确定

1. 压应力

利用 shell 的有限元计算软件 Bisar 3.0 对路面结构受力进行计算，结果见表 4.5 和图 4.5。

表 4.5　结构受力计算表

Depth（相对深度）	ZZ（竖向的压应力）	ZZ（竖向压应变）
（m）	（MPa）	%
2.00E−02	−9.82E−03	4.48E+01
2.00E−02	−6.96E−01	−3.44E+02
5.00E−02	−7.76E−02	6.03E+00
5.00E−02	−6.42E−01	−3.76E+02
3.00E−01	−1.16E−01	−1.09E+02
3.00E−01	−1.10E−01	−1.06E+02
4.50E−01	−7.21E−02	−9.34E+01
4.50E−01	−6.46E−02	−8.35E+01
6.30E−01	−2.75E−02	−2.68E+01
6.30E−01	−2.50E−02	−2.47E+01

　　根据计算结果和图 4.5 所示，中面层和上面层在高温季节荷载作用下的竖向压应力值非常大，能达到轮压值。其他的层位压应力值比较小。由于二次压密主要是由于车轮荷载作用下的进一步压实，所以只考虑压力值比较大的中、上面层，对于其他层位来说，压应力值太小，对于二次压密基本没有贡献。通过计算，并参考其他研究成果[102]，确定室内二次压密试验的控制应力为上面层 696 kPa，中面层 642kPa。

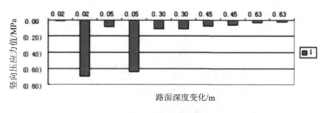

图 4.5　竖向应力变化图

2. 温度数值

　　沥青混合料是一种温度敏感性材料，在高温情况下，相同的荷载会产生较大的变形，同时会加剧二次压密的压缩量，低温情况下影响不大，所以主要考虑高温季节最不利时的温度影响。根据热传导效应和大气温度、辐射量的变化，可以计算出高温季节路面各层的最高温度[103]。根据李辉的计算结果[104]，得到高温时各层温度值，室内试验时，中面层取最不利条件时温度为 45℃。上面层最高温度为 50℃，下面层为 32℃。

3．初始空隙率

初始空隙率越大，压缩量越大，根据实际施工时检测的初始空隙率范围，在 4%～8%内进行取值。

4．混合料类型

由于下面层的温度和应力都不高，所以不考虑下面层初期不产生压缩。本文将 SMA 和 AC-20 混合料作为主要研究类型。

4.3.1.2 试验过程

（1）计算一个试件的沥青混合料用量。

（2）称取混合料质量 4538.32g，将料置于浅盘中放入烘箱烘到温度达到 170℃。

（3）将试模也放入烘箱。

（4）用温度计测量沥青混合料温度达到 170℃时迅速取出沥青混合料和试模，并将沥青混合料装入试模内，用旋转压实仪压实至高度为 110mm。此时空隙率为 8%。

在压实过程中，不需要脱模，初次压实完成后（即达到控制高度 110mm 后），放入规定温度烘箱内保温三个小时（可以调整，达到规定温度即可），根据中面层的竖向压应力调整旋转压实仪压力，继续进行二次旋转压实，压实次数设为 1600次，试验过程如图 4.6 所示，中间记录压实次数和高度见表 4.6，脱模。

图 4.6　二次压密试验

表 4.6　初始空隙率为 4.08% 的 SMA 试件压实结果

压实次数	高度/mm	vv/%	压缩率	压实次数	高度/mm	vv/%	压缩率
0	110	4.08	1.000	336	108.8	3.02	0.989
2	109.9	3.99	0.999	393	108.7	2.93	0.988
8	109.8	3.91	0.998	466	108.6	2.84	0.987
18	109.7	3.82	0.997	587	108.5	2.75	0.986
30	109.6	3.73	0.996	626	108.4	2.66	0.985
49	109.5	3.64	0.995	734	108.3	2.57	0.985
74	109.4	3.55	0.995	876	108.2	2.48	0.984
104	109.3	3.47	0.994	1060	108.1	2.39	0.983
144	109.2	3.38	0.993	1177	108	2.30	0.982
191	109.1	3.29	0.992	1419	107.9	2.21	0.981
238	109	3.20	0.991	1589	107.8	2.12	0.980
290	108.9	3.11	0.990				

4.3.1.3　试验和现场压实次数的换算

试验室内的试验与实际作用的压缩速度不同，导致每一次压实的效果不同，为了能够进行准确预测，以累积作用时间为等效值进行压实次数的换算。利用旋转压实仪进行试验时，压实频率为 30 次/min，折合成作用时间为 2s/次，如果实际行车速度取 80km/h，根据公式（4.18）得到换算系数为 95，也就是说试验室内压实一次相当于实际作用 85 次。

$$k = \frac{f \times v}{\pi \times D} = 95 \tag{4.18}$$

其中：k——换算系数；

　　　f——旋转压实的频率，s/次；

　　　v——行车速度，cm/s；

　　　D——试件直径，cm。

4.3.2　试验结果及变化规律分析

将试验结果进行汇总，以 4.08% 空隙率的 SMA 试件压实结果为例，见表 4.6，并绘制散点图，如图 4.7 所示。限于篇幅，其他数据略。

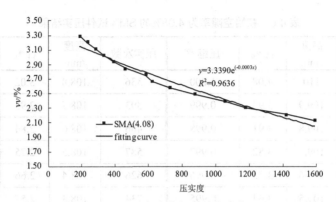

图 4.7　压实次数与空隙率变化

试验过程中，由于试件受到试模的约束，与车辙试验不同，不能产生横向变形和侧向的隆起[105]，所以空隙率一直在减少，但是不可能降到 0 或者负值，到一定值后就不会变化了，试验数据也表明了这一点。根据数据的变化趋势，结合压实的特性，采用公式（4.19）的形式对数据进行回归，得到系数 A 和 B，按照相同的方式对其他空隙率的试验数据进行回归，回归系数见表 4.7。

$$vv = Ae^{(B \times n)} \tag{4.19}$$

其中：vv——试件空隙率，%；

$\quad\quad$ n——压实次数；

$\quad\quad$ A,B——回归系数。

表 4.7　空隙率与压实次数拟合曲线参数

SMA			AC-20		
vv_{ini}/%	A	B	vv_{ini}/%	A	B
4.08	3.339	0.0004	3.93	2.961	0.0004
4.27	3.574	0.0004	4.35	4.238	0.0007
5.65	4.714	0.0003	5.14	3.586	0.0008
6.07	4.828	0.0003	6.07	4.023	0.0008
6.15	4.772	0.0003	6.18	4.415	0.0008
7.37	5.242	0.0003	6.34	4.465	0.0012
8.15	5.677	0.0003	7.20	5.368	0.0015
8.44	6.132	0.0003	8.08	6.618	0.0017

初始空隙率对于二次压密的影响很大[106]，由图 4.8 和图 4.9 可以看出，A、B

系数值随不同的初始空隙率不同而变化，其规律符合公式（4.20）和公式（4.21）的曲线形式。

$$A = C_1 \times vv_{ini} + D_1 \qquad (4.20)$$

$$B = C_2 \times e^{(-D_2 \times vv_{ini})} \qquad (4.21)$$

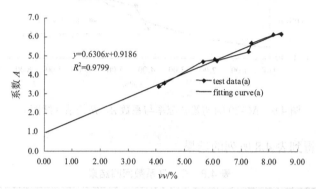

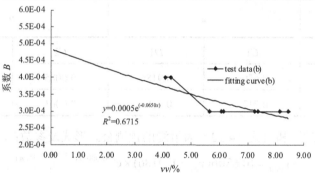

图 4.8　SMA 的初始孔隙率与系数 A、B 关系

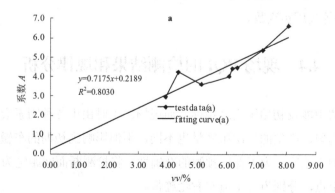

图 4.9　AC-20 的初始孔隙率与系数 A、B 关系

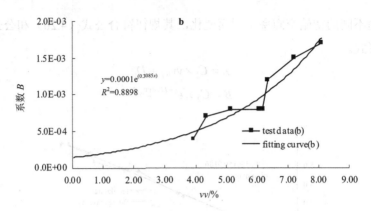

图 4.9 AC-20 的初始孔隙率与系数 A、B 关系（续图）

经回归后得到表 4.8 所列的结果。

表 4.8 C、D 系数回归结果

混合料类型 参数	A		B	
	$C1$	$D1$	$C2$	$D2$
SMA	0.6306	0.9186	0.0005	−0.065
AC-20	0.7175	0.2189	0.0001	0.3085

公式（4.22）和公式（4.23）为最终的预测公式形式及参数：

$$vv_{sma} = (0.6306vv_{ini} + 0.9186) \times e^{(-0.0005 \times e^{(-0.0640 \times vv_{ini})} \times n)} \qquad (4.22)$$

$$vv_{ac20} = (0.7175vv_{ini} + 0.2189) \times e^{(-0.0001 \times e^{(-0.3085vv_{ini})} \times n)} \qquad (4.23)$$

式中：vv_{ini}——现场检测的初始压实度，%；

n——等效压实次数。

4.4 现场 PQI 的检测结果和规律分析

预测公式中涉及初始压实度指标，而现场施工时由于各种因素会造成初始空隙率分布不均匀，产生的二次压密量也不同，不但影响到初期的车辙量，也会影响路面初期的平整度。为了保证预测的准确性，将检测断面间距定为 10m，每个断面测量 4 个点，分别为行车道左右轮迹带。

现场压实度的检测通常都用钻芯法进行，是一种破坏性的试验，而车辙预测所需数据巨大，用钻芯法实现不了。本试验采用一种新型的检测设备——无核密度仪（PQI），利用发射的电磁波在材料中的能量吸收和损耗来检测材料的密度[107]，无需钻孔且检测迅速。但是检测结果受检测点的位置、厚度、平整和洁净程度影响比较大，所测结果需要跟已知密度的标准试件或者芯样进行对比修正[108]。为保证结果的准确程度，对取芯位置处应增加检测频率，每个取芯点测 7～8 次，作为标定的依据。以 K130+360～K130+460（结构 S1）为例，标定后的检测结果见表 4.9。

表 4.9　结构 S1 部分路段中面层现场密度检测结果

桩号	断面				备注	路面结构信息					
	左行车道		右行车道			结构层	厚度/cm	最大相对理论密度	沥青含量/%	沥青饱和度/%	空隙率/%
	1	2	3	4							
360	2416	2426	2346	2408		SMA-13	4	2.908	6	3.8	4
	2378	2478	2410	2417		AC-20	6	2.543	4.3		4.5
	2426	2435	2387	2456		AC-25	8	2.556	4.1		4.2
	2367	2389	2396	2400		LSPM30	13				
370	2397	2386	2496	2396		水泥稳定碎石基层	18				
	2386	2416	2457	2407		水泥稳定碎石底基层	16				
	2377	2419	2449	2418		水泥稳定砂有碎石	16				
	2406	2403	2450	2426		现场检测位置示意图					
*380	2379	2413	2441	2355							
	2388	2428	2425	2401							
	2411	2454	2413	2387							
	2452	2398	2486	2396							
390	2467	2367	2406	2447							
	2487	2386	2386	2423							
	2413	2417	2389	2378							
	2478	2399	2377	2417							
400	2428	2389	2475	2435							
	2427	2375	2386	2413							
	2440	2346	2412	2457							
	2419	2401	2424	2411							
410	2479	2348	2407	2457							
	2428	2407	2455	2409							
	2483	2388	2446	2512							
	2516	2392	2439	2487							
420	2546	2452	2460	2417							
	2487	2361	2410	2376							
	2473	2413	2433	2358							
	2448	2472	2455	2391							
#430	2456	2391	2416	2389							
	2477	2417	2417	2376							
	2463	2428	2403	2399							
	2451	2409	2406	2411							
440	2467	2407	2438	2403							
	2313	2392	2429	2410							
	2483	2461	2455	2389							
	2493	2417	2428	2385							
450	2517	2486	2426	2438							
	2506	2447	2413	2486							
	2498	2415	2477	2419							
	2520	2428	2447	2436							
*460	2489	2513	2425	2477							
	2466	2478	2463	2486							
	2454	2493	2473	2438							
	2477	2520	2415	2446							
470	2446	2476	2439	2428							
	2463	2439	2455	2463							
	2426	2438	2455	2439							
	2488	2455	2456	2447							
480	2496	2477	2441	2457							
	2486	2469	2439	2443							
	2473	2463	2425	2436							
	2457	2441	2418	2454							

现场检测位置示意图

超车道轮迹带　超车道　行车道　紧急停车带

1　2　3　4

K130+525 此结构终点

K130+460 为现场压实度检测位置

K130+380 为现场压实度检测位置

K130+321 开始，每 10 米测一段面，超车道和行车道每个轮迹带测一点

4.4.1 现场的试验路段 IRI 检测原理

本次现场压实度检测以无核密度仪为工具，检测速度快并且不损坏路面结构，尽可能多收集有效的压实度数据，作为 IRI 和压密性车辙量预估的基础。

4.4.1.1 检测原理

电磁密度仪（PQI 等）利用发射的电磁波在材料中的能量吸收和损耗来检测材料的密度。电磁密度仪主要包括一个电磁波发射器、一个隔离环和一个电磁波接收器。其检测原理是向被检测材料中发射电磁波，电磁波是指电场和磁场相互作用，振动而产生的波动，是放射线、光、电波的总称。电磁波在材料中传播时，其能量发生吸收和损耗，材料对电磁波能量的吸收和损耗取决于材料的介电常数。介电常数是指物质保持电荷的能力。

沥青混合料的组成成分、沥青、集料、空气和水都有不同的介电常数。如果沥青混合料被碾压（即密度增加），混合料中各种成分的相互比例发生变化，材料总的介电常数发生变化，从而对电磁波的能量吸收的能力产生影响。电磁密度仪通过检测电磁波能量的吸收和损耗的程度，来反映材料的密度变化。但这样测得的密度变化是一种相对的变化，而不是密度的绝对值的变化。PQI 等电磁法密度仪比较适合检测部分沥青混合料面层的密度离析。

当混合料的组成成分发生变化，或使用的集料来源、沥青类型、级配等发生变化时，都会使材料的介电常数发生变化而对检测结果产生影响。所以对于每一种混合料，用电磁密度仪进行检测时，都必须首先使用与被检测材料完全相同的材料制作出密度已知的材料块进行标定。当混合料发生变化后，必须进行新的标定。其他一些因素也会影响检测。仪器使用的塑料垫环的厚度和成分、被检测材料的表面不平整度都会影响检测结果。所以 PQI 在使用之前必须进行标定。

4.4.1.2 标定过程

在每次使用之前都应进行测量值的标定，标定的具体方法如下：

（1）准备已知压实度的旋转压实仪试件 3～5 个，要求试件干燥。

（2）将已知密度的标准标定块放在平整的地面上，将测试仪器对准放置，按下标定按钮，显示测量密度，与标准密度进行比较，差值即为第一步的标定值，仪器将根据差值自动地进行偏差补偿。

（3）为了提高精度，还需要对已知密度的试件或者现场测点进行检测，找出实际值和测量值的误差，进行精度补偿。标定时，首先将仪器放置在被测试样中心，保证紧密接触，测量并记录密度，将试件旋转90°，再次进行测量，此步骤至少进行 3 次。为了消除试件制作时的上下离析情况，将试件翻转过来，继续进行测量，将 12 次的测量结果取平均值与实际密度进行对比，差值即为补偿值，测试方法如图 4.10 所示。在现场测试时也按照此步骤进行，只是应该在取芯位置周围测 4～5 个点取平均值。

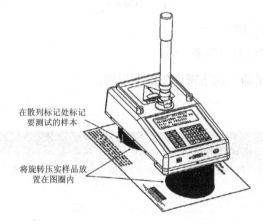

在散列标记处标记
要测试的样本

将旋转压实样品放
置在图圈内

图 4.10　利用试件进行密度补偿值标定

（4）将偏差值输入仪器中就可以进行现场测量了。测量时需要注意：至少要经过三个以上的位置的标定，且各次测量之差不宜超过 $48kg/m^3$。

4.4.1.3　现场测试计划

1. 位置的确定

青临高速典型路面结构试验路段除高模量段外，其余均已铺完中面层，此次检测主要是检测中面层行车轮迹带的密度均匀性，为后期的 IRI 和车辙预测提供基础数据。为了尽可能地保证路用性能预测的准确性，将检测断面间距定为 10m，每个断面测量 4 个点，每个点测 4 次，分别为超车道左右轮迹带、行车道左右轮迹带。对取芯位置处应增加检测频率，每个取芯点测 7～8 次，作为标定的依据。

2. 检测数据的处理

对检测到的数据进行统计处理，每百米计算平均值、方差和离散系数，不足百米的按一段处理。

不均匀的压实度在经历一个高温季节的车辆荷载作用后，会出现不同程度的二次压密现象，压密量的多少取决于所处层位温度、受到的竖向压应力、初始空隙率的大小和车辆作用的次数。根据二次压密实验规程进行压密性试验，确定不同层位的沥青混合料压缩比 S，见公式（4.24）。利用 S 计算每一点在经历了高温压密后的厚度，并进行 IRI 的计算。作为荷载作用一个高温季节后的平整度变化量，如图 4.11 和图 4.12 所示。

$$S = \frac{\Delta h}{h} = \frac{v_{ini} - v_{fin}}{100 - v_{fin}} \qquad (4.24)$$

式中： vv_{int} ——初始空隙率，%；

vv_{fin} ——压实后的空隙率，%；

Δh ——压缩量即二次压密产生的变形值；

H ——层厚。

图 4.11 刚建成通车的路面

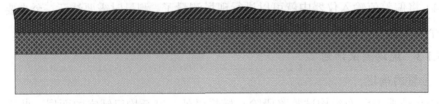

图 4.12 经历过一个高温季节后的路面

4.5 初期压缩量的预测

青州—临沭高速公路为双向六车道，车道系数取 0.4，设计年限为 15 年，设计标准当量轴载作用次数为 3E+7 次，假设二次压密只发生在第一年的 6、7、8 月份的中午高温时段，取三个小时，根据廖公云等的调查结果[109]，累积有效作用次数比例为 7.3912%、7.8019% 和 6.57%，占到一天总作用次数的 22%。

根据以上指标，考虑到试验次数与实际作用次数的换算关系（公式（4.18）），得到每天的平均有效作用次数为 5.76 次，则三个月累计有效作用次数分别为 173 次、351 次和 530 次，代入公式（4.22）、公式（4.23）和公式（4.24）进行变形量的计算，第一年车辙量的预测结果见表 4.10。

表 4.10　压缩量计算结果

检测断面	SMA 变形量/mm				AC-20 变形量/mm				累积变形量/mm		
130+	vv_{ini}	6	7	8	vv_{ini}	6	7	8	6	7	8
360	5.80	0.62	0.73	0.82	5.64	1.11	1.34	1.54	1.73	2.06	2.37
370	6.38	0.72	0.83	0.93	5.33	1.02	1.22	1.40	1.74	2.05	2.33
380	5.76	0.61	0.72	0.82	3.17	0.48	0.55	0.61	1.10	1.27	1.43
390	5.32	0.54	0.64	0.74	4.90	0.90	1.06	1.21	1.44	1.70	1.95
400	6.23	0.69	0.80	0.90	2.96	0.44	0.50	0.56	1.13	1.30	1.46
410	5.19	0.52	0.62	0.71	5.14	0.96	1.15	1.31	1.49	1.77	2.03
420	4.19	0.35	0.44	0.53	3.07	0.46	0.53	0.59	0.82	0.97	1.11
430	4.95	0.48	0.58	0.67	4.00	0.67	0.78	0.88	1.15	1.36	1.55
440	5.23	0.53	0.63	0.72	6.25	1.30	1.59	1.85	1.83	2.22	2.57
450	3.40	0.22	0.30	0.38	4.63	0.83	0.97	1.10	1.05	1.27	1.48
460	3.05	0.17	0.24	0.31	4.29	0.74	0.86	0.98	0.91	1.11	1.29
标准差	标准差	0.18	0.19	0.20	标准差	0.28	0.36	0.42	0.35	0.43	0.49
IRI_{rt}		0.30	0.31	0.33		0.46	0.59	0.69	0.57	0.70	0.80

由于压实度的不均匀性，各点出现的压缩量不同，极限车辙量按照 15mm 来计算，初期产生的车辙量能占到 7.4%～17%，这也解释了高速公路，尤其是离析严重、压实度不均匀的高速公路，在通车一到两年内车辙会迅速增长的原因。因此中上面层在修建过程中必须控制初始压实度的范围和不均匀性。

由图 4.13 可以看出，由于初始压实度的不均匀，经过二次压密后路面各点产生的压密量不同，呈现波浪形，这也导致了路面初期平整度指数的恶化，影响车辆行驶舒适性。以压缩量的均方差作为衡量平整度变化的指数，然后通过公式

（4.25）转化为 IRI，计算结果见表 4.10。

$$\sigma = 0.61IRI \tag{4.25}$$

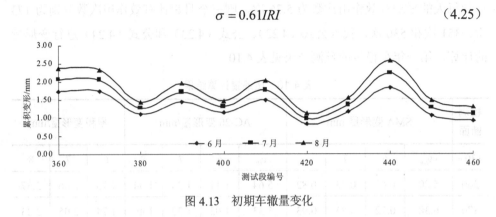

图 4.13　初期车辙量变化

4.6　青临高速典型路面结构 IRI 变化预测

其他结构由于二次压密产生的平整度变化按照 4.4、4.5、4.6 的步骤进行计算。结合前几章的路面性能预测结果，对青临高速试验路段的 IRI 变化进行预测。

4.6.1　半刚性基层结构 IRI 预测

$$IRI = IRI_0 + 0.00732(FC)_T + 0.07647(SD_{RD}) + 0.0001449(TC_L)_T \tag{4.26}$$
$$+0.00842(BC)_T + 0.0002115(LC_{NWP})_{MH}$$

$$IRI = 57.56 \cdot RD - 334 \tag{4.27}$$

预测结果见表 4.11。

表 4.11　半刚性基层结构平整度变化预测值

结构类型	月	1	2	3	13	14	15	27	39	51	75	111	147	183
S1	IRI_0/（m/km）	0.66	0.66	0.66	0.66	0.66	0.66	0.66	0.66	0.66	0.66	0.66	0.66	0.66
	RD/mm	5.49	6.74	7.59	8.06	8.47	8.83	9.74	10.47	11.11	12.19	13.10	13.91	15.28
	$(FC)_T$/%	0.0												
	SD_{RD}/mm	0.35	0.43	0.49	0.49	0.49	0.49	0.49	0.49	0.49	0.49	0.49	0.49	0.49

结构类型	月	1	2	3	13	14	15	27	39	51	75	111	147	183
S1	$(TC_L)_T$/（m/km）	0												
	$(BC)_T$/%	0.0												
	LC_{NWP}/（m/km）	0												
	IRI/（m/km）	1.31	1.39	1.43	1.46	1.49	1.51	1.56	1.60	1.64	1.70	1.75	1.80	1.88
	IRI_0/（m/km）	0.66	0.66	0.66	0.66	0.66	0.66	0.66	0.66	0.66	0.66	0.66	0.66	0.66
	RD/mm	5.86	6.87	7.67	8.09	8.42	8.74	9.54	10.11	10.65	11.54	12.3	12.98	14.15
	$(FC)_T$/%	0.0												
	SD_{RD}/mm	0.35	0.43	0.49	0.49	0.49	0.49	0.49	0.49	0.49	0.49	0.49	0.49	0.49
S2	$(TC_L)_T$/（m/km）	0												
	$(BC)_T$/%	0.0												
	LC_{NWP}/（m/km）	0												
	IRI/（m/km）	1.33	1.39	1.44	1.46	1.48	1.50	1.55	1.58	1.61	1.66	1.71	1.74	1.81
	IRI_0/（m/km）	0.66	0.66	0.66	0.66	0.66	0.66	0.66	0.66	0.66	0.66	0.66	0.66	0.66
	RD/mm	5.37	6.81	7.82	8.42	8.94	9.39	10.52	11.46	12.25	13.57	14.64	15.55	17.04
	$(FC)_T$/%	0.0												
	$(SD_R)_T$/mm	0.35	0.43	0.49	0.49	0.49	0.49	0.49	0.49	0.49	0.49	0.49	0.49	0.49
S3	$(TC_L)_T$/（m/km）	0												
	$(BC)_T$/%	0.0												
	LC_{NWP}/（m/km）	0												
	IRI/（m/km）	1.31	1.39	1.45	1.48	1.51	1.54	1.60	1.66	1.70	1.78	1.84	1.89	1.98

结构类型	月	1	2	3	13	14	15	27	39	51	75	111	147	183
S4	IRI_0/(m/km)	0.66	0.66	0.66	0.66	0.66	0.66	0.66	0.66	0.66	0.66	0.66	0.66	0.66
	RD/mm	3.67	4.52	5.18	5.46	5.71	5.93	6.46	6.91	7.27	7.86	8.31	8.68	9.21
	$(FC)_T$/%	0.0												
	SD_{RD}/mm	0.35	0.43	0.49	0.49	0.49	0.49	0.49	0.49	0.49	0.49	0.49	0.49	0.49
	$(TC_L)_T$/(m/km)	0												
	$(BC)_T$/%	0.0												
	LC_{NWP}/(m/km)	0												
	IRI/(m/km)	1.21	1.26	1.30	1.31	1.33	1.34	1.37	1.40	1.42	1.45	1.48	1.50	1.53
S7	IRI_0/(m/km)	0.66	0.66	0.66	0.66	0.66	0.66	0.66	0.66	0.66	0.66	0.66	0.66	0.66
	RD/mm	4.97	6.12	6.9	7.31	7.68	8.01	8.84	9.54	10.14	11.14	11.98	12.71	13.94
	$(FC)_T$/%	0.0												
	SD_{RD}/mm	0.35	0.43	0.49	0.49	0.49	0.49	0.49	0.49	0.49	0.49	0.49	0.49	0.49
	$(TC_L)_T$/(m/km)	0												
	$(BC)_T$/%	0.0												
	LC_{NWP}/(m/km)	0												
	IRI/(m/km)	1.28	1.35	1.39	1.42	1.44	1.46	1.51	1.55	1.58	1.64	1.69	1.73	1.80

4.6.2 连续配筋结构 IRI 预测

$$IRI = IRI_0 + 0.008267(Age) + 0.0221832(RD) + 1.33041\left(\frac{1}{(TC)_{MH}}\right) \quad (4.28)$$

连续配筋刚性基层结构平整度变化预测值见表 4.12。

表 4.12 连续配筋刚性基层结构平整度变化预测值

结构类型	月	1	2	3	13	14	15	27	39	51	75	111	147	183
S6	IRI_0/(m/km)	0.89	0.89	0.89	0.89	0.89	0.89	0.89	0.89	0.89	0.89	0.89	0.89	0.89
	RD/mm	11.89	13.78	15.03	16.31	16.87	17.36	18.76	19.9	20.83	22.34	23.6	24.65	26.31
	SD_{RD}/mm	0.35	0.43	0.49	0.49	0.49	0.49	0.49	0.49	0.49	0.49	0.49	0.49	0.49
	IRI/(m/km)	1.92	2.02	2.09	2.18	2.20	2.23	2.33	2.41	2.47	2.57	2.66	2.74	2.87

4.6.3 全柔性基层结构 IRI 预测

$$IRI = IRI_0 + 0.0099947(Age) + 0.0005183(FI) + 0.00235(FC)_T$$
$$+18.36(\frac{1}{(TC_S)_H}) + 0.9694(P)_H \tag{4.29}$$

柔性结构粒料基层结构平整度变化预测值见表 4.13。

表 4.13　柔性结构粒料基层结构平整度变化预测值

结构类型	月	1	2	3	13	14	15	27	39	51	75	111	147	183
S8	IRI_0/（m/km）	0.85	0.85	0.85	0.85	0.85	0.85	0.85	0.85	0.85	0.85	0.85	0.85	0.85
	RD/mm	5.49	6.74	7.59	8.06	8.47	8.83	9.74	10.47	11.11	12.19	13.10	13.91	15.28
	$(FC)_T$/%	0.0												
	SD_{RD}/mm	0.35	0.43	0.49	0.49	0.49	0.49	0.49	0.49	0.49	0.49	0.49	0.49	0.49
	FI/%	0.0												
	$(P)_H$/%	0.5												
	IRI/（m/km）	1.99	1.58	1.62	1.65	1.68	1.70	1.75	1.79	1.83	1.89	1.94	1.99	2.07

4.7　小结

　　国内外对于平整度变化的预测研究得不是太多，这跟平整度影响因素多、变化的不确定性有关系，在环境条件和交通荷载的作用下，预测的准确性受到了很大的限制，绝大部分的预测模型以现场实测的数据进行经验回归得到，各个公式中同一因素的系数差别很大，也说明了现在对于平整各个因素的影响程度没有一个统一的认识。除此之外，模型预测的准确性还与各个因素预测的准确性密切相关。在现有的模型中，有很多包括了车辙量不同造成的起伏情况，用车辙的标准差来表征，但是，标准差的预测模型没有相关的研究，造成了这些预测模型适用范围过窄。本文在总结分析了国内外平整度预测模型的基础上，选择具有代表性的集中作为本章预测的原型，在此基础上建立了车辙量标准差的预测方法，完善了现有的模型。主要结论如下：

（1）总结、对比和分析了国内外常用的平整度预测模型的适用性。

（2）设计了二次压密试验检测不同初始空隙率混合料的压缩量和压缩比。

（3）路面二次压密量与车辆作用次数之间呈指数规律变化，并且与初始空隙率相关，回归得到的公式可以用于初期车辙量的预测。

（4）利用快速无损检测设备 PQI，检验现场中上面层空隙率的不均匀性。

（5）利用二次压缩公式和现场测得空隙率，能够计算出各点的不同压缩量，压缩量的标准差就作为车辙的标准差。

（6）初期车辙的产生与温度、应力、初始空隙率和压实次数有密切关系，路面修建过程中必须严格控制压实度的范围和不均匀性。

（7）二次压密造成的车辙量能占到总车辙量的 7.4%～17%，在车辙控制和预测中必须重视二次压密的作用。

（8）在现有预测模型的基础上进行改进，增加了车辙标准差的影响，使预测结果更客观。

第5章 全寿命周期费用分析

5.1 概述

5.1.1 研究目的和意义

建设期和使用期的费用永远是制约路面结构形式能否推广的最主要指标，我国在早期高速公路设计时，主要考虑初期建设费用的高低，尽量采用"强基薄面"这种比较经济的单一路面结构，但是各种早期病害比较严重导致运营过程中养护频繁，不但增加了养护费用而且使道路用户费用大幅增长。本项目设计八种典型的路面结构组合形式，期望能够在解决现有结构组合病害的基础上，节省费用，提高投入产出比。前面几章已经对典型路面结构的使用性能衰变规律做了研究，结果证明确实优于常用的半刚性基层路面结构，但随之而来的初期建设费用也明显增高，其经济性能是否存在优势需要进行科学评价。

全寿命周期费用分析方法是评价路面结构形式经济性能的有效工具，综合考虑道路这种产品整个生命周期内发生的所有费用，包括建设初期的投入、后期的运营费用以及道路使用者费用，认为总费用最低的结构形式最具备竞争能力。但是各种费用包括的内容很多，计算用的指标收集比较困难，准确性受很多因素的影响，尤以道路使用者费用差异最大，导致了目前各种模型的计算结果不尽相同，甚至差别很大，对评价结果的合理性存在质疑。所以费用评价模型仍然处于研究的初期阶段，也是我国路面设计规范未把费用评价这一模块纳入进来的原因之一。

总费用指标中费用主体不同，前两者属于建设运营部门，而后一项由道路使用者来承担。费用主体的不统一容易导致利益上的对立和冲突，但是在冲突中道路使用者是处于被动接受地位的。道路这种特殊产品也具有垄断性。所以也就导致了建设者为降低费用，选用投资小的路面结构形式；运营者为了降低费用，推迟养护时间，降低养护标准。我国目前的情况是：不管道路性能好坏，不管拥堵情况如何，道路使用者缴纳的过路费是不变的，因路况差导致自身费用的增加完全由使用者负担，而高速公路产品的垄断性使得用户没有选择的权利。近几年来，部分高速公路进入寿命中后期养护作业频繁，由于道路养护造成交通拥堵更是增加了道路使用者出行时间，从而出现了很多起用户状告高速运营公司的案例。这也说明在养护方式和养护时机的选择上，运营单位并未充分考虑道路使用者的感受和要求。我国在道路养护规范中以五个单个指标和一个综合指标作为确定养护方式和养护时机的基础，并没明确是从哪一个费用主体出发或者综合考虑两者的平衡。全寿命周期费用评价和对比可以为养护方式和养护时机准确定位提供客观的基础。

高速公路作为一种产品，与其他产品具有相同的经济特性，所以工程经济的原理同样适用于高速公路。抛开垄断性，高速公路产品的设计和生产，也必须要考虑到其性价比，价值工程原理也必须得到体现。从工程经济和价值工程的角度考虑产品的优劣，一般都有绝对指标和相对指标两类。目前高速公路全寿命周期费用分析只考虑到了总费用这个绝对指标，工程效率等相对指标也应加以引入和使用。

基于以上分析，本章以高速公路整个寿命周期内发生的各项费用为基础，健全费用评价模型的指标体系，并从建设运营部门和道路使用者两个角度确定道路结构形式、养护方式和养护时机。通过全寿命周期费用的评价和对比，使建设部门确定高速公路结构形式（初期建设费用），运营部门确定养护方式、养护时机和养护费用更加的科学合理，为高速公路路面设计规范和养护规范的改进奠定基础。

5.1.2 国内外研究现状

全寿命周期费用分析（Life Cycle Cost Analysis，LCCA）理念起源于 20 世纪 60 年代美国的国防系统，当时用于分析军事设备采购方案的合理性[110,111]。到 20 世纪 70 年代，美国军方更重视寿命周期费用，具体成果包括：

（1）制定相关的标准、规则、指令、通告及手册，更加具体化。

（2）从初期开始全面考虑可靠性、维修性和后勤保障。

（3）维修费用的确定。

（4）陈旧设备办法。

这种做法取得了很好的效果，并迅速推广到其他部门。英国在 20 世纪 70 年代开始研究 LCCA 方法，把设备技术管理与经济管理结合起来，形成了设备综合工程学。例如，Orshan 在建筑方案比较过程中，就将建筑物的建造成本和运营维护成本的概念纳入进来[112]，标志着全寿命费用分析法在建筑行业初始的应用。日本也于 1978 年成立专门的机构进行全寿命周期费用的研究和推动。到了 20 世纪 90 年代初，ISO 组织通过了《寿命周期费用评估》标准流程，开始以技术规范形式完整地推广 LCCA[113]。

我国对于 LCCA 方法的研究起步较晚，于 20 世纪 90 年代初期开始成立专门的组织，其应用也是从军事部门首先开始，但是到目前为止有关全寿命周期费用的定义、构成、估算方法、费用数据库的建立、预测和计算模型等基础工作远远没有达到标准化、规范化的程度，即使在最早应用的军事部门。

世界银行组织在高速公路工程中首先引入 LCCA 方法并逐渐地完善[114]。后来，美国的长寿路面项目（LTTP）也将全寿命周期费用评价方法作为一个模块，添加到高速公路设计指南中[115]。

全寿命周期费用分析主要内容就是计算整个时期发生的费用，然后进行汇总，对比不同的方案经济性能的优劣。在高速公路中应用时，费用内容组成、计算方法和影响因素等都存在一定的问题。就 LCCA 细节方面，近年来国内也进行了很多相关的研究。罗启添[116]、苏卫国等分析了 LCCA 方法的发展历程和在道路工程中的应用实例，对计算过程中的影响因素做了相应的分析。钟东等[117]利用几条高速公路的养护费，用实际值对全寿命周期进行了分析，认为养护技术的提升使得养护费用趋于降低。刘黎萍在研究中发现，低贴现率偏向于总费用较高的方案，而高贴现率偏向于总费用较低的方案[118]。

LCCA 方法在高速公路中的应用研究大部分集中在各影响因素的分析上，即以总费用最低为目的，评价各种初期建设方案的优劣。实际上，总费用由三部分组成，各部分费用的主体不同，所以评价角度不一样的话，可能得出结论会有所不同。本章从费用组成、评价指标选择、影响因素分析以及评价体系的建立几个角度进行深入的研究，针对于不同的费用主体进行初建方案的评选和对比。

对于路面全寿命周期的研究，同济大学的孙立军等人提出基于使用性能和生命周期成本分析的全生命设计方法，包括新建和改建沥青路面结构设计。该方法根据路面在整个分析期内的使用性能来设计路面结构厚度组合，可按照不同的设计标准给出最优的设计结果。

郭忠印、李立寒等人提出利用生命周期费用分析方法确定路面养护决策，把生命周期费用分析分为八个步骤：制定分析周期内的路面养护可选方案、确定性能周期和养护时间、预测机构费用、预测用户费用、支出费用时间、计算净现值、分析养护对策再评价。

张起森、曹志远等人提出了路面性能质量指数和路面服务能力与年费用的关系法，对每种方法都提出了一种分析框架，把寿命周期费用和路面性能因素结合起来。

严峻的现实对公路建设者提出了巨大的挑战，工程建设者开始反省以往公路建设和管理存在的问题，并深刻意识到只有基于对公路全寿命周期使用性能、耐久性能、经济性能及风险性的统一规划、协调考虑、优化与平衡才能解决这些问题[119]。

为提高高速公路建设的投资效益，基于路面使用性能衰变的预测和养护维修时机、策略的选择，建立了沥青路面全寿命周期费用模型。该模型综合考虑了投资方案的初始修建费、养护维修费、用户费用和寿命期内的其他相关费用，可以为高速公路投资决策和运营管理提供参考[120]。

5.2 研究内容和技术路线

根据以上分析，为了更准确地对不同的路面结构组合进行费用评价，本章主要以费用组成、评价指标体系建立、养护策略的制订为主要研究内容，区分基于不同费用主体的初建方案的优劣。

5.2.1 研究内容

5.2.1.1 全寿命周期费用的组成

在当前的研究中，全寿命周期费用由初建费用、养护费用和道路使用者费用三部分组成已经达成共识，但每部分费用又是由很多确定的和不确定的内容组成。为了能够简化评价体系，首先进行每部分费用内容的取舍，然后根据八种试验路段结构形式进行各部分费用的计算。

5.2.1.2 评价体系的研究

现在的评价体系指标比较单一，即以总费用最低为目标，确定初建方案的优劣。总费用指标是一个绝对指标，相对于不同的费用主体，既包含成本又包含收益，以两者之和的最小来评定是不符合经济学原理的。为了健全评价体系指标，引入工程系统效率指标，这个指标是一种相对指标，类似于性价比的计算。能够站在不同费用主体的角度衡量资金价值，从而对初建方案做出有利选择。

在计算过程中，影响总费用指标和工程系统效率指标的因素很多，初建费用、路面性能衰变规律、路况指数限定值、分析周期、折现率、养护方式和养护时机等，根据敏感程度需对影响因素进行划分。

5.2.1.3 养护方式和养护时机的研究

运营期间，高速公路以养护管理为主体，由其根据路面性能衰变情况决定养护方式的选择和养护时机的确定。我国的养护技术规范中也对路面的养护时机做了些要求，但只给了一个范围要求，而且随着新的养护方式和养护理念的出现，养护时机的选择也不能局限于规范中的要求。那么确定养护时机除了指标的要求，根本上还是需要考虑全寿命周期的费用问题。利用第二部分建立的评价体系，选取一种典型路面结构，采用不同的养护方式和时机，计算总费用指标和工程系统效率相对指标，对比分析后，确定养护方式和养护时机。

5.2.1.4 典型路面结构经济性能评价

结合前三部分的研究结果，确定青临高速八种典型路面结构形式的养护方式和养护时机，以及整个寿命周期内的总费用和工程系统效率等，通过经济指标对比，评价典型路面结构的优劣。

5.2.2 技术路线

根据研究的主要内容，本章节按照以下路线进行研究，技术路线如图 5.1 所示。

5.2.2.1 全寿命周期费用的组成

列举高速公路全寿命周期内所涉及的费用及计算方法；分析现有全寿命周期费用模型的组成以及其他费用的确定方法、难易程度；再考虑到本章节建立的评价体系指标，对费用各组成部分进行取舍，最后确定本项目所需的各个部分以及实际计算结果。

5.2.2.2 评价体系的研究

分析现有的全寿命周期费用计算模型，在总费用单一评价指标的现状上考虑增加工程系统效率相对指标，并根据不同的费用主体，确定相对指标计算方法；

比较绝对指标和相对指标的评价结果，分析差异，提出各个评价指标的适用范围和条件；各个影响因素对各种指标变化的敏感性分析。

5.2.2.3　养护方式和养护时机的研究

根据道路性能的养护标准，选择不同的养护方式和时机；根据评价体系，计算总费用指标和其他相对指标，对比计算结果，确定不同指标要求下适宜的养护方式和时机。

5.2.2.4　典型路面结构经济性能评价

根据经济评价体系，采用最适宜的养护方式和时机，对比典型路面结构的经济评价指标，分析各种典型路面的经济特点，并作出优劣判断。

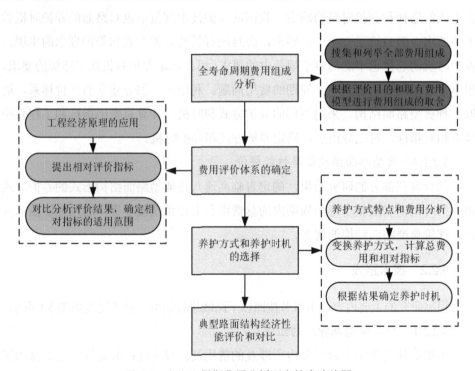

图 5.1　全寿命周期费用分析研究技术路线图

5.3　全寿命费用组成分析

我国高速公路大多属于贷款修建的国家基础性设施，带有公益性质，高速公路过路费的收取只是为了还贷，不是为了建设方和运营方的效益。但是现在部分高速公路归企业管理，同样需要考虑收益的问题。所以，作为一项特殊的产品，高速公路既符合经济规律，又具备自己的特征。

高速公路产品从规划就开始了其生命历程，然后经历工程可行性分析、施工图纸设计、高速公路建设、运营养护管理至路面结构大修，即为其一个生命周期，期间会发生各种各样的费用支出和收入。主要有：前期规划费用、工程可行性分析费用、图纸设计费用、高速公路初建费用、养护费用及运营管理费、高速公路寿命周期末残值、改建费用和道路使用者费用等几个大的部分。

全寿命周期费用分析主要评价不同的初建方案对于总费用的影响程度，而前期规划、可行性分析、图纸设计以及运营管理费、期末残值等费用不会因初建方案的变化而发生大幅度的变动。所以为了简化分析模型，主要考虑受初建方案影响较大的初建费用、养护费用和道路使用者费用三个部分。这也是现有费用分析模型的主要费用组成部分。

除了投入费用，作为一项产品，必定有产出。对于高速公路来说经济效益按照从大到小可以从三个不同的层次考虑。第一个层次针对地方区域经济，考虑高速公路的修建对沿线国民经济带来的发展和提升；第二个层次从建设和运营单位角度出发，考虑道路使用者缴纳的过路过桥费以及修建和养护费用的节省量；第三个层次针对全体的道路使用者，考虑不同的高速公路路面结构修建方案和养护方式、周期对车辆油耗和损耗的节省量。其中只有第二、第三个层次需要考虑路面结构和养护对经济效益的影响，第一层次的效益分析不在本项目考虑范围之内。

5.3.1 初期建设成本

从工程造价角度分析，初期建设费用包括项目前期费用、设计费、业主管理费和工程造价等。本项目的目的是对比不同路面结构组合的经济性能，所以只考虑不同方案的工程造价，其他费用指标相同，计算时以现行部颁定额单价和当地材料价格为基础。

本项目在青临高速十五合同段铺筑了八种试验结构组合，根据实际发生的工程造价费用,初期建设成本具体计算计算结果见表 5.1 至表 5.8(以竣工结算为准),汇总表见表 5.9 和图 5.2。

表 5.1 青临高速 S1 试验段初建费用计算结果

序号	细目号	工程项目	单位	工程量	单价/元	费用/元
1	311-1-a	4cm 厚 SMA 沥青混合料	m²	15000	44.66	66.99
2	310-1-a	6cm 厚中面层改性沥青混合料	m²	15000	44.65	66.98
3	310-2-a	8cm 厚下面层沥青混合料	m²	15000	47.51	71.27
4	326	13cm 厚路面柔性基层	m²	15000	76.9	115.35
5	308-2	封层	m²	15000	8.62	12.93
6	308-1	粘层	m²	45000	1.17	5.265
7	308-2	封层（搭板）	m²	480	8.62	0.41376
8	415-2-a	SBS 防水层	m²	201	18	0.3618
9	304-2-b	水泥稳定碎石基层（18cm）	m²	15000	27.23	40.845
10	304-2-a	水泥稳定碎石底基层（16cm）	m²	15000	23.86	35.79
11	304-2-b	水泥稳定砂+碎石（16cm）	m²	15000	27.23	40.845
12	204-1-m	土基改善（20cm）	m²	15000	8.94	13.41
						470

表 5.2 青临高速 S2 试验段初建费用计算结果

序号	细目号	工程项目	单位	工程量	单价/元	费用/元
1	311-1-a	4cm 厚 SMA 沥青混合料	m²	13920	44.66	621667
2	310-1-a	6cm 厚中面层改性沥青混合料	m²	13920	44.65	621528
3	329	10cm 厚 ATB（70-A）上层	m²	13238	97.98	1297059
4	329	10cm 厚 ATB（70-A）下层	m²	13259.16	97.98	1299132
5	308-2	封层	m²	13622.92	8.62	117430
6	308-1	粘层	m²	40396	1.17	47263
7	308-2	封层（搭板）	m²	480	8.62	4138
8	415-2-a	SBS 防水层	m²	201	18	3618
9	324	级配碎石基层（15cm）	m²	13622.92	16.38	223143
10	304-2-b	水稳定碎石底基层（18cm）	m²	14069.41	27.23	383110
11	304-1-a	水泥稳定砂+碎石（18cm）	m²	14335.46	19.33	277104
12	204-1-m	土基改善（20cm）	m²	14568.09	8.94	130239
						5025431

表 5.3　青临高速 S3 试验段初建费用计算结果

序号	细目号	工程项目	单位	工程量	单价/元	费用/元
1	311-1-a	4cm 厚 SMA 沥青混合料	m²	17031	44.66	760620
2	310-1-a	6cm 厚中面层改性沥青混合料	m²	17031	44.65	760450
3	310-2-a	8cm 厚下面层沥青混合料	m²	17031	47.51	809159
4	326	9cm 厚路面柔性基层	m²	17297.76	53.26	921279
5	308-2	封层	m²	17771.31	8.62	153189
6	308-1	粘层	m²	51094	1.17	59780
7	304-2-b	水泥稳定碎石基层（18cm）	m²	17771.31	27.23	483913
8	304-2-a	水泥稳定碎石底基层（16cm）	m²	17965.07	23.86	428646
9	304-2-b	水泥稳定砂+碎石（16cm）	m²	18133.36	27.23	493771
10	318	水泥稳定风化砂（40cm）	m²	18390.81	49	909242
11	315	级配碎石垫层（10cm）	m²	18977.06	8.06	152955
12	204-1-m	土基改善（20cm）	m²	1027.85	8.94	9189
						5942193

表 5.4　青临高速 S4 试验段初建费用计算结果

序号	细目号	工程项目	单位	工程量	单价/元	费用/元
1	311-1-a	4cm 厚 SMA 磨耗层（SBS）	m²	19705	44.66	880046
2	332	6cm 厚 EME（0/10）连接层	m²	19705	127.47	2511855
3	327	9cm 厚 EME2（0/14）基层	m²	18904	187.65	3547421
4	328	10cm 厚 EME2（0/14）基层	m²	18859.69	208.59	3933944
5	308-2	封层	m²	19291.22	8.62	166290
6	308-1	粘层	m²	58414	1.17	68345
7	308-2	封层（搭板）	m²	480.00	8.62	4138
8	415-2-a	SBS 防水层	m²	321.00	18	5778
9	304-2-b	水泥稳定碎石（18cm）	m²	19290.90	27.23	525291
10	304-2-b	水泥稳定碎石（18cm）	m²	19941.95	27.23	543019
11	204-1-m	土基改善（20cm）	m²	20629.10	8.94	184424
						12370551

表 5.5　青临高速 S5 试验段初建费用计算结果

序号	细目号	工程项目	单位	工程量	单价/元	费用/元
1	336	双层连续配筋（CRCP）35cm	m²	7099.5	210.76	1496291
2		钢筋	kg	195900.0	6.53	1279227
3	333	4cm 厚 AC-13F（70-A 石灰岩）	m²	7307.75	56.69	414276
4	308-2	封层	m²	7572.8	8.62	65278
5	322	水泥稳定碎石基层（30cm）	m²	7643.8	45.38	346875
6	204-1-m	土基改善（20cm）	m²	7866.25	8.94	70324
						3672271

表 5.6　青临高速 S6 试验段初建费用计算结果

序号	细目号	工程项目	单位	工程量	单价/元	费用/元
1	335	单层连续配筋 33cm	m²	9946	197.5	1964327
2	312-2-b-1	钢筋	kg	224751	6.53	1467624
3	311-1-a	4cm 厚 SMA（SBS）	m²	9946	44.66	444187
4	331	2cm 厚 AC-5（SBS 玄武岩）	m²	9946	40.4	401817
5	333	4cm 厚 AC-13F（70-A 石灰岩）	m²	10167	56.69	576365
6	308-2	封层	m²	10448.3	8.62	90064
7	308-1	粘层	m²	10246	1.17	11988
8	415-2-a	SBS 防水层（路面正常铺筑）	m²	9946	18	179027
9	322	水泥稳定碎石基层（30cm）	m²	10523.7	45.38	477565
10	204-1-m	土基改善（20cm）	m²	10759.67	8.94	96191
						5709155

表 5.7　青临高速 S7 试验段初建费用计算结果

序号	细目号	工程项目	单位	工程量	单价/元	费用/元
1	311-1-a	4cm 厚 SMA 沥青混合料	m²	14064	44.66	628080
2	310-1-a	6cm 厚中面层改性沥青混合料	m²	14064	44.65	627939
3	310-2-a	8cm 厚下面层沥青混合料	m²	11394	47.51	541335

续表

序号	细目号	工程项目	单位	工程量	单价/元	费用/元
4	326	9cm 厚路面柔性基层	m²	11357.33	53.26	604891
5	308-2	封层	m²	11622.65	8.62	100187
6	308-1	粘层	m²	36852	1.17	43117
7	308-2	封层（搭板）	m²	1567	8.62	13510
8	415-2-a	SBS 防水层	m²	1102	18	19840
9	304-2-b	水泥稳定碎石基层（18cm）	m²	11622.66	27.23	316485
10	304-2-b	水泥稳定碎石底基层（18cm）	m²	12067.85	23.86	287939
11	304-1-a	水泥稳定砂+碎石（18cm）	m²	12315.39	19.33	238056
12	204-1-m	土基改善（20cm）	m²	12536.12	8.94	112073
						3533452

表 5.8　青临高速 S8 试验段初建费用计算结果

序号	细目号	工程项目	单位	工程量	单价/元	费用/元
1	311-1-a	4cm 厚 SMA 沥青混合料	m²	8996	44.66	401739
2	310-1-a	6cm 厚中面层改性沥青混合料	m²	9108	44.65	406672
3	330	ATB（70-A）12cm	m²	8255	117.52	970069
4	330	ATB（70-A）12cm	m²	8234.49	117.52	967717
5	308-2	封层	m²	8455.86	8.62	72889
6	308-1	粘层	m²	25505	1.17	29840
7	308-2	封层（搭板）	m²	480	8.62	4138
8	415-2-a	SBS 防水层	m²	261	18	4698
9	319	级配碎石基层（20cm）	m²	8455.86	21.84	184676
10	316	未筛分碎石基层（32cm）	m²	8879.09	56.35	500337
11	204-1-m-1	土基改善（40cm厚掺5%水泥）	m²	9147.99	22.314	204128
						3746903

表 5.9　青临高速试验段初建费用单价及差价计算结果

类型	长度/m	变更前金额/（万元/km）	变更后金额/（万元/km）	差值/万元	增加原造价的百分比/%
S1	1000	470	470	0	0
S2	928	494	542	47	9.6
S3	1122	497	530	33	6.7
S4	1126.7	537	1098	561	104.4
S5	473.3	488	776	288	59.0
S6	502.3	631	1137	505	80.0
S7	921.7	488	383	-104	-21.4
S8	599.7	476	625	149	31.2
第2到8型	科研路附属工程	9.6			
	人工、机械误工费	78.3			
	试验配合费	4.6			
	科研路段路用性能检测配合费用	28.2			
合计		120.6			

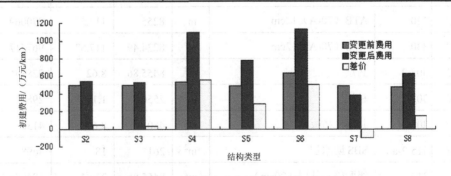

图 5.2　各项方案初建费用对比

由表 5.9 和图 5.2 可以看出初建费用中，除了路面结构外还包括路基处理的费用，结果表明结构费用 S6＞S4＞S5＞S8＞S2＞S3＞S1＞S7。高模量沥青结构 S4 和双层连续配筋结构 S6 结构造价比较接近，在 1100 万元/km 左右，明显高于其他结构形式，但是 S4 的增加幅度要高于 S6；其次为单层配筋结构 S5，造价为 776

万元/km,增加了 60%左右的费用；柔性基层结构 S8 由于采用双层 12cm 厚的 ATB
材料,沥青层增加了 7cm,并且路基处理厚度达到了 40cm,所以造价比正常结构
S1 高,为 625 万元/km,增加幅度约为 31%；结构 S2 和 S3 比较接近 S1,结构
S2 采用级配碎石层,并且用 ATB 代替 AC25 及 LSPM,沥青层增加 3cm,造价比
S1 结构略高,为 542 万元/km,增幅 9.6%；结构 S3 为上坡加厚段,增加了基层
厚度,造价比 S1 略高,为 530 万元/km,增幅 6.7%；S7 减少了 4cm LSPM 层,
费用最低,且低于 S1 结构,为 383 万/公里,降低造价约 21%；科研费用 120.6
万元/km,对评价结果无影响,故在计算初建费用时不考虑在内。

　　由于试验路段比较短,各种固定费用的摊销比较大,所以初建费用计算采用
的单价要比大面积正常施工略高。

5.3.2　养护方式和费用分析

　　运营期间的费用包括养护费用和运营管理费用,其中运营管理费用与初建方
案关系不大,所以只考虑养护费用,包括：日常养护、预防性养护、中修罩面、
大修和改建等产生的费用。根据养护方式和时机的不同,所产生的各种费用也不
一样。

　　路面养护费用的多少与病害形式、数量以及出现的时机都有关系。而病害的
特点决定于路面结构、环境条件和交通量。青临高速的八种路面结构都处在同一
环境下、同一车载条件下,只分析路面结构的不同带来的病害形式和数量即可。

　　不同的病害需要采取不同的养护方式,费用的大小取决于路用性能衰变规律,
与病害的形式、数量和养护时机有关。由于养护时工程量小,固定费用摊销量大,
所以养护费用单价相对于新建路面也较高。通过对山东省某公路养护费用的统计,
现确定各种养护措施的费用单价,见表 5.10。

表 5.10　高速公路养护费用单价表

子目号	子目名称	单位	单价/元
202-2	挖除旧路面		
-a	挖除水泥混凝土面层	m³	130.30
-d	铣刨沥青混凝土面层	m³	98.02
-e	铣刨基层	m³	89.00

续表

子目号	子目名称	单位	单价/元
204-1	水泥混凝土路面破碎块换填	m³	180.00
309-1	细粒式沥青混凝土		
-a	厚 40mm（SBS 改性沥青 AC-13C）	m²	60.00
309-2	中粒式沥青混凝土		
-e	厚 60mm（SBS 改性沥青 AC-20C）	m²	96.00
-f	厚 70mm（SBS 改性沥青 AC-20C）	m²	112.00
309-3	粗粒式沥青混凝土		
-a	厚 90mm（AC-25）	m²	
-b	厚 120mm（AC-25）	m²	127.80
309-4	沥青稳定碎石		
-b	厚 220mm（ATB-25）	m²	196.90
-c	厚 250mm（ATB-25）	m²	223.25
309-5	沥青路面灌缝		
-a	热沥青灌缝	m	3.00
310-1	沥青表面处治		
-a	MS-3 型	m²	19.70
311-3	SMA 路面		
-a	厚 40mm 改性沥青玛琋脂碎石混合料	m²	69.2
320	改性沥青路面就地热再生	m²	46.39

5.3.2.1 日常养护费用

如果只考虑路面结构病害，日常养护包括对横向裂缝、纵向裂缝和坑槽等病害的维修，这些病害的数量随着使用时间的增长不断增多，其规律以前面几章的预测结果为准，采用的养护方式一般为灌缝、挖补等。

八种结构中，柔性基层 S2、S8 与连续配筋结构 S5、S6 由于不存在半刚性基层，且所处地区冬季温度不低，温差不大，故不存在反射裂缝或低温收缩的横向开裂，坑槽修补数量较少，也不予考虑，所以日常养护费用以纵缝灌缝为主，并且前期几乎没有，接近设计寿命时急剧增加。

半刚性基层路面结构反射裂缝数量较多，出现时机也较早。以济聊高速 40 公里长度（以双幅为例，未采取预防性养护），2005 年进行大修后路面结构重建，2006 年小修数量为 158 万元，2007 年为 160 万元，2008 年为 196 万元，2009 年为 326 万元。2010 年为 350 万元，2011 年养护大检查，挖补共 3530 平，集中性的挖补 3430 平。2012 年为 433 万元，2013 年为 418 万元。由图 5.3 可知，反射裂缝在第 4 年左右开始出现，并持续增长，大体呈直线，可以按公式（5.1）进行计算：

$$Y = 2.2164X + 2.4777 \tag{5.1}$$

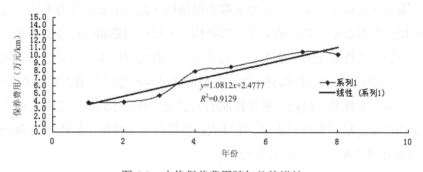

图 5.3　小修保养费用随年份的增长

反射裂缝的出现与交通量关系不大，所以结构 S1、S3、S4 和 S7 均采用公式（5.1）进行日常保养费用的计算。

5.3.2.2　预防性养护费用

预防性养护在高速公路运营初期、结构承载能力没有到达极限值之前就开始了，主要起到对表层进行细微裂缝的灌注、松散材料的黏结等防水加固的作用。随着预防性养护理念的普及，雾封层、微表处等措施也用得比较多，对沥青面层的坑槽、松散以及摩擦系数的变化规律产生了一定的影响，能够推迟小修保养和中层罩面的时间，节省养护资金，但是对路面结构疲劳寿命影响不大。在本项目中，未曾考虑预防性养护带来的性能衰变规律的变化，所以不考虑预防性养护费用。

5.3.2.3　罩面中修费用

路面使用到一定年限时，车辙量或者表面抗滑性能满足不了要求，主要采取罩面的措施，不但能修复表面功能，同时能够部分地增加结构承载力，属于中修的范畴。由于对结构性能影响较小，为了计算方便，假定罩面措施不影响结构承载力的衰变规律。

罩面时主要以铺筑薄层沥青层为主，厚度在 1～3cm，目前用得最多的是有微表处、稀浆封层等类型，也有加铺 SMA 抗磨耗层的，造价较高，但修复效果好。

根据表 3.10 中单价，每进行一次罩面的费用为：微表处 29.6 万元/km；4cm 厚 SMA 磨耗层 103.8 万元/km，4cm 厚 AC-13 沥青混凝土 90 万元/km，铣刨原沥青混凝土面层费用 5.89 万元/km，总价分别为 109.7 万元/km 和 95.89 万元/km。

5.3.2.4 大修费用

当面层达到疲劳寿命后，需要采取面层结构重建的措施，称为大修。大修适用于面层疲劳寿命小于基层的柔性基层结构，大修后的路面结构基层不变，面层相当于新铺，其性能提升至通车运营初期水平，衰变规律也符合新建面层结构的特点。大修费用，除面层结构建安费外，原路面结构的挖除费用也需要考虑在内，一般情况下，柔性基层结构和刚性路面的面层先于基层达到疲劳寿命，而半刚性基层结构往往是基层先遭到破坏，所以大修只针对于柔性基层的路面结构，S2 和 S8 大修费用计算见表 5.11 和表 5.12。

表 5.11 结构 S2 大修费用计算表

序号	细目号	工程项目	单位	工程量	单价/元	费用/万元
1	202-2-d	铣刨沥青混凝土面层	m³	4500	98.02	44.1
2	311-1-a	4c 厚 SMA 沥青混合料	m²	15000	44.66	67.0
3	310-1-a	6cm 厚中面层改性沥青混合料	m²	15000	44.65	67.0
4	329	10cm 厚 ATB（70-A）上层	m²	15000	97.98	147.0
5	329	10cm 厚 ATB（70-A）下层	m²	15000	97.98	147.0
6	308-2	封层	m²	15000	8.62	12.9
7	308-1	粘层	m²	45000	1.17	5.3
	总计					490

表 5.12 结构 S8 大修费用计算表

序号	细目号	工程项目	单位	工程量	单价/元	费用/万元
1	202-2-d	铣刨沥青混凝土面层	m³	5100	98.02	50.0
2	311-1-a	4cm 厚 SMA 沥青混合料	m²	15000	44.66	67.0

续表

序号	细目号	工程项目	单位	工程量	单价/元	费用/万元
3	310-1-a	6cm 厚中面层改性沥青混合料	m²	15000	44.65	67.0
4	330	ATB(70-A)12cm	m²	15000	117.52	176.3
5	330	ATB(70-A)12cm	m²	15000	117.52	176.3
6	308-2	封层	m²	15000	8.62	12.9
7	308-1	粘层	m²	45000	1.17	5.3
	总计					555

连续配筋水泥混凝土结构 S5 和 S6 大修费用计算见表 5.13 和表 5.14。

表 5.13 单层连续配筋结构 S5 大修费用计算表

序号	细目号	工程项目	单位	工程量	单价/元	费用/万元
1	202-2-a	挖除水泥混凝土面层	m³	5250	130.3	68.4
2	311-1-a	4cm 厚 SMA（SBS）	m²	15000	44.66	67.0
3	331	2cm 厚 AC-5（SBS 玄武岩）	m²	15000	40.4	60.6
4	335	单层连续配筋 33cm	m²	4950	197.5	97.8
5	312-2-b-1	钢筋	kg	338958	6.53	221.3
6	333	4cm 厚 AC-13F（70-A 石灰岩）	m²	15000	56.69	85.0
7	308-2	封层	m²	15000.0	8.62	12.9
8	308-1	粘层	m²	45000	1.17	5.3
9	415-2-a	SBS 防水层（路面正常铺筑）	m²	15000	18	27.0
	总计					645

表 5.14 双层连续配筋结构 S6 大修费用计算表

序号	细目号	工程项目	单位	工程量	单价/元	费用/万元
1	202-2-a	挖除水泥混凝土面层	m³	5250	130.3	68.4
2	336	双层连续配筋（CRCP）35cm	m²	15000	210.8	316.2
3	312-2-b-1	钢筋	kg	413902	6.53	270.3
4	333	4cm 厚 AC-13F（70-A 石灰岩）	m²	15000	56.69	85.0
5	308-2	封层	m²	15000	8.62	12.9
6	总计					753

5.3.2.5 改建费用

当基层达到疲劳寿命后，需要对整个路面结构进行铣刨后重新铺筑，称为路面结构改建。改建费用按照新铺路面进行计算，还需要包括原结构的挖除清理费用。对于半刚性基层的路面结构，往往是基层先坏，所以不经大修就直接改建。对于结构 S1、S3、S4、S7，按照基层疲劳寿命确定改建的时机，改建费用见表5.15 至表 5.18。

表 5.15　结构 S1 每公里改建费用计算表

序号	细目号	工程项目	单位	工程量	单价/元	费用/（万元/km）
1	202-2-d	铣刨沥青混凝土面层	m³	4650	98.02	45.6
2	202-2-e	铣刨基层	m³	7500	89	66.8
3	311-1-a	4c 厚 SMA 沥青混合料	m²	15000	44.66	67.0
4	310-1-a	6cm 厚中面层改性沥青混合料	m²	15000	44.65	67.0
5	310-2-a	8cm 厚下面层沥青混合料	m²	15000	47.51	71.3
6	326	13cm 厚路面柔性基层	m²	15000	76.9	115.4
7	308-2	封层	m²	15000	8.62	12.9
8	308-1	粘层	m²	45000	1.17	5.3
9	308-2	封层（搭板）	m²	480	8.62	0.4
10	415-2-a	SBS 防水层	m²	201	18	0.4
11	304-2-b	水泥稳定碎石基层（18cm）	m²	15000	27.23	40.8
12	304-2-a	水泥稳定碎石底基层（16cm）	m²	15000	23.86	35.8
13	304-2-b	水泥稳定砂+碎石（16cm）	m²	15000	27.23	40.8
						457

表 5.16　结构 S3 每公里改建费用计算表

序号	细目号	工程项目	单位	工程量	单价/元	费用/（万元/km）
1	202-2-d	铣刨沥青混凝土面层	m³	4050	98.02	39.7
2	202-2-e	铣刨基层	m³	13500	89.00	120.2
3	311-1-a	4cm 厚 SMA 沥青混合料	m²	15000	44.66	67.0
4	310-1-a	6cm 厚中面层改性沥青混合料	m²	15000	44.65	67.0

续表

序号	细目号	工程项目	单位	工程量	单价/元	费用/（万元/km）
5	310-2-a	8cm 厚下面层沥青混合料	m²	15000	47.51	71.3
6	326	9cm 厚路面柔性基层	m²	15000	53.26	79.9
7	308-2	封层	m²	15000	8.62	12.9
8	308-1	粘层	m²	45000	1.17	5.3
9	304-2-b	水泥稳定碎石基层（18cm）	m²	15000	27.23	40.8
10	304-2-a	水泥稳定碎石底基层（16cm）	m²	15000	23.86	35.8
11	304-2-b	水泥稳定砂+碎石（16cm）	m²	15000	27.23	40.8
12	318	水泥稳定风化砂（40cm）	m²	15000	49.44	74.2
	总计					655

表 5.17　结构 S4 每公里改建费用计算表

序号	细目号	工程项目	单位	工程量	单价/元	费用/（万元/km）
1	202-2-d	铣刨沥青混凝土面层	m³	4350	98.02	42.6
2	202-2-e	铣刨基层	m³	13500	89.00	48.1
3	311-1-a	4cm 厚 SMA 磨耗层（SBS）	m²	15000	44.66	67.0
4	332	6cm 厚 EME（0/10）连接层	m²	15000	127.47	191.2
5	327	9cm 厚 EME2（0/14）基层	m²	15000	187.65	281.5
6	328	10cm 厚 EME2（0/14）基层	m²	15000	208.59	312.9
7	308-2	封层	m²	15000	8.62	12.9
8	308-1	粘层	m²	45000	1.17	5.3
9	308-2	封层（搭板）	m²	15000	8.62	12.9
10	415-2-a	SBS 防水层	m²	15000	18	27.0
11	304-2-b	水泥稳定碎石（18cm）	m²	15000	27.23	40.8
12	304-2-b	水泥稳定碎石（18cm）	m²	15000	27.23	40.8
	总计					1083

表 5.18 结构 S7 每公里改建费用计算表

序号	细目号	工程项目	单位	工程量	单价/元	费用/（万元/km）
1	202-2-d	铣刨沥青混凝土面层	m³	4050	98.02	39.7
2	202-2-e	铣刨基层	m³	8100	89.00	72.1
3	311-1-a	4cm 厚 SMA 沥青混合料	m²	15000	44.66	67.0
4	310-1-a	6cm 厚中面层改性沥青混合料	m²	15000	44.65	67.0
5	310-2-a	8cm 厚下面层沥青混合料	m²	15000	47.51	71.3
6	326	9cm 厚路面柔性基层	m²	15000	53.26	79.9
7	308-2	封层	m²	15000	8.62	12.9
8	308-1	粘层	m²	45000	1.17	5.3
9	308-2	封层（搭板）	m²	1567	8.62	1.4
10	415-2-a	SBS 防水层	m²	1102	18	2.0
11	304-2-b	水泥稳定碎石基层（18cm）	m²	15000	27.23	40.8
12	304-2-b	水泥稳定碎石底基层（18cm）	m²	15000	23.86	35.8
13	304-1-a	水泥稳定砂+碎石（18cm）		15000	19.33	29.0
	总计					524

综上所述，八种结构在一个寿命周期内不同养护方式的总费用见表 5.19。

表 5.19 各种养护方式的费用/（万元/km）

路面结构组合	日常保养费用	中修罩面费用			大修费用	改建费用
		SMA	AC	微表处		
S1	$Y = 1.1082X + 2.4777$	109.7	95.9	29.6	-	457
S2	$Y = 1.1082X + 2.4777$	109.7	95.9	29.6	490	-
S3	$Y = 1.1082X + 2.4777$	109.7	95.9	29.6	-	655
S4	$Y = 1.1082X + 2.4777$	109.7	95.9	29.6	-	1083
S5	$Y = 1.1082X + 2.4777$	109.7	95.9	29.6	645	-
S6	$Y = 1.1082X + 2.4777$	109.7	95.9	29.6	753	-
S7	$Y = 1.1082X + 2.4777$	109.7	95.9	29.6	-	524
S8	$Y = 1.1082X + 2.4777$	109.7	95.9	29.6	555	-

5.3.3　性能衰变预测及养护时机确定

道路使用性能不但影响养护费用，还会影响到道路使用者的代价，这里主要考虑车辙、平整度和疲劳寿命的变化，因为车辙量的大小和平整度的好坏会影响道路使用者费用，并且决定中修罩面的次数和质量，所以中修时机的确定会影响到养护费用和道路使用者费用大小。

5.3.3.1　日常养护

时机不需确定，所以不考虑初期横纵向裂缝及坑槽修补。

5.3.3.2　中修罩面时机

取决于车辙、平整度指数和横向摩阻系数，以最先达到维修标准的指标为准，所以按照本项目得到的车辙预估模型结合交通量的变化，确定中修的时间间隔。

1. 车辙量的预估

根据本课题其他部分的研究成果，采用的车辙预估方程如下：

半刚基层沥青路面：

$$RD = 1032T^{1.463}P^{0.693}N^{0.401}E_1^{-0.104}H_1^{-0.12}/FN \tag{5.2}$$

级配碎石基层水泥稳定碎石底基层沥青路面：

$$RD = 989T^{1.475}P^{0.703}N^{0.385}E_1^{-0.137}/FN \tag{5.3}$$

水泥稳定碎石基层级配碎石下基层沥青路面：

$$RD = 829T^{1.449}P^{0.686}N^{0.39}E_1^{-0.121}/FN \tag{5.4}$$

级配碎石基层沥青路面：

$$RD = 740T^{1.491}P^{0.676}N^{0.399}E_1^{-0.123}/FN \tag{5.5}$$

式中：RD——预估路面车辙量，mm；

　　　T——平均大气温度，（15℃～45℃）；

　　　P——轮胎接地压强，（0.35MPa～1.05MPa）；

　　　N——载荷作用次数（百万次，单向设计交通量）（10～35）；

　　　E_1——沥青面层 40℃模量加权平均值，（1400MPa～4700MPa）；

　　　H_1——沥青面层厚度，（18cm～40cm）；

　　　FN——沥青中面层材料 40℃在 600kPa 作用下流动数，次。

根据公式（5.2）～公式（5.5）要求，首先确定相关的参数。由于车辙对温度比较敏感，所以将大气温度按照春秋、夏和冬分别取值，其他参数来自室内试验结果和现场结构组合。

交通量按照表 5.20 折算后的标准累积轴载次数取值，每个季节各占四分之一的交通量。经过计算，得到每一种结构组合车辙量随年份的变化情况，见表 5.21。

表 5.20　车辙计算参数取值

结构组合	$T/℃$ （夏，春秋，冬）	P/MPa	E_1/MPa	FN/次	H_1/cm
S1	25（14,1）	0.7	1613	6770	31
S2	25（14,1）	0.7	1613	6770	30
S3	25（14,1）	0.7	1613	6770	27
S4	25（14,1）	0.7	3500	11000	29
S7	25（14,1）	0.7	1613	6770	29
S8	25（14,1）	0.7	1613	6770	34

表 5.21　各结构车辙量随年份的变化

年份	结构组合形式					
	S1	S2	S3	S4	S7	S8
	车辙量					
1	4.76	5.62	4.95	2.46	4.71	4.90
2	6.38	7.45	6.64	3.30	6.31	6.57
3	7.63	8.84	7.94	3.94	7.55	7.84
4	8.70	10.03	9.06	4.50	8.61	8.94
5	9.67	11.10	10.07	5.00	9.57	9.93
6	10.58	12.10	11.01	5.47	10.46	10.86
7	11.44	13.04	11.91	5.91	11.32	11.74
8	12.28	13.96	12.78	6.34	12.14	12.59
9	13.09	14.85	13.63	6.77	12.95	13.43
10	13.90	15.72	14.46	7.18	13.75	14.25
11	14.67	16.55	15.26	7.58	14.50	15.03
12	15.41	17.35	16.03	7.96	15.24	15.78

续表

年份	结构组合形式					
	S1	S2	S3	S4	S7	S8
	车辙量					
13	16.12	18.13	16.78	8.33	15.94	16.51
14	16.82	18.88	17.50	8.69	16.63	17.22
15	17.50	19.62	18.21	9.04	17.31	17.92
16	18.17	20.34	18.91	9.39	17.97	18.60
17	18.83	21.05	19.60	9.73	18.63	19.27
18	19.48	21.74	20.28	10.07	19.27	19.94
19	20.13	22.43	20.95	10.40	19.91	20.59
20	20.77	23.12	21.61	10.73	20.54	21.24

根据极限车辙量的不同，各结构中修罩面的时机也有所变化，目前我国规范规定车辙大于 15mm 就需要进行中修罩面，此时的路况已经很差，为了对比中修对道路使用者的影响，另取 10mm 和 12mm 作为对比，具体见表 5.22。除了六种沥青路面结构，对于 S5 连续配筋路面，由于其为刚性路面，不产生车辙，所以中修时不考虑车辙指标。

表 5.22 各结构中修罩面时机/年

极限车辙量/mm	S1	S2	S3	S4	S7	S8
10	5	3	4	17	5	5
12	7	5	7	-	7	7
15	11	9	10	-	11	10

2. 平整度的变化预测

平整度的变化影响道路使用者费用，也决定着中修罩面的时机，由前一章平整度的预测结果可以看出（表 5.23），平整度随使用时间的变化并不太明显。根据我国公路养护规范，平整度小于 1.9 时认为路面处于优的状态，即使达到良的 3.5 时，行车过程仍然比较舒适。在我国，由于高速公路养护比较及时，所以很少有因为平整度不符合要求而进行中修罩面的。结合车辙量的预测结果，中修时机取决于车辙变化。

表 5.23 *IRI*（m/km）随时间的变化

结构类型 \ 月	1	2	3	13	14	15	27	39	51	75	111	147	183
S1	1.31	1.39	1.43	1.46	1.49	1.51	1.56	1.6	1.64	1.7	1.75	1.8	1.88
S2	1.33	1.39	1.44	1.46	1.48	1.5	1.55	1.58	1.61	1.66	1.71	1.74	1.81
S3	1.31	1.39	1.45	1.48	1.51	1.54	1.6	1.66	1.7	1.78	1.84	1.89	1.98
S4	1.21	1.26	1.3	1.31	1.33	1.34	1.37	1.4	1.42	1.45	1.48	1.5	1.53
S5	1.5	1.5	1.5	1.5	1.5	1.5	1.5	1.5	1.5	1.5	1.5	1.5	1.5
S6	1.92	2.02	2.09	2.18	2.2	2.23	2.33	2.41	2.47	2.57	2.66	2.74	2.87
S7	1.28	1.35	1.39	1.42	1.44	1.46	1.51	1.55	1.58	1.64	1.69	1.73	1.8
S8	1.49	1.58	1.62	1.65	1.68	1.7	1.75	1.79	1.83	1.89	1.94	1.99	2.07

其中，双层连续配筋路面结构 S5 由于没有沥青磨耗层，*IRI* 的变化规律不清晰，暂取 1.5，并假定在整个过程中不发生变化。

在车辙和平整度两个指标中，从结果看车辙起到决定性作用，除了这两个指标外，路面的坑槽、松散等也会对中修时机产生影响，这跟沥青面层材料及配比关系比较大，本项目中暂不考虑。

5.3.3.3 大修时机

大修是在面层达到疲劳寿命时进行。根据课题组研究成果，对柔性基层的路面采用以下疲劳预估方程。

1. 水泥稳定碎石底基层沥青路面疲劳预估模型

$$N_f = 27917.25 H_1^{0.789} E_1^{-0.121} P^{-1.325} \quad (R^2=0.993) \tag{5.6}$$

式中：N_f——疲劳寿命，次；

　　　H_1——沥青面层厚度，（18cm～34cm）；

　　　E_1——沥青面层综合模量，（2000MPa～12000MPa）；

　　　P——轮胎接地压强，（0.7MPa～1.4MPa）。

2. 级配碎石基层沥青路面疲劳预估模型

$$N_f = 6.2818.19 H_1^{0.413} E_1^{-0.128} P^{-1.364} \quad (R^2=0.981) \tag{5.7}$$

式中：N_f——疲劳寿命，次；

H_1——沥青面层厚度，（18cm～42cm）；

E_1——沥青面层综合模量，（2000MPa～12000MPa）；

P——轮胎接地压强，（0.7MPa～1.4MPa）。

5.3.3.4 改建时机

改建是在基层达到疲劳寿命时进行。对半刚性基层的沥青路面采用以下疲劳预估方程。

1. 水泥稳定碎石基层沥青路面疲劳预估模型

$$N_f = 1269.06 H_1^{1.609} E_1^{-0.384} H_2^{0.262} E_2^{0.286} E_3^{0.131} P^{-1.369} \quad (R^2=0.988) \qquad (5.8)$$

式中：N_f——疲劳寿命，次；

H_1——沥青面层厚度，（18cm～42cm）；

E_1——沥青面层综合模量，（2000MPa～12000MPa）；

H_2——水泥稳定碎石基层厚度，（18cm～72cm）；

E_2——水泥稳定碎石基层模量，（500MPa～8000MPa）；

E_3——土基模量，（20MPa～300MPa）；

P——轮胎接地压强，（0.56MPa～1.40MPa）。

2. 水泥稳定碎石基层级配碎石底基层沥青路面疲劳预估模型

$$N_f = 22674.59 H_1^{0.574} E_1^{-0.149} E_2^{0.158} P^{-1.349} \quad (R^2=0.982) \qquad (5.9)$$

式中：N_f——疲劳寿命，次；

H_1——沥青面层厚度，（18cm～34cm）；

E_1——沥青面层综合模量，（2000MPa～12000MPa）；

E_2——水泥稳定碎石基层模量，（1000MPa～3500MPa）；

P——轮胎接地压强，（0.7MPa～1.4MPa）。

根据以上分析，结合前面几个章节的性能预测方程，确定不同结构组合的大中修和改建时机及次数，具体数值见表 5.24。

表 5.24 八种结构各种养护的时间间隔

养护方式	养护时间周期/年							
	S1	S2	S3	S4	S5	S6	S7	S8
日常养护	每年	每年	每年	每年	每年	每年	每年	每年
中修罩面	11	9	10	10	10	10	11	10
大修或改建	30	30	30	40	50	50	30	30

5.3.4 路面残值分析

到路面的寿命周期末或分析期末，路面的使用性能可能还没有下降到所规定的最低水平，亦即路面还有剩余寿命可继续承受车辆荷载作用，这部分剩余寿命所具有的价值就是残值。不同的设计方案可能具有不同的剩余寿命，在经济分析时应该考虑这部分价值。路面残值可按多种方法近似计算，这里按剩余寿命占其预期使用寿命的比例来确定，见公式（5.10）：

$$S_V = \left(1 - \frac{L_A}{L_E}\right) C_r \qquad (5.10)$$

式中：L_A——最后一次改建的施工年份到寿命周期末的年数；

L_E——该改建措施的预期使用寿命；

C_r——该项改建措施的修建费用；

S_V——路面残值。

路面结构的残值主要针对于新修建的层位和大中修的层位，计算某一时间点上某一层位的残值首先需要确定其疲劳寿命和加铺时间，还需知道修建时的费用。

疲劳寿命可以根据本项目前面的研究成果计算得出，修建费用可以参考初建费用和养护费用计算结果。由于路面结构达到疲劳寿命时，经过铣刨回收后的材料还有一定的利用价值，参考相关文献，其达到疲劳寿命时残值取为初建费用的15%，即公式（5.10）可改为公式（5.11）：

$$S_V = \left(1 - \frac{L_A}{L_E} \cdot 0.85\right) C_r \qquad (5.11)$$

5.3.5 道路使用者费用分析

道路使用者费用是指用户在使用道路时所支出的费用，包括车辆运营费、行驶延误费、行程时间费和事故费等，是全寿命周期费用中最大的一个组成部分，尤其在交通量比较大时，能占到 90%以上的比例，是影响总费用的主要指标。其中行驶延误费、行程时间费和事故费等，是初期建设费用的 2～5 倍。但是由于这些费用的准确统计目前还存在相当大的困难，所以本项目中只考虑道路性能的变化带来的车辆运营费的增加部分，作为道路使用者的费用。此项费用包括燃油消耗费、轮胎磨耗费和保修材料消耗费。

5.3.5.1 燃油消耗费

燃油消耗的高低取决于行车速度和加减速的频率，跟道路的平整度有直接关系，美国的 LTTP 项目和世界银行研究项目都建立了燃油消耗与路面性能的关系模型。但是，由于建模数据取自国外，与我国实际情况不符，所以同济大学李兴华等[121]重新对模型进行了改进，建立了油耗与平整度的预测模型，见式（5.12）：

$$FL = a + b \cdot IRI \tag{5.12}$$

式中：FL——百公里油耗，l/100km；

a,b——回归系数；

IRI——国际平整度指数，m/km。

式中参数取值见表 5.25。

表 5.25　燃油消耗公式参数取值

车辆类型	a	b
小汽车	9.78	0.1820
大客车	23.80	0.2937
轻货车	17.42	0.5685
中货车	23.00	0.4341
重货车	19.00	0.2985
铰接车	35.39	0.8926

5.3.5.2 轮胎磨耗费

轮胎磨耗费也是道路使用者费用中的一个重要组成，与车辆的行驶状态、道路状况存在一定的关系。比较系统的预测模型当属世界银行建立的 HDM-III，同济大学王忠仁等[122]根据国内实际轮耗情况进行了数据调查，重新标定了 HDM-III 模型，见式（5.13）：

其他车辆：
$$TC = NT\left[\frac{(1+RREC \cdot NR) \cdot TWT \cdot k_1}{(1+k_2 NR) \cdot VOL} + 0.002\right] \qquad (5.13)$$

式中：TC——千公里当量新轮胎磨耗数；

NT——轮数；

$RREC$——翻新与新轮胎价格比；

NR——翻新次数；

TWT——轮胎磨耗；

VOL——胎面可磨耗体积；

k_1——回归系数；

k_2——轮胎系数，取 0.77。

但是由于公式（5.13）中，IRI 取定值，跟实际情况不符，且计算比较复杂，对于轮胎磨耗费用拟采用 HDM-III 模型，见公式（5.14），参数取值见表 5.26。

$$TC = a_1 + b_1 \cdot IRI \qquad (5.14)$$

表 5.26 轮胎磨耗公式参数取值

车辆类型	a_1	b_1
小汽车	0.0466	0.0071
大客车	0.0739	0.0016
轻货车	0.0669	0.0107
中货车	0.0653	0.0012
重货车	0.1556	0.0034
铰接车	0.2155	0.0053

5.3.5.3 保修材料消耗费

保修材料包括车辆维修的材料费、人工费等，同济大学也建立了相应的费用公式[123]（5.15）和（5.16）：

客车：
$$PC = e \cdot k \cdot \exp(f \cdot IRI) \cdot C_{KM}^{K_P} \qquad (5.15)$$

货车：
$$PC = e \cdot k \cdot (1 + f \cdot IRI) \cdot C_{KM}^{K_P} \qquad (5.16)$$

式中：e, f——模型的回归系数；

k——维修费系数；

K_P——车龄指数或车辆老化系数；

PC——千车公里的维修费用与该种车型的新车价格比；

C_{KM}——车辆的累积行驶历程。

公式参数取值见表 5.27 至表 5.29。

表 5.27　保修材料公式参数取值

车辆类型	$e(10^{-6})$	k	$f(10^{-3})$	K_P	$C_{KM}(10^4)$
小汽车	2.77	1.54	17.81	0.308	15
大客车	0.60	2.86	4.63	0.483	50
轻货车	0.60	2.86	327.33	0.371	30
中货车	0.60	2.86	327.33	0.371	30
重货车	0.285	1.43	45.90	0.371	30
铰接车	0.285	1.43	45.90	0.371	30

表 5.28　汽柴油价格表

品种	牌号	价格/（元/吨）	密度/（kg/L）	单价/（元/L）
汽油	90#	10000	0.722	7.22
	93#	10600	0.725	7.69
	97#	11230	0.735	8.25
柴油	0#	8200	0.84	6.89

表 5.29　客货车和轮胎价格参数

车型	小汽车	轻货车	大客车	中货车	重货车	铰接车
轮胎单价/元	210	210	800	800	1130	1130
轮胎数	4	4	4	6	10	22
新车单价/万元	20	8	30	18	26	30

5.3.5.4　道路使用者费用计算

1. 交通量的确定

按照实际的交通量情况，年增长率前十年取 8%，中间十年取 4%，后期取 1%。经计算，得到 50 年内各年份的单车道交通量，见表 5.30。

表 5.30 单车道不同类型车辆年交通量计算

年份	小汽车	小货车	大客车	中货车	重货车	铰接车
1	131400	21900	55845	142350	65700	192720
2	141912	23652	60313	153738	70956	208138
3	153265	25544	65138	166037	76632	224789
4	165526	27588	70349	179320	82763	242772
5	178768	29795	75977	193666	89384	262193
6	193070	32178	82055	209159	96535	283169
7	208515	34753	88619	225892	104258	305822
8	225197	37533	95709	243963	112598	330288
9	243212	40535	103365	263480	121606	356711
10	262669	43778	111634	284558	131335	385248
11	273176	45529	116100	295941	136588	400658
12	284103	47351	120744	307778	142052	416684
13	295467	49245	125574	320089	147734	433352
14	307286	51214	130596	332893	153643	450686
15	319577	53263	135820	346209	159789	468713
16	332360	55393	141253	360057	166180	487462
17	345655	57609	146903	374459	172827	506960
18	359481	59913	152779	389438	179740	527239
19	373860	62310	158891	405015	186930	548328
20	388815	64802	165246	421216	194407	570261
21	392703	65450	166899	425428	196351	575964
22	396630	66105	168568	429682	198315	581724
23	400596	66766	170253	433979	200298	587541
24	404602	67434	171956	438319	202301	593416
25	408648	68108	173675	442702	204324	599350
26	412735	68789	175412	447129	206367	605344

续表

年份	小汽车	小货车	大客车	中货车	重货车	铰接车
27	416862	69477	177166	451600	208431	611397
28	421030	70172	178938	456116	210515	617511
29	425241	70873	180727	460678	212620	623686
30	429493	71582	182535	465284	214747	629923
31	433788	72298	184360	469937	216894	636223
32	438126	73021	186204	474637	219063	642585
33	442507	73751	188066	479383	221254	649011
34	446932	74489	189946	484177	223466	655501
35	451402	75234	191846	489018	225701	662056
36	455916	75986	193764	493909	227958	668676
37	460475	76746	195702	498848	230237	675363
38	465080	77513	197659	503836	232540	682117
39	469730	78288	199635	508875	234865	688938
40	474428	79071	201632	513963	237214	695827
41	479172	79862	203648	519103	239586	702786
42	483964	80661	205685	524294	241982	709813
43	488803	81467	207741	529537	244402	716912
44	493691	82282	209819	534832	246846	724081
45	498628	83105	211917	540181	249314	731321
46	503615	83936	214036	545582	251807	738635
47	508651	84775	216177	551038	254325	746021
48	513737	85623	218338	556549	256869	753481
49	518875	86479	220522	562114	259437	761016
50	524063	87344	222727	567735	262032	768626

2. 国际平整度指数 IRI 的确定

根据前面的分析，道路使用者费用现值受平整度、交通量、中大修次数和折现率的影响。利用第 4 章平整度的预测结果，确定 IRI 值，见表 5.31。

表 5.31　各结构组合在不同年限时的 IRI 值

路龄 结构	S1	S2	S3	S4	S5	S6	S7	S8
1	1.430	1.440	1.450	1.300	1.500	2.090	1.390	1.620
2	1.510	1.500	1.540	1.340	1.500	2.230	1.460	1.700
3	1.560	1.550	1.600	1.370	1.500	2.330	1.510	1.750
4	1.600	1.580	1.660	1.400	1.500	2.410	1.550	1.790
5	1.640	1.610	1.700	1.420	1.500	2.470	1.580	1.830
6	1.670	1.640	1.740	1.435	1.500	2.520	1.610	1.860
7	1.700	1.660	1.780	1.450	1.500	2.570	1.640	1.890
8	1.730	1.680	1.810	1.465	1.500	2.625	1.665	1.915
9	1.750	1.710	1.840	1.480	1.500	2.660	1.690	1.940
10	1.780	1.725	1.865	1.490	1.500	2.700	1.710	1.965
11	1.800	1.740	1.890	1.500	1.500	2.740	1.730	1.990
12	1.820	1.760	1.910	1.510	1.500	2.773	1.748	2.010
13	1.840	1.780	1.940	1.520	1.500	2.805	1.765	2.030
14	1.860	1.800	1.960	1.525	1.500	2.838	1.783	2.050
15	1.880	1.810	1.980	1.530	1.500	2.870	1.800	2.070

3. 道路使用者费用汇总

经过计算，得到道路使用者各项费用，并进行汇总，以结构 S1 为例，具体数值见表 5.32 所示。

表 5.32　道路使用者费用计算（结构 S1）

年份	路龄	IRI /（m/km）	油耗费 /（万元/km）	轮耗费 /（万元/km）	材耗费/（万元/km）			累积净现值 /（万元/km）
					小客车	货车	总值	
2012	1	1.43	98.33	6.93	1.97	1.03	3.00	324.8
2013	2	1.51	198.67	14.01	3.98	2.09	6.07	656.3
2014	3	1.56	301.02	21.23	6.03	3.19	9.22	994.4

续表

年份	路龄	*IRI* / （m/km）	油耗费 / （万元/km）	轮耗费 / （万元/km）	材耗费/（万元/km）			累积净现值 / （万元/km）
					小客车	货车	总值	
2015	4	1.60	405.38	28.59	8.11	4.31	12.42	1339.2
2016	5	1.64	511.80	36.10	10.24	5.46	15.70	1690.8
2017	6	1.67	620.30	43.76	12.41	6.63	19.04	2049.3
2018	7	1.70	730.91	51.56	14.62	7.84	22.46	2414.8
2019	8	1.73	843.67	59.52	16.87	9.07	25.94	2787.4
2020	9	1.75	958.62	67.64	19.16	10.33	29.50	3167.2
2021	10	1.78	1075.80	75.91	21.50	11.62	33.12	3554.5
2022	11	1.43	1280.22	90.32	25.60	13.77	39.36	4229.7
2023	12	1.51	1481.11	104.49	29.62	15.90	45.52	4893.3
2024	13	1.56	1678.41	118.41	33.57	18.00	51.57	5545.2
2025	14	1.60	1872.16	132.07	37.44	20.08	57.53	6185.3
2026	15	1.64	2062.40	145.50	41.25	22.14	63.38	6813.8
2027	16	1.67	2249.17	158.68	44.98	24.16	69.14	7431.0
2028	17	1.70	2432.52	171.62	48.64	26.16	74.80	8036.8
2029	18	1.73	2612.53	184.33	52.23	28.13	80.36	8631.7
2030	19	1.75	2789.22	196.80	55.76	30.07	85.82	9215.5
2031	20	1.78	2962.68	209.05	59.22	31.98	91.20	9788.8
2032	21	1.80	3128.02	220.73	62.52	33.80	96.32	10335.2
2033	22	1.43	3424.82	241.65	68.47	36.91	105.38	11315.5
2034	23	1.51	3708.08	261.62	74.14	39.92	114.05	12251.3
2035	24	1.56	3978.27	280.68	79.54	42.80	122.34	13143.9
2036	25	1.60	4235.92	298.86	84.70	45.57	130.26	13995.1
2037	26	1.64	4481.62	316.20	89.61	48.22	137.83	14806.9
2038	27	1.67	4715.87	332.73	94.29	50.76	145.05	15580.9
2039	28	1.70	4939.21	348.49	98.75	53.19	151.94	16318.9

年份	路龄	IRI / (m/km)	油耗费 / (万元/km)	轮耗费 / (万元/km)	材耗费/(万元/km)			累积净现值 / (万元/km)
					小客车	货车	总值	
2040	29	1.73	5152.15	363.52	103.00	55.52	158.52	17022.6
2041	30	1.43	5473.54	386.18	109.44	58.89	168.33	18084.2
2042	31	1.51	5780.28	407.81	115.58	62.14	177.73	19097.4
2043	32	1.56	6072.85	428.45	121.44	65.27	186.70	20064.0
2044	33	1.60	6351.84	448.13	127.02	68.26	195.28	20985.8
2045	34	1.64	6617.90	466.90	132.33	71.14	203.47	21864.8
2046	35	1.67	6871.56	484.81	137.40	73.89	211.29	22703.0
2047	36	1.70	7113.41	501.88	142.23	76.52	218.75	23502.1
2048	37	1.73	7343.99	518.15	146.83	79.04	225.88	24264.1
2049	38	1.75	7563.79	533.67	151.22	81.45	232.67	24990.4
2050	39	1.78	7773.34	548.47	155.40	83.76	239.16	25682.9
2051	40	1.80	7973.09	562.57	159.39	85.97	245.35	26343.1
2052	41	1.43	8331.66	587.85	166.57	89.72	256.30	27527.4
2053	42	1.51	8673.88	611.98	173.42	93.35	266.78	28657.9
2054	43	1.56	9000.29	635.01	179.96	96.84	276.79	29736.3
2055	44	1.60	9311.56	656.97	186.18	100.18	286.36	30764.6
2056	45	1.64	9608.39	677.91	192.11	103.39	295.50	31745.4
2057	46	1.67	9891.39	697.88	197.77	106.46	304.22	32680.5
2058	47	1.70	10161.21	716.93	203.16	109.39	312.55	33572.1
2059	48	1.73	10418.46	735.09	208.29	112.21	320.50	34422.2
2060	49	1.75	10663.68	752.40	213.19	114.90	328.08	35232.5
2061	50	1.78	10897.48	768.91	217.85	117.47	335.32	36005.1

由表 5.32 可以看出，在道路使用者费用中，油耗占到了绝大部分，约为 91%，轮胎磨耗约为 6%，维修费只占到 3% 左右。

结构组合不同，道路使用者费用也不一样，平整度指数是二者的联系纽带。

所以，要计算道路使用者费用，必须先确定平整度指数的变化规律，首先取决于结构组合特点，其次为中修罩面的方式和时机。

5.4　全寿命周期费用评价模型

寿命周期费用分析法是涉及各种资源的最有效利用的分析方法，是运筹学的一个分支。寿命周期费用分析是以经济分析理论为基础来评价可选方案的长期经济效率的一种技术，它考虑了备选方案的初始修建费用以及未来的费用，其目的是为投资消耗确定最佳值，即获得满足所求性能目标下的长期费用最低的方案。寿命周期费用分析法是在系统的目标确定之后，计算出系统效率和费用，并在两者之间进行权衡，也在建设费和维护费、使用费之间进行权衡，以期找到最佳方案。

5.4.1　评价指标计算

寿命周期费用分析的方法大体分为绝对指标法和相对指标法，如净现值法、年度等额费用法、收益率法、效益－费用比法等，每种方法的侧重点不同，分析结果会略有差异。本项目采用净现值和效益－费用比作为费用评价的两个指标。

5.4.1.1　净现值法

将寿命周期内发生的各种费用按照某一个折现率转换为初期的费用，然后进行对比，评价各个结构组合的经济性能。从不同的费用主体出发，可以考虑初建费用、养护费用和道路使用者费用，三者之间是相互联系、相互影响的。计算公式见式（5.17）和式（5.18）。

$$PV = I_c + \sum_{t=0}^{n} x \cdot PW_t - SV \cdot PW_n \tag{5.17}$$

$$PW_t = \frac{1}{(1+i)^t} \tag{5.18}$$

式中：PV——费用现值；

　　　I_c——初期费用；

　　　x——用于各期分别的费用；

　　　PW——现值系数；

　　　SV——残值；

　　　i——贴现率。

其中，初建费用和残值比较稳定，变化不大。用于各期的费用包括各种养护费用和道路使用者费用。因养护方式的不同而产生的费用前面已经计算出，养护费总和取决于养护次数和贴现率，而性能衰变规律决定了养护次数；道路使用者费用决定于路面平整度指数衰变规律和交通数量，受养护方式和养护周期的影响比较大。

各种养护方式的实施次数和时机如图 5.4 所示，不能按照大修年限是中修年限倍数的规律计算。

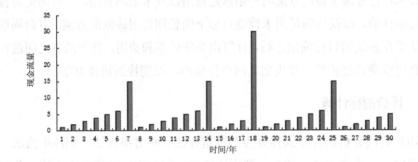

图 5.4　养护时机和次数示意图

结合前一部分的分析结果，确定各种费用的计算公式（5.19）～公式（5.22）：

1. 小修保养费用

$$C_{md} = \sum_{k_2=0}^{K_2-1} (\sum_{k_1=0}^{K_1-1} \sum_{t=1}^{T_1-1} (0.557t+1.239)Pw_{(t+k_1 \cdot T_1+k_2 \cdot T_2)} + \sum_{t=1}^{K_3-1} (0.557t+1.239)Pw_{(t+K_1 \cdot T_1+k_2 \cdot T_2)})$$
$$+ \sum_{k_1=0}^{K_4-1} \sum_{t=1}^{T_1-1} (0.557t+1.239)Pw_{(t+k_1 \cdot T_1+K_2 \cdot T_2)} + \sum_{t=1}^{K_5-1} (0.557t+1.239)Pw_{(t+K_4 \cdot T_1+K_2 \cdot T_2)})$$

$$(5.19)$$

2. 中修费用

$$C_{ol} = \sum_{k_2=0}^{K_2-1} \sum_{k_1=1}^{K_1-1} c_{ol} \cdot Pw_{(k_1 \cdot T_1+k_2 \cdot T_2)} + \sum_{t=1}^{K_3-1} c_{ol} \cdot Pw_{(k_1 \cdot T_1+k_2 \cdot T_2)} \qquad (5.20)$$

3. 大修费用

$$C_{br} = \sum_{k_2=1}^{K_2} c_{br} \cdot Pw_{(k_2 \cdot T_2)} \qquad (5.21)$$

4. 改建费用

$$C_{rb} = \sum_{k_2=1}^{K_2} c_{rb} \cdot Pw_{(k_2 \cdot T_2)} \tag{5.22}$$

式中：T——分析周期，现取 50，年；

T_1——中修时间间隔，年；

T_2——大修或者改建时间间隔，年；

k_1，k_2——中修和大修或改建的次数；

K_1——（T_2/T_1）向下取整；

K_2——（T/T_2）向下取整；

K_3——（T_2/T_1）取余数；

K_4——（T/T_2）取余数；

K_5——（K_4/T）取余数。

经过计算，得到各结构组合的道路使用者在 50 年内的累积净现值，结果见表 5.33。

表 5.33　道路使用者各项费用累积净现值

结构组合费用名称	油耗费/（万元/km）	轮耗费/（万元/km）	材耗费/（万元/km）	总计/（万元/km）
S1	32692	2307	654	36005
S2	34729	2450	695	38246
S3	33203	2343	663	36570
S4	35053	2470	703	38591
S5	35264	2487	706	38830
S6	35893	2541	711	39571
S7	32655	2303	653	35961
S8	33293	2351	664	36676

以 50 年为分析周期，折现率取 6%，将八种结构形式具体的费用净现值汇总，见表 5.34。

表 5.34 道路使用者各项费用累积净现值

结构费用名称	初建费用/（万元/km）	养护费用/（万元/km）	道路使用者费用/（万元/km）	残值/（万元/km）	总造价/（万元/km）	总费用/（万元/km）
S1	470	622	36005	175	917	36922
S2	542	648	38246	243	947	39192
S3	530	644	36570	236	938	37508
S4	1098	644	38591	841	900	39492
S5	776	522	38830	0	1298	40128
S6	1137	528	39571	0	1665	41235
S7	383	763	35961	204	942	36903
S8	625	726	36676	193	1158	37834

如果分别从建设者、养护管理者和道路使用者三个不同的费用主体考虑，可以以初建费用净现值、养护费用净现值和道路使用者费用净现值对不同结构组合方案进行经济评价，也可以将建设者和养护管理者合并为一个主体进行考虑，或者将三者一块考虑，就是对总造价和总费用的净现值进行比较。

对于高速公路建设单位，初建费用是其关注重点，具体情况已经分析。对于养护管理部门来说，除了结构 S4、S5、S6 的养护费用比初建费用高，其余结构都低，尤其 S7，是初建费用的两倍左右，见表 5.35。

表 5.35 不同费用主体对各结构组合的排序（基于净现值）

排序	费用主体				
	初建单位	养护单位	道路使用者	总造价	总费用
1	S7	S5	S7	S4	S7
2	S1	S6	S1	S1	S1
3	S3	S1	S3	S3	S3
4	S2	S4	S8	S7	S8
5	S8	S3	S2	S2	S2
6	S5	S2	S4	S8	S4
7	S4	S8	S5	S5	S5
8	S6	S7	S6	S6	S6

5.4.1.2 费用效率法

净现值法比较各种方案费用累积值，是一个绝对值，但是当资金受限时，需要考虑投资的效率问题，也就是希望相同的投资能最大可能地带来回报，这就需要用到相对评价指标——费用效率。

费用效率（*CE*）是指工程系统效率（*SE*）与工程寿命周期成本（*LCC*）的比值。其计算式见式（5.23）[124]：

$$CE = \frac{SE}{LCC} = \frac{SE}{IC + SC} \tag{5.23}$$

式中：*SE*——投入寿命周期成本后所取得的效果或者说明任务完成到什么程度的指标，通常为经济效益、价值、效率、效果等；

LCC——系统在寿命周期内的总费用，包括设置费和维持费；

IC——在工程竣工验收之前发生的成本费用；

SC——在工程竣工验收之后发生的成本费用（贷款利息除外）。

由于系统的目的不同，系统效率的具体表现方式也不同，用来表示系统效率的量值很多。它可以用完成任务的数量、年平均量、开动率、可靠度、维修度、后勤支援效率等表示，也可以用销售额、附加价值、界限利润、产值等表示。在任何情况下系统效率（*SE*）都必须进行定量计算。对于寿命周期成本（*LCC*）的估算，应尽可能在系统开发的初期进行。费用估算的方法主要有费用模型估算法、参数估算法、类比估算法等。*CE* 值越大越好。

考虑不同的费用主体，费用效率可以确定为建设者费用减少率 CE_b、道路使用者费用减少率 CE_u、养护费用减少率 CE_m、总造价费用减少率 CE_{bm} 及总费用减少率 CE_t，也就是以建设者、养护者、使用者以及所有涉及者本身所需投入的费用减少情况去评价各种结构组合的优劣。

费用减少量是相对于一个标准费用的，为了便于说明，本文以主线通用结构 S1 的各项费用为基准进行费用效率的计算。而寿命周期费用可以确定为总造价（初建费用加养护费用）和总费用（总造价加道路使用者费用）两个。

1. 总造价作为全寿命周期费用

经过计算后，得到表 5.36 所示的 *CE* 值，变化规律如图 5.5 所示。其中正值代表相对于结构 S1，费用增加，负值代表费用减少，增加越小或者减少越大对费用主体越有利。

表 5.36 以总造价作为投入费用时各单位的 *CE*

结构组合	系统效率				
	CE_b	CE_m	CE_u	CE_{bm}	CE_t
S1	0.0	0.0	0.0	0.0	0.0
S2	11.1	4.0	345.7	4.6	350.3
S3	9.3	3.4	87.7	3.3	91.0
S4	97.6	3.3	401.8	−2.5	399.3
S5	58.6	−19.2	541.3	73.0	614.4
S6	126.4	−17.9	675.6	141.8	817.4
S7	−11.4	18.5	−5.8	3.3	−2.5
S8	21.3	14.3	92.3	33.3	125.6

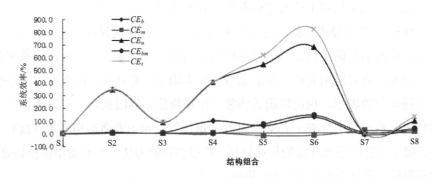

图 5.5 以总造价作为投入费用时各单位的 *CE* 变化规律

　　针对于不同的费用主体，费用效率大小顺序随结构组合的不同而不同，根据 CE 计算结果，不同的费用主体对结构组合形式的优劣排序也不一样，具体见表5.37。

表 5.37 不同费用主体对结构组合方案的排序（基于总造价）

排序	系统效率				
	CE_b	CE_m	CE_u	CE_{bm}	CE_t
1	S7	S5	S7	S4	S7
2	S1	S6	S1	S1	S1
3	S3	S1	S3	S3	S3
4	S2	S4	S8	S7	S8

续表

排序	系统效率				
	CE_b	CE_m	CE_u	CE_{bm}	CE_t
5	S8	S3	S2	S2	S2
6	S5	S2	S4	S8	S4
7	S4	S8	S5	S5	S5
8	S6	S7	S6	S6	S6

总体来说，结构 S7、S1 和 S3 对于各个费用主体都是效率比较高的，由此可见半刚性基层路面结构形式还是具有一定的推广价值。而结构 S5 和 S6 则排在后两位，刚性路面结构虽然养护费用比较低，但是使用过程中对车辆的油耗以及轮胎磨损率都会提升，导致道路使用者费用增大，而道路使用者费用在总费用中占据 80%左右，所以刚性路面虽然后期养护投入少，但从经济角度考虑，仍然不是一种理想的结构形式。

2. 总费用作为全寿命周期费用

经过计算后，得到表 5.38 所示的以总费用为投入费用的 CE 值，变化规律如图 5.6 所示。其中正值代表相对于结构 S1，费用增加，负值代表减少，增加越小或者减少越大对费用主体越有利，见表 5.39。

表 5.38 以总费用作为投入费用时各单位的 CE

结构组合	系统效率				
	CE_b	CE_m	CE_u	CE_{bm}	CE_t
S1	0	0	0	0	0
S2	0.18	0.07	5.72	0.08	5.79
S3	0.16	0.06	1.51	0.06	1.56
S4	1.59	0.05	6.55	−0.04	6.51
S5	0.76	−0.25	7.04	0.95	7.99
S6	1.62	−0.23	8.65	1.81	10.46
S7	−0.24	0.38	−0.12	0.07	−0.05
S8	0.41	0.28	1.77	0.64	2.41

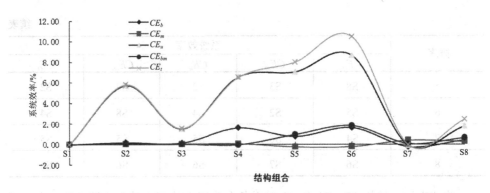

图 5.6　以总费用作为投入费用时各单位的 CE 变化规律

表 5.39　不同费用主体对结构组合方案的排序（基于总费用）

排序	系统效率				
	CE_b	CE_m	CE_u	CE_{bm}	CE_t
1	S7	S5	S7	S4	S7
2	S1	S6	S1	S1	S1
3	S3	S1	S3	S3	S3
4	S2	S4	S8	S7	S8
5	S8	S3	S2	S2	S2
6	S5	S2	S4	S8	S4
7	S4	S8	S5	S5	S5
8	S6	S7	S6	S6	S6

　　就青临高速试验路段结构来讲，基于总费用与基于总造价计算的系统效率顺序结果一致，但是并不能说明二者评价效果完全相同。如果各个方案的总费用和总造价发生变化，优劣顺序也可能会发生变化。

　　通过以上全寿命周期费用分析评价结果可以看出，指标不同、费用主体不同，所得出的结构组合方案优劣顺序也不一样。评价结果的多样性会影响到决策者的判断，所以在进行费用评价时，首先应该确定侧重点，然后选取费用主体和评价指标，这样得出的评价结果才客观有效。

5.4.2　评价模型的建立

　　基于对青临高速八种路面结构组合试验段各种费用指标的分析，本章对费用的评价流程以及各项指标的要求进行规范化，形成全寿命周期内费用的分析评价模型，为其他高速公路进行不同路面结构方案的经济对比提供一个有效的工具。在此基础上，将计算过程程序化，便于评价者的使用。评价模型的建立可以填补我国路面设计规范中费用评价的空白，使设计体系更加完整、客观、科学。

5.4.2.1 评价流程及指标确定

1. 确定路面结构建设费用

根据工程造价和结构形式，计算出每种路面结构半幅的初建费用。

2. 预测分析期内交通量

（1）确定道路开放初期各种车型的单车道日交通量，并根据相近公路交通量增长情况确定车辆的年增长系数。

（2）计算各种车型年交通量，作为计算道路使用者费用的依据。

（3）折算成年累积当量轴载次数，作为确定疲劳寿命的依据。

3. 确定路面结构性能衰变模型并计算各种性能指标值

（1）确定疲劳方程，结合交通量和路面结构参数，计算疲劳寿命，作为大修和改建的时机。

（2）确定车辙预估方程，根据气象条件和路面结构材料参数，以及交通量，计算车辙量，与要求的极限值对比，确定中修时机。

（3）确定平整度预估方程，根据面层压实度以及后期病害数据，计算平整度的变化量，与要求的极限值对比，确定中修时机，并与车辙的中修时间对比，取小者作为中修时间。

4. 确定养护指标并计算养护费用

根据养护方式，结合路面结构参数，确定中修、大修和改建一次所需的费用。

5. 计算道路使用者费用

根据交通量，结合 *IRI* 值的变化，计算每年道路使用者在油耗、轮耗和维修上的花费。

6. 确定分析期和折现率

根据道路的实际情况和经济现状，确定分析期大小和折现率。

7. 确定费用主体和评价指标

根据费用分析的角度，确定建设单位、养护单位、道路使用者或者三者综合作为评价主体，在资金有限的情况下，利用工程效率指标进行各种方案的评价；

其他情况下，利用总费用或者总造价指标进行方案评价。

8. 计算全寿命周期内各种费用值和评价指标值

（1）在给定分析期和折现率前提下，确定日常养护、中修、大修和改建的次数和时机，计算分析期内养护费用累积净现值。

（2）根据养护的时机，确定 *IRI* 的变化量，进而计算道路使用者费用在分析期内累积净现值。

9. 判定路面结构组合方案的优劣

根据选取的评价指标，对各种路面结构组合进行对比，确定最佳建造方案。

5.4.2.2 全寿命周期费用评价程序设计

全寿命周期的费用评价模型已经建立，用户可以根据要求和流程对各种建设方案进行经济上的评价。但是，在使用过程中，由于参数繁多，计算较繁琐，为了方便用户，将上述模型进行程序化，用 Excel 或者 VB 程序实现。在程序设计过程中，共分为三个模块：输入模块、计算模块和输出模块。程序设计时按照图5.7 所示流程进行。

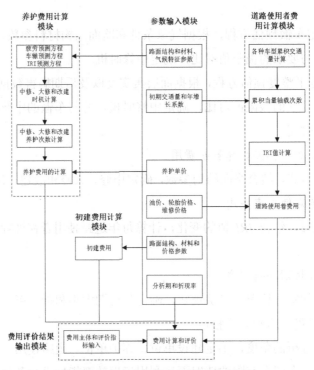

图 5.7 全寿命周期费用评价流程图

5.5　小结

在路用性能都满足的前提下，经济指标就成为典型路面结构能否推广的决定性因素。本章对初建费用、养护费用和道路使用者费用组成进行分析，并对其影响因素进行了总结，得到全寿命周期费用预测的模型，并对青临高速八种典型路面结构进行了费用计算，评价了经济性能。通过研究，本章主要得出以下结论：

（1）对初建费用组成进行了分析，以初建费用为指标，对青临高速典型路面结构进行评价，从大到小的顺序依次为结构 S6＞S4＞S5＞S8＞S2＞S3＞S1＞S7。

（2）依据前几章路用性能预测结果，确定了日常养护、中修、大修和改建等养护时机和累积养护费用净现值计算公式。

（3）对道路使用者费用组成和影响因素进行了分析，分别就油耗、轮胎磨耗和维修材料费确定了相应的计算模型。

（4）以净现值为绝对指标，将费用主体分为建设单位、养护单位、道路使用者、建养单位和三者综合体，对青临高速典型路面结构进行了经济性能评价，按从优到劣顺序：

对于建设单位：　　　　　　　S7＞S1＞S3＞S2＞S8＞S5＞S4＞S6；

对于养护单位：　　　　　　　S5＞S6＞S1＞S4＞S3＞S2＞S8＞S7；

对于道路使用者：　　　　　　S7＞S1＞S3＞S8＞S2＞S4＞S5＞S6；

对于建设单位和养护单位：　　S4＞S1＞S3＞S7＞S2＞S8＞S5＞S6；

对于三者综合：　　　　　　　S7＞S1＞S3＞S8＞S2＞S4＞S5＞S6；

（5）按不同的费用主体，将费用效率确定为建设者费用减少率 CE_b、道路使用者费用减少率 CE_u、养护费用减少率 CE_m、总造价费用减少率 CE_{bm} 及总费用减少率 CE_t。

（6）以总造价作为全寿命周期费用，利用费用效率相对指标对青临高速典型路面结构进行了经济性能评价，按从优到劣排序：

对于建设单位：　　　　　　　S7＞S1＞S3＞S2＞S8＞S5＞S4＞S6；

对于养护单位：　　　　　　　S5＞S6＞S1＞S4＞S3＞S2＞S8＞S7；

对于道路使用者：　　　　　　S7＞S1＞S3＞S8＞S2＞S4＞S5＞S6；

对于建设单位和养护单位：　S4＞S1＞S3＞S7＞S2＞S8＞S5＞S6；

对于三者综合： S7>S1>S3>S8>S2>S4>S5>S6；

（7）以总费用作为全寿命周期费用，利用费用效率相对指标对青临高速典型路面结构进行了经济性能评价，按从优到劣排序：

对于建设单位： S7>S1>S3>S2>S8>S5>S4>S6；

对于养护单位： S5>S6>S1>S4>S3>S2>S8>S7；

对于道路使用者： S7>S1>S3>S8>S2>S4>S5>S6；

对于建设单位和养护单位： S4>S1>S3>S7>S2>S8>S5>S6；

对于三者综合： S7>S1>S3>S8>S2>S4>S5>S6；

（8）在以上研究基础上，完善了全寿命周期费用评价模型，确定了经济评价的流程和指标。

参考文献

[1]   Peterson D. E.. Life-cycle Cost Analysis of Pavements[C]. NCHRP Synthesis of highway practice 122, Washington D. C.: TRB,1985.

[2]   康庆华. 沥青混合料种类与路面寿命的关系[J]. 交通标准化，2008.

[3]   Fhwa,Tien F.Sinha,Kumaras C.. Pavement Performance and Life-cycle Cost Analysis[J], 1991(1):33-46.

[4]   曾宇彤，陈湘华. 美国永久性路面结构[J]. 中外公路，2003(3):59-61.

[5]   Pavement Type Selection Preprocess[S].Aposition Paper by The Asphalt Pavement Alliance, 2004:17-19.

[6]   David H. Tim, David E. Newcome.Perpetual pavement design for flexible pavements in the US [J]. International Journal of Pavement Engineering, 2006, 7(2): 111-119.

[7]   Mike Condillac.PROPOSED RELATIONSHIPS ON VEHICLE MAINTENANCE AND REPAIR COSTS (SPARE PARTS AND LABOUR) FOR USE IN THE HDM4 MODEL[R]. The World Bank, 1995.

[8]   黄仰贤. 路面分析与设计[M]. 北京：人民交通出版社，1998.

[9]   傅东阳，胡昌斌. 高速公路沥青路面使用性能马尔可夫概率预测[J]. 福州大学学报（自然科学版），2005.33(4).

[10]   姚祖康. 路面管理系统[M]. 北京：人民交通出版社，1990.

[11]   黄文雄. 基于混合遗传神经网络的高速公路沥青路面使用性能评价方法研究[D]. 武汉：武汉理工大学，2003.

[12]   赵复笑，杨殿海，陈宏. 基于神经网络的沥青混凝土路面使用性能预测[J], 沈阳建筑工程学院学报（自然科学版）. 2004:121-124.

[13]   樊永华，洪秀安. 基于人工神经网络的沥青路面剩余寿命分析[J]. 三峡大学学报. 2005,27(3).

[14] 倪富健，屠伟新，黄卫．基于神经网络技术的路面性能预估模型[J]．东南大学学报（自然科学版）．2000,30(5):91-95.

[15] 胡霞光，王秉纲．两种基于遗传算法的路面性能综合评价方法[J]，长安大学学报（自然科学版），2002:6-9.

[16] 陆燕．路面性能模糊综合评价模型及应用研究．安徽工程科技学院学报[J]，2003,18(3).

[17] FHWA.Demonstration Project No.115:Life-Cycle Cost Analysis in Pavement Design[S], Participant's Notebook,Publication No. FHWA-SA-98-040, FHWA, Washington, D.C., 1998:15-17.

[18] 李汝霞．全寿命周期成本理论在高速公路建设方案决策中的应用研究[D]，长沙：长沙理工大学，2008.

[19] ARA,Inc.ERES Division.Guide for Mechanistic-Empirical Design of New and Rehabilitated Pavement Structures[S]. Illinois, 2003.

[20] U.S Department of Transportation Federal Highway Administration[S]. LTPP: 2002 Year IN Review.

[21] European Long-Live Asphalt Pavements: Delivering What the Customer Wants[C]. Transportation Research Board Annual Meeting, 2002.

[22] EAPA Statement on European Standards[S]. Heavy Duty Pavements:Argument for Asphalt, 2000.

[23] 沈鸿雁．基于全寿命周期的公路建设政策理论、方法与应用[J]．同济大学经济学博士论文，2007.

[24] 黄立葵，贾璐，万剑平，等.沥青路面高温温度场数值分析与试验验证[J].岩土力学，2006,10(27).

[25] Mohseni A., Symons M.. Improved AC pavement temperature models from LTPP seasonal Data[C]. Paper presented at TRB 77th Annual Meeting, 1998.

[26] Bosscher P.J., Bahia H.U., Thomas S., et al. Relationship between pavement temperature and weather data-Wisconsin field study to verify Superpave algorithm[C]. TRB 1609,1998:1-11.

[27] Diefenderfer B.K., Al-Qadi I.L., Reubush S.D., et al. Development and validation

of a model to predict pavement temperature Profile[C]. Paper presented at TRB 2003 Annual Meeting, 2003.

[28] Lukanen E.O., Stubstad R., Briggs R.C.. Temperature PR dictions and adjustment factors for asphalt pavements[R]. FHWA: Report FHWA-RD_98-085,2000.

[29] Park D.Y., Bush N., Chatti K. Effective layer temperature prediction model and temperature correction by Falling Weight Deflector meter deflections[C]. TRB: TRR 1764,2001:97-111.

[30] J.T.Christison. The Response of Asphalt Concrete Pavement to Low Temperature Climatic Environment[C]. Proceeding of 3rd Int. Conf.on the Structure Design of Asphalt Pavements, 1972,1.

[31] 白琦峰,钱振东,李浩天,等. 基于统计回归法的沥青路面温度场模型[J]. 公路交通科技,2011,28(11):27-31.

[32] 张锐. 考虑极端气候的季冻区道路结构温度场分布规律研究[D]. 哈尔滨:哈尔滨工业大学,2012.

[33] 谈至明,马正军,邹晓翎. 基于路表实测温度的路面温度场估计模型[J]. 同济大学学报（自然科学版）,2013,41(5):700-704.

[34] 宋小金,樊亮. 沥青路面结构温度随深度变化规律研究[J]. 土木工程学报 2017,50(9):110-117.

[35] Dempsey B.J., Herlach W.A., Patel A.J.. The climatic-material structural pavement analysis program[R]. FHWA: FHWA/RD-84/115, Vol.3, Final Report, 1985.

[36] 严作人. 层状路面温度场分析[D]. 上海:同济大学,1982.

[37] 吴赣昌. 半刚性路面温度应力分析[D]. 广东:佛山大学,1995.

[38] 秦勃. 路面结构时变温度场的解析解及预估模型[D]. 杭州:浙江大学,2014.

[39] 刘洋. 甘肃省冬季沥青路面温度场预估模型与防凝冰技术研究[D]. 甘肃:兰州理工大学,2018.

[40] 郝培文,张兰峰. 基于连续变温的沥青路面温度应力分析[J]. 西安建筑科技大学学报（自然科学版）,2018,50(02):176-183.

[41] 孙立军. 沥青路面结构行为理论[M]. 北京:人民交通出版社,2005.

[42]　严作人. 层状路面温度场分析[D]. 上海：同济大学，1982.

[43]　ES.Barber.Calculation of Maximum Pavement Temperature from Weather Report[J]. H.R.B.Bull, 168, 1957.

[44]　同济大学. 道路与交通工程研究所日本土木学会论文报告集[R]，1976.

[45]　郑健龙，周志刚，张起森. 沥青路面抗裂设计理论与方法[M]. 北京：人民交通出版社，2003.

[46]　Gang Zuo.Impacts of environmental factors on flexible pavements[D]. University Of Tennessee, Knoxville, 2003.

[47]　胡佳波，许萌，赵之仲. 基于有限元模型的山东省典型路面结构温度场变化规律研究[J]. 山东交通科技，2016(5):35-50.

[48]　Hibbitte, Karlsson, Sorenson. ABAQUS Analysis User's Manual[M]. HKSINC, 2005.

[49]　贾璐，孙立军，黄立葵，等. 沥青路面温度场数值预估模型[J]. 同济大学学报（自然科学版），2007,35(8):1039-1043.

[50]　付凯敏，徐立红，陈京钮. 不同沥青路面结构温度场研究[J]. 公路工程. 2009,32(2):54-59.

[51]　宋福春，才华，于铃，等. 沥青路面非线性瞬态温度场的分析[J]. 沈阳建筑工程学院学报（自然科学版）. 2003,19(4):264-267.

[52]　宋存牛. 层状路面结构体非线性温度场研究概况[J]. 公路，2005(1):49-53.

[53]　罗桑，钱振东，白琦峰.沥青路面结构非线性瞬态三维温度场模型研究[J].交通运输工程与信息学报，2009,7(3):34-38.

[54]　谈至明，邹晓翎，刘伯莹. 路面温度场的数值解及几个关键问题探讨[J]，同济大学学报（自然科学版），2010,38(3):374.

[55]　骆亚军. "白加黑"路面温度场及应力场研究[D]. 广州：华南理工大学，2017.

[56]　黄建武. 旧水泥混凝土路面加铺沥青层路面结构温度场研究[D]. 广州：华南理工大学，2017.

[57]　韩子东. 道路结构温度场研究[D]. 西安：长安大学，2001.

[58]　严作人. 层状路面体系的温度场分析[J]. 同济大学学报，1984,3.

[59] 第十五届国际道路会议苏联报告[R]. 水泥路面研究（3）（内部资料）. 西安公路学院道路工程教研室，1979.

[60] Barber F.S.. Calculation of Max Pavement Temperature from Weather Reports[R]. H.R.B, Bull, 168, 1957.

[61] 俞建荣，陈荣生. 用沥青罩面的碾压混凝土路面板最大温度梯度[J]. 东南大学学报，1995.

[62] 天津大学，传热学[M]. 北京：中国建筑工业出版社，1980.

[63] F．P．因克罗普拉，D．P．德威特. 传热基础[M]. 北京：宇航出版社，1985.

[64] 李立寒，曹林涛. 沥青混合料和沥青层抗永久变形预估研究[R]. 同济大学，2007.

[65] 白琦峰，张建. 轮辙试验蠕变控制标准研究[R]. 江苏省交通科学研究院，2010.

[66] A.Wijeratne, et al.Prediction of rutting in Virgin and recycled asphalt mixtures for pavements using triaxial tests[C]. AAPT, 1987,56.

[67] NCHRP Project 1-37A. Guide for mechanistic-empirical design of new and rehabilitated pavement structures[R]. Final report, 2004.

[68] 张登良，李俊. 高等级道路沥青路面车辙研究[J]. 中国公路学报，1995,8(1).

[69] 李一鸣，俞建荣. 沥青路面车辙形成机理力学分析[J]. 东南大学学报，1994,24.

[70] 俞建荣，李一鸣. 轮辙试验的车辙预估模型探讨[J]. 中国公路学报，1992,15(3).

[71] G.W.Maupin, Jr., Assessment of Stripped Asphalt Pavement[R], Report FHWA/VA-89/14, Virginia Transportation Research Council, 1989.

[72] 张登良. 沥青路面工程手册[M]. 北京：人民交通出版社，2003.

[73] Huschek S. Evaluation of rutting due to viscous flow in asphalt pavements.Proc.[C], 4th Int.Conf.on the Structural Design of Asphalt Pavements, Ann Arbor, Mich., 1977,1:497-508.

[74] Jacob Vzan. Prediction of rutting in asphalt pavements[C]. AAPT, 1983,52.

[75] Lytton R.L., et al. Development and validation of performance prediction models

and specifications for asphalt binders and paving mixes. Strategic[R] Highway Research Program, National Research Council, Washington.D.C., 1993.

[76] 徐世法，朱照宏. 高等级公路沥青路面车辙的预估方法[J]. 土木工程学报，1993.26(6).

[77] Sousa J.B., Weiswnan S.L., Deacon J.A., et al.Permanent pavement deformation response of asphalt aggregate mixes[R]. Washington D C: SHRP, National Research Council, 1994.

[78] 韦莤. 半刚性基层沥青路面的车辙研究[D]. 南京；东南大学，1994.

[79] Monismith.C.L.. Rutting Prediction in Asphalt Concrete Pavement[R], Transportation Research616, Transportation Research Board, National Academy of Science, Washington D.C., 1976.

[80] 朱云升. 重载交通沥青路面车辙预估研究[D]. 上海：同济大学，2007.

[81] 苏凯. 沥青路面车辙产生机理及预估方法研究[D]. 上海：同济大学，2007.

[82] 汤文. 沥青路面车辙预估模型研究[D]. 上海：同济大学，2009.

[83] 凌建明，罗志刚. 路基和粒料层的动态模量参数[R]. 同济大学，2007.

[84] 高启聚. 土基与粒料层永久变形设计指标与控制模型研究[R]. 山东省交通科研所，2011.

[85] 廖公云，黄晓明. ABAQUS 有限元软件在道路工程中的应用[M]. 南京：东南大学出版社，2008.

[86] American Society for Testing and Material(ASTM). Terminology Relating to Traveled Surface Characteristics Annual Book of ASTM Standards[S], 1999.

[87] 张晓云. 路面平整度对水泥混凝土路面板变形的影响规律研究[J]. 交通标准，2011,244(9):51-53.

[88] 李晓娜，李云涛. 重载车辆对路面的动荷冲击作用分析[J]. 黑龙江交通科技，2012,224(10):6-8.

[89] 李皓玉，杨绍普，齐月芹，等. 移动随机荷载下沥青路面的动力学特性和参数影响分析[J]. 工程力学，2011,28(11):159-165.

[90] 陶向华，黄晓明，车辆动载荷的频域模拟计算与分析[J]. 华中科技大学学报，2003,20(4):47-50.

[91] R.L.Lytton. An Integrated Model of the Climatic Effects on Pavement[R]s. Federal Highway Administration. Report No. FHWA-RD-90-033, November,1989.

[92] 刘宛予. 路面平整度检测技术及其发展现状分析[D]. 哈尔滨：哈尔滨工业大学，2007.

[93] 王晖光，陆建. 国际平整度指数二元曲面函数描述模型的研究[J]. 公路交通科技，2006.23(7):39-42.

[94] 毕玉锋，孙立军. 沥青混合料抗剪试验方法研究[J]. 同济大学学报（自然科学版），2005.33(8):1036-1040.

[95] 苏凯. 沥青路面车辙产生机理及预估方法研究[D]. 上海：同济大学，2007.

[96] 李立寒，曹林涛. 沥青混合料和沥青层抗永久变形预估研究[R]. 同济大学，2007.

[97] 杨进，江涛. 考虑二次压密的乳化沥青冷再生混合料室内试验方法研究[J]. 公路工程，2010,25(1).

[98] 白琦峰，张建. 轮辙试验蠕变控制标准研究[R]. 江苏省交通科学研究院，2010.

[99] Zhou F.a Scullion T.Preliminary Field Validation of Simple Performance Tests for Permanent Deformation[C]. 2003.

[100] 董轶，彭妙娟. 中面层对沥青混凝土路面抗车辙性能影响研究[J]. 中外公路，2010(4).

[101] 彭妙娟，许志鸿. 沥青混凝土路面永久变形试验方法评述[J]. 同济大学学报（自然科学版），2006.34(6):761-765.

[102] 姚占勇，商庆森，赵之仲，等. 界面条件对半刚性沥青路面结构应力分布的影响[J]. 山东大学学报，2007,3:93-97.

[103] R.L.Lytton. An Integrated Model of the Climatic Effects on Pavements.Federal Highway Administration[R]. Report No. FHWA-RD-90-033, 1989.

[104] 李辉. 沥青路面车辙形成规律与温度场关系研究[D]. 南京：东南大学,2007.

[105] 李立寒，苏洲，陈建军. 沥青混合料室内车辙试验隆起系数的研究[J]. 公路交通科技，2007,24(12):42-45.

[106] 李立寒，曹林涛，郭亚兵，等. 初始空隙率对沥青混合料性能影响的试验

研究[J]. 同济大学学报（自然科学版），2006(6):757-760.

[107] 张蓓，蔡迎春，王复明，等. 无核密度仪（PQI）在沥青路面施工质量控制中的应用[J]. 公路交通科技（应用技术版），2006(4).

[108] 陈少幸，张肖宁，邹桂莲，等. PQI 在沥青路面压实度检测中的应用[J]. 筑路机械与施工机械化，2005(7).

[109] 廖公云，黄晓明. ABAQUS 在道路工程中的应用[M]. 南京：东南大学出版社，2008.

[110] 彭跃春. 飞机全寿命费用预测参数模型系研究[D]. 西安：西北工业大学，2002.

[111] 何毅斌. 基于寿命周期费用理论的决策支持系统研究及软件设计[D]. 武汉：武汉理工大学，2004.

[112] ORSHAN O.. Life Cycle Cost: A Tool for Comparing Building Alternative [C] // Proceedings of symposium on Quality and Cost in Building, 1980.

[113] KOMATSU Y., ENDO K.. Life Cycle Cost Estimation of Japanese Detached House [J]. Journal of Architecture, Planning and Environmental Engineering, 2000 (534):241-246.

[114] PETTS R. C., BROOKS J.. The World Bank sHDM -III Whole Life Cost Model and Its Possible Applications[C] Proceedings of Summer Annual Meeting. London: University of Sussex, PTRC, 1986.

[115] GRANSBERG D. D.. Life Cycle Evaluation Criteria for Design-build Highway Pavement Projects [D]. Colorado: University of Colorado, 2004.

[116] 苏卫国. 寿命周期成本分析在道路工程设计中的应用[J]. 公路，2002(12):94-98.

[117] 钟东，李爱芳. 高速公路全寿命周期成本费用分析研究[J]. 现代交通技术，2010(7):20-22.

[118] 刘黎萍，朱霞. 贴现率对沥青路面结构优化设计的敏感性分析[J]. 中外公路，2005(6):24-26.

[119] 张玲. 基于全寿命周期成本的公路路面设计造价管理研究[D]. 长沙理工大学，2009.

[120] 张濛檬. 高速公路沥青路面全寿命周期费用分析 [J]. 交通科技，

2016(05):126-128.

[121] 李兴华，姚祖康．车辆燃油消耗预估模型[J]．同济大学学报，1992,20(4):403-410.

[122] 王忠仁，姚祖康．车辆轮胎损耗模型[J]．中国公路学报，1993,6(1):10-16.

[123] 王忠仁．路面管理系统的车辆运营费用模型[D]．上海：同济大学，1992.

[124] 刘榕，赖丹．费用效率法在工程寿命周期成本分析中的应用[J]．南方冶金学院学报，2004(5):66-69.